JN304492

平清盛の闘い

幻の中世国家

元木泰雄

角川文庫
17141

平清盛の闘い——目次

序章

清盛像の変貌

鮮烈な印象を歴史に刻みつけながら、短期間で消滅した政治勢力がいくつかある。その双璧《そうへき》が平氏と豊臣氏であろう。いずれも、西国を基盤とした点、清盛・秀吉一代で急激に台頭し、輝かしい豪富と開明的な性格に彩られながら、それとは裏腹に、短期間のうちに子孫が悲劇的で壮絶な最期を遂げたことが共感と追慕を増幅させる。

ただ、一介の農民から権力の頂点に上り詰めた豊臣秀吉が、その出自と『太閤記《たいこうき》』に見える知恵と才覚による出世という逸話によって、広範な民衆的人気を博しているのに対し、平清盛についてはいまだに悪逆非道の印象が拭《ぬぐ》いさられない面もある。その大きな原因が『平家物語』の清盛像にあることは言うまでもない。

栄耀《えいよう》栄華を極めて奢《おご》り昂《たかぶ》り、祇王《ぎおう》・祇女をめぐる漁色を始め、摂政基房《もとふさ》と孫資盛《すけもり》の紛争に報復した、所謂《いわゆる》「殿下《てんが》乗合《のりあい》」事件を皮切りに、平氏打倒の陰謀を企てた院近臣を虐殺・配流、ついで後白河《ごしらかわ》院を幽閉して権力を奪い、天皇以外なしえない遷都を敢行、その失敗後には南都を攻撃して大仏までも焼き滅ぼしたのである。かかる清盛には、地獄の劫火《ごうか》を思わせる激しい熱病による最期が待ち構えることになる。

こうした「悪人清盛」像は、王権に対する臣下の挑戦を否定する王朝貴族の見方を示すものと言えよう。これを克服し、清盛に弁護の手を差し伸べたのが戦後歴史学である。武士を、貴族・寺社による古代国家を超克する封建制の担い手とする領主制論において、清盛の行為は古代勢力を打倒する戦いとされた。

古代天皇制や仏教勢力と戦い、日宋貿易を積極的に推進した開明性は、徹夜の警護に疲れ切った部下たちをそっと労《いたわ》ったという『十訓抄《じっきんしょう》』の説話などに見える彼の人間的魅力に富んだ人物像と相まって、『平家物語』と異なる新たな清盛像を形成することになる。

かつて吉川英治《よしかわえいじ》が『新平家物語』で描いた清盛は、こうした領主制論的な清盛像に基づくものである。溝口健二《みぞぐちけんじ》監督によって映画化された時、銀幕登場後間もない市川雷蔵《いちかわらいぞう》が、若き日の清盛を鮮烈に演じたことが思い出される。もっとも、筋書きはというと清盛の非行に頭を悩ました忠盛が諫死《かんし》するといった仰天、噴飯ものになってしまっていたが。

それはともかく、領主制論に立つ限り、所詮《しょせん》、彼には半ば貴族的という評価が付随し、真の武士政権を構築することができずに、それゆえに平氏政権が短期間で滅亡したという呪縛《じゅばく》はつきまとう。義経という栄光と悲劇の物語を経て、「真の武士政権」を築いた源氏と比して、平氏と清盛には一種の甘さ、傲岸《ごうがん》さのみが強調される結果となるのである。悪役清盛が最終的に払拭《ふっしょく》できない原因はここにある。

こうした見方は、そろそろ克服されてもよいように思われる。だいいち、貴族と武士は本当に性格を異にして対立する存在なのだろうか。武士の起源は貴族の職能の一つにあったとされているし、ともに荘園・公領体制を通して農民を支配する立場にあったではないか。事実、保元《ほうげん》の乱において摂関家の中心左大臣頼長《よりなが》は、長年家産機構に組織してきた源為義《ためよし》以下の武士を統率して合戦に臨んでいる。

負けたとはいえ、左大臣が武士を率いて合戦に臨んだ事実は、貴族も武士化する可能性があったことを物語る。武士と貴族の政権が分離したのは、源平争乱などの様々な出来事の結果であって、本来両者は一体の権力を形成する可能性も秘めていた。現に、足利義満《あしかがよしみつ》は王朝権力を吸収し、自ら治天の君となることを目指したのである。では、なぜ貴族政権と武士政権が分離したのであろうか。問題はそこにこそある。

清盛は、治承《じしょう》三年（一一七九）政変によって、あえて後白河院幽閉という強引な手段を講じて安徳《あんとく》天皇を擁立し、貴族政権の頂点にたつ一方、平氏の武士団をも統率し、国家の軍事・警察権を一手に掌握したのである。それにもかかわらず、政権は短期間で崩壊し、安徳天皇と一門は海の藻屑《もくず》と消えた。清盛の権力構想、そして平氏政権の劇的な運命を検討することは、まさしく中世において貴族政権・武士政権が分立するという日本史の根本的な命題に対する解答の試みでもある。

また、『平家物語』が彼の悪逆とした行動は、まさしく王権に対する挑戦であった。頼朝は――敢えて言わせてもらうなら――所詮東国の片田舎に政権を樹立したに過ぎず、王権に対して真正面から衝突することはなかった。これと対照的に、清盛は貴族社会の真《ま》っ只中《ただなか》にあって、院政の否定、天皇擁立、遷都といった王権の本質に果敢に取り組み、さらに貴族政権の大きな改革に立ち向かっていったのである。彼の突然の死去がなければ、平氏政権には様々な可能性があったと考えられる。彼の晩年の事績を通して、公武政権が分立した鎌倉時代とは全く対蹠《たいせき》的な、公武一体化した中世国家を想像することができるのではないか。

したがって、清盛を単に武士として貴族と対立したり、異質な存在と見るのではなく、

市川雷蔵演じる若き日の平清盛
溝口健二監督『新平家物語』より（提供：角川書店）

変革期を迎えた貴族社会の一員であることを前提として、その行動と政権の特質を検討し、貴族社会の枠組みに如何《いか》に挑んで行ったのかを分析してみることにしたいと思う。

なお、本書では「王権」という言葉をたびたび用いる。この言葉は、学術的にも頻繁に用いられるが、必ずしも概念は明確に定義されていない。以下においては、天皇の有する正統性、それに伴う権威、そして人事権や軍事動員権に代表される様々な権力といった内容を意味するものとして用いることにする。具体的に言うならば、平安後期の日本においては、天皇と、中世の天皇家——以下では史料用語に従って「王家」と呼ぶことにしたい——の家長であった院により構成された、権威と権力を指すものとする。

さて、本書では一応清盛の生涯に沿って記述を進めてゆくことにする。しかし、単なる伝記の体裁をとるつもりはない。このことを予めお断りしておかなければならない。

清盛の生涯は、概《おおむ》ね三段階に大別される。第一段階は、生誕から政治の中心に躍り出る契機となった平治元年（一一五九）の平治の乱までの約四十年間。第二段階が、後白河院と衝突した治承三年（一一七九）の政変まで。そして最後の段階が、権力の頂点に立ってから治承五年（一一八一）閏二月に死去するまでの一年余りである。

上に掲げた貴族政権と武士政権の分裂、あるいは清盛と貴族政権との格闘という問題に取り組むために、本書では彼が権力の頂点に立った最晩年に焦点を絞り、全体の半ばを治承三年政変以後の記述に当てることにしたい。それまでの生涯については概略を記すに留め、特徴的な出来事を中心にふれることをお許し頂きたいと思う。

第1章

王権下の清盛

1　院近臣伊勢平氏の台頭――父と祖父

「最下品」伊勢平氏

嘉承《かしょう》三年（一一〇八）正月二十九日。離宮の地鳥羽《とば》から都に通じる作道には、祭礼でもないのに時ならぬ熱狂を迎えていた。居並ぶ牛車《ぎっしゃ》、女房車に身を隠して外を覗《のぞ》く貴顕。押し合い喚声を挙げる民衆。彼らが待ち構えているのは、切断されてさらしものにされた首、そしてそれを掲げて意気揚々と入京する武者の一団である。

首となって桙《ほこ》にぶら下げられたのは、河内《かわち》源氏の正嫡として勇猛を知られた源義親《よしちか》。そして、彼を討って凱旋《がいせん》するのは但馬《たじま》守平正盛《まさもり》の一行であった。彼は、その五日前に元の任国因幡《いなば》から帰京も待たずに但馬に遷任していたのである。

時の権中納言で、保守派公卿《くぎょう》である藤原宗忠《ふじわらのむねただ》は、その日記『中右記《ちゅうゆうき》』において、追討使が帰京前に恩賞を受けたのは先例もあるとして一応納得しているが、「最下品《さいげぼん》」の正盛が「第一国」の但馬守に任じられたことに対する不満は隠していない。「最下品」とは、貴族社会の最低の身分、すなわち通常六位程度の官位をもち、晩年に辛うじて五位に上がれる程度の家柄、侍品《さぶらいほん》のことを言う。

貴族社会の身分階層秩序はかなり厳しい。とくに五位と六位の格差は大きく、蔭位《おんい》の制や体刑の免除といった恩恵は五位までにしか与えられないのである。そして貴族と称されるのも五位までであった。たしかに侍品には武士が多く、そのことが侍と武士という言葉を事実上同義にしてゆくが、それは中世も深まってからのことである。「最下品」と称されたことに、摂関時代に伊勢《いせ》平氏が辿《たど》った苦難の歴史が集約されていると言える。

伊勢平氏は桓武《かんむ》平氏一門に属す。いうまでもなく、桓武平氏は桓武天皇を祖とし、その曾孫高望《たかもち》王の時に平姓を賜って臣籍に下った。そして武芸に堪能だった平高望は、九世紀の末に混乱が続く坂東《ばんどう》に下って、「党」と称された武装集団を組織していったと考えられる。彼の子供たちは、京とも関係をもちながら坂東各地に蟠踞《ばんきょ》していった。その勢力争いが激化して、平将門《まさかど》の乱が勃発《ぼっぱつ》することになる。

乱は承平《じょうへい》五年（九三五）に将門が伯父で高望の嫡男国香《くにか》を殺害したことから始まる。一族間の激しい私闘は、事実上将門の勝利に終わる。ところが、天慶《てんぎょう》二年（九三九）暮れ、将門を執拗に付け狙《ねら》っていた国香の嫡男貞盛《さだもり》を追った将門は、貞盛を匿《かくま》っていた常陸《ひたち》国府を攻撃してしまった。朝廷の出先機関である国府を攻撃したことから、将門は謀叛《むほん》人となり、事件も国家的反乱に発展することになる。

これに呼応するかのごとく瀬戸内海で海賊を組織した藤原純友《すみとも》が蜂起《ほうき》したことから、朝廷は東西の兵乱という未曾有の事態に直面するのである。しかし、将門の追撃を逃れた貞盛は下野《しもつけ》国の押領使《おうりょうし》藤原秀郷《ひでさと》と結んで、天慶三年（九四〇）二月、兵力が手薄になった将門を急襲、ついに討伐に成功した。秀郷・貞盛、そして純友追討に功績のあった清和源氏の源経基《つねもと》の三者は四～五位の官位を得て、その子孫が京で武者として活躍することになる。

安和《あんな》二年（九六九）の安和の変は摂関政治確立の画期の一つとして知られるが、同時に経基の息満仲《みつなか》が密告者として活躍、高い政治的地位を得るとともに、対立していた秀郷流の藤原千晴《ちはる》を失脚させた事件でもあった。以後、秀郷流は中央の武門としては精彩を欠き、僧西行《さいぎょう》を生んだ佐藤氏のように儀礼的武芸を事とするようになる。

一方、貞盛は丹波《たんば》などの国守、そして鎮守府将軍として武門の基礎を築き、その子維衡《これひら》は伊勢を拠点として京でも活躍し、藤原道長・同実資《さねすけ》といった上流貴族の家人として史料に姿を見せている。秀郷流衰退後、桓武平氏は全盛を迎えた摂関政治の下で清和源氏と並立したが、しだいに両者の間には水が開いてゆくことになる。満仲の嫡男頼光《よりみつ》は、受領《ずりょう》として莫大な富を築いて経済的に摂関家と結びつき、道長の異母兄道綱《みちつな》を婿に迎える。これに対し、その弟頼信《よりのぶ》は、房総半島で発生した平忠常《ただつね》の乱鎮圧に成功し、坂東に雄飛してゆくのである。

この忠常の乱の追討使は、当初貞盛の直系の曾孫直方《なおかた》であったが、追討に失敗、更迭されている。彼は頼信に敬服し、その嫡男頼義《よりよし》を婿に迎えて鎌倉の邸宅や坂東の所領などを譲渡したとされる。ここに頼信の子孫河内源氏は坂東に拠点を獲得、逆に坂東の桓武平氏一門はその下に従属することになるのである。

一門の多くが京における政治基盤を失って、坂東に土着していった。当時の原則として、いったん土着して地方武士となった系統が、再び京で活躍することは困難だったのである。そのなかで、維衡の系統伊勢平氏のみが京に基盤を保持した。しかし、華やかに活躍する清和源氏一門と対照的に、維衡の子正度《まさのり》や孫正衡《まさひら》の名前は記録の上にほとんど姿をみせない。『尊卑分脈《そんぴぶんみやく》』は彼らが四位に至ったとするが、実際にはこの間に身分を侍品に低落させたものと考えられる。後述するように、正盛が受領の郎等として頤使《いし》されたという惨めな逸話は、彼らの境遇を物語る。

十一世紀の後半、京で第一の武士となったのは、坂東・奥羽の平定で名声を博した河内源氏であった。しかし、頼義の長男義家《よしいえ》が後三年の役の処理に失敗して叱責《しっせき》を受けると、弟義綱《よしつな》が台頭し、寛治《かんじ》五年（一〇九一）には両者は京で兵を構えるなど不穏な動きを見せたが、おりしも摂関政治から院政に移行する時期だけに、義家は白河院に、義綱は摂関家

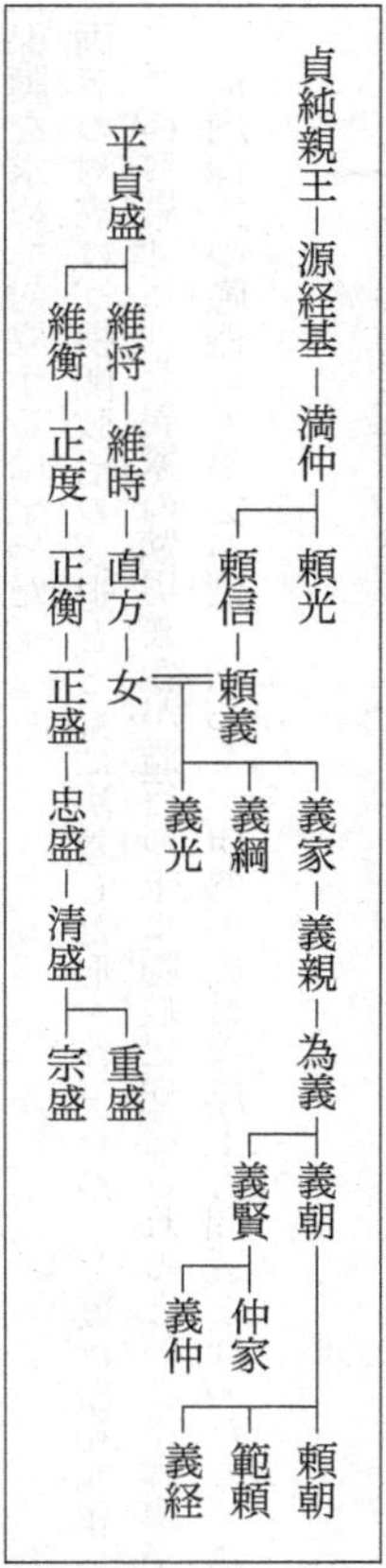

清和源氏・桓武平氏関係系図

に保護を求めて対立するに至った。

両者の対立は、摂関政治の衰退とともに決着した形となったが、今度は康和《こうわ》四年（一一〇二）に対馬《つしま》守だった義家の嫡男義親が濫行の末に隠岐《おき》に配流されるという不祥事が起こり、河内源氏の隆盛にも暗雲が漂い始めた。伊勢平氏の再浮上も間近となったのである。

義親追討と正盛の台頭

嘉承元年（一一〇六）七月に義家が死去すると、義親は再び蜂起し、翌年には対岸の出雲《いずも》に渡って国府を襲い国守藤原家保の目代《もくだい》を殺害して国家に対する反乱を惹起《じやつき》した。しかも、周辺諸国にも同調する動きが出始めたため、白河院は因幡守だった平正盛に義親追討を命ずることになる。起用の背景には、乱が勃発した国の近隣国司が追討に当たるという原則も関係していたと考えられる。あるいは、義親の不穏な動きに対処するために白河院は側近の北面の武士正盛を因幡守に任じたのかも知れない。

「最下品」と称された伊勢平氏が白河院に接近できた原因は、承徳《しようとく》元年（一〇九七）、前年に死去した白河院の皇女媞子《ていし》内親王の菩提寺《ぼだいじ》六条院に、正盛が伊賀国の鞆田《ともだ》荘を寄進したことにある。院への荘園寄進を取次いだ人物としては、院近臣藤原顕季《あきすえ》または藤原為房《ためふさ》らの名が挙がっている。それは、『平家物語』（以下、『平家物語』とのみ記した場合は、覚一本を意味する）巻四「南都牒状《ちようじよう》」に見える興福寺から園城寺《おんじようじ》宛の檄文《げきぶん》の中に、十一世紀の終わり頃、正盛は加賀守となった為房の検非違所《けびいしょ》、播磨《はりま》守となった顕季の廐別当《うまやのべっとう》として現地に下向し、国務を補佐したとあることによる。

当時、うだつのあがらない五～六位の官人・武士たちは、遥任《ようにん》の受領の代わりに現地に下向することが多く、正盛の逸話も事実と見られる。もちろん、これは不名誉なことで、上の『平家物語』の記事でも、興福寺の僧は、祖父正盛が「蔵人五位の家に仕へて諸国受領の鞭《むち》をとっ」たことから、清盛を「平氏の糟糠《そうこう》、武家の塵芥《じんかい》」とまで罵倒《ばとう》した程である。

このうち顕季は白河院唯一の乳母藤原親子の息子で、院近臣として大国受領を歴任して院に対する成功《じょうごう》に努めた。彼の子孫である末茂流の一門と平氏は幾重にも婚姻関係を結んでおり、院に正盛を推挙した人物として相応《ふさわ》しいように思われる。

正盛は、隠岐守から若狭《わかさ》守を経て因幡守に在任中、義親追討に起用され一躍歴史の表舞台に登場することになる。遥任のために在京していた正盛は、追討の命を受けて出立してからわずか一ヵ月で、義親討伐を京に報じた。余りに鮮やかな勝利は義親の存命説を生み、義家の没落をはじめとする河内源氏追落としの謀略の一環とする解釈さえ生まれた程である。

しかし、義家一族と白河院は密接な関係にあって、康和四年に義親が訴えられた段階ではむしろ温情が施されている。また、棟梁《とうりょう》として強大化した義家の抑圧といった通説も義家が過大評価されたために誤解に過ぎない。正盛による追討の経緯を見ても、義親の国府襲撃に対して、近隣国司による追討という当然の措置が取られただけで、謀略とする根拠は乏しい。

義親追討によって正盛は都における武士の第一人者となった。以後の彼は白河院の信任のもと、その愛妾祇園女御《あいしょうぎおん》に奉仕し、天永《てんえい》二年（一一一一）には六波羅堂の供養を行っているが、このことは六波羅への進出を物語る。彼は院庁《いんのちょう》の別当に列することはなく院下北面に終始したが、但馬のあとも「熟国」――収入の多い豊かな国――の国守を歴任する。まず、顕季の息家保と任国を相博（交換）して丹後《たんご》に移ったあと、初めて山陽の備前《びぜん》守に就任、そして対岸の讃岐《さぬき》守を最後に保安《ほうあん》二年（一一二一）四月二日に死去している。この間、京における悪僧追捕《ついぶ》の他、元永二年（一一一九）には仁和寺領肥前藤津荘で紛争を起こした平直澄を、「南海・西海の名士」とともに追討し、伊勢平氏の名声を瀬戸内海沿岸に広めている。

この平直澄討伐事件は、仁和寺領で領家の命に背いた現地の武士を、院命により正盛が討伐したもので、荘園内部の武士を自ら統制できない荘園領主が院に依存していたことを物語る。荘園領主の中で、荘園における紛争を独自に処理できたのは、院、延暦寺《えんりゃくじ》・興福寺等の権門寺院、そして後述する摂関家などに過ぎない。ここに荘園領主と武士が乖離《かいり》してゆく一因が存したのである。

また、正盛が荘園制の秩序を維持するために在地領主を討伐した点も注目される。正盛は武士でありながら荘園領主と提携し、地方武士を抑圧したのである。武士は必ずしも武士相互で結合するわけではない。平安時代でも同じ階級の者は結束して支配階級と抵抗するという構図は、マルクス主義がもたらした幻想に過ぎない。

この正盛のように四〜五位の官位を有し、貴族としての地位をもつ武士を軍事貴族と称している。伊勢平氏の伊賀・伊勢、河内源氏の河内のように、彼らは京に近い地域に狭小な所領を有し、そこに居住する武士団を軍事基盤としていた。こうした武士団は所領とともに重代相伝されるために忠実な武力となる。伊賀国鞆田荘の沙汰人《さたにん》平家貞が正盛・忠盛に、子息家継・貞能らが清盛・重盛に仕えたのは、その典型である。反面、広範な地方武士との結合は希薄で、また経済力・政治力も弱小であった。したがって、彼らは院や摂関家といった権門に従属し、政治的・経済的支援を受けることになるのである。

忠盛の躍進

正盛の立場を継承、発展させたのが、清盛の父忠盛である。彼は永長元年（一〇九六）の生まれで、父が義親追討で脚光を浴びたころに元服したことになる。以後、検非違使《けびいし》を手始めに各地の受領を歴任し、父と同様に備前守在任中に海賊追討に当たったが、保延《ほうえん》元年（一一三五）、鳥羽院政下で二度目の海賊追討に当たった時には、「西海に勢ある聞こえあり」として起用されており、平氏一門の名声の浸透を物語る。

忠盛はたちまちに多数の賊徒を京に連行したが、その多くは「家人でない者を賊と号して連行したのだ」と噂《うわさ》されている。海賊追討を勢力拡大の好機として利用する強《したた》かさを有していた。院政期における軍事貴族の限界を乗り越えようとする動きと言えよう。

その三年前、彼は鳥羽院のために得長寿院《とくちょうじゅいん》を白河の地に建立し、伊勢平氏始まって以来の昇殿を許されている。昇殿とは天皇の居所清涼殿の殿上の間に出入りを許されることで、公卿以外の貴族にとっては最高の名誉であった。それだけに、父の代まで「最下品」と称された忠盛の昇殿に、殿上人が強く反発したことは『平家物語』の「殿上闇討《やみう》ち」の逸話で周知の通りである。忠盛に反感をもつ殿上人たちは、武具の携帯を許されない殿上の間で、忠盛を襲撃して恥をかかそうとした。ところが、忠盛は銀箔《ぎんぱく》をおした模刀を見せて彼らの度肝を抜き、平家貞を庭先に控えさせて無言の圧力を加えて難を逃れたという。武士の武威に対する畏敬《いけい》、所領を介した家貞との結合の深さがわかる。

なお、この反発も正盛の但馬守就任の時と同様、身分秩序に基づくものである。武士が殺生を事とするために、穢《けが》れた存在として貴族が忌避したとする解釈もあるが、確実な論拠は存在しない。さらに、『今昔物語集《こんじゃくものがたりしゅう》』の説話において、沈着・冷静に悪人を撃退した頼信や頼義らが称賛されているように、むしろ武士たちは賢明・勇敢で、邪悪や穢《けが》れを斥《しりぞ》ける英雄的存在として賛嘆の対象だったのである。

また、武士が独自の世界を形成し、貴族に対抗意識を有したとする説もあるが、これには何ら根拠はなく、永承元年（一〇四六）に河内源氏の源頼信が石清水《いわしみず》八幡宮に奉納した願文によると、むしろ彼らは貴族の一員として、天皇以下に奉仕することを自身の存在意義と考えていた。貴族と武士が分離し、独自の政権が構築された結果から遡及《そきゅう》して、つねに貴族と武士を対立的に捉える視角は、早急に克服されるべきではないだろうか。

さて、鳥羽院の下で忠盛は順調に地位を高めていった。彼は単なる北面に終わった父と異なり、鳥羽院の家政を担当する院庁において、四位別当という中心的役職についた。これこそ代表的な院近臣の列する栄誉ある地位で、伊勢平氏もその仲間入りを果たしたことになる。さらに、官位も上昇を続けて、天養《てんよう》元年（一一四四）には正四位上に叙されて四位の最上位に到達、官職も美作《みまさか》・尾張《おわり》、そして受領の最高位とされる播磨守《はりまのかみ》を経て、仁平《にんぺい》元年（一一五一）には刑部卿《ぎょうぶきょう》に就任して、もはや公卿昇進も目前となったのである。

しかし、彼の生命は公卿昇進を許さなかった。仁平三年、平氏躍進の基礎を築いて忠盛は五十八歳で死去する。伊勢平氏初の公卿昇進の夢は、嫡男清盛に委ねられることになる。以下では、清盛の生誕と、彼の幼少時代の家族関係などについてふれることにしたい。

2　院近臣として――若き日の清盛

生誕と官位の昇進

清盛の生誕や、その母については、髙橋昌明氏の労作『清盛以前――伊勢平氏の興隆と展開』に詳細な分析があり、主としてそれに依拠することにしたい。

まず、その生誕の日付は元永元年（一一一八）正月十八日と考えられる。生年は、養和元年（一一八一）に六十四歳で没したことからの逆算、そして鎌倉前期の摂関九条道家《くじょうみちいえ》の日記『玉蘂《ぎょくずい》』の建暦《けんりやく》元年（一二一一）三月十四日条に、「正月誕生の人、皆最吉なり」という説を掲げて、その例に「清盛公、正月十八日云々」と記していることから日付が判明する。

なお、この記事によると、清盛の没後三十年程経った鎌倉初期の宮廷において、清盛が醍醐《だいご》・三条・鳥羽天皇、藤原邦綱《くにつな》とともに「最吉」、さらに「高運」の例とされていたことになる。このころになると、強引な行動や平氏一門の悲劇的最期はさておいて、急速に官位を昇進させたことが貴族の憧憬《しょうけい》を呼んでいたのだろうか。

それはともかく、彼の生誕当時、祖父正盛も存命で備前守《びぜんのかみ》に、父忠盛は二十三歳で越前《えちぜん》守にそれぞれ在任していた。院近臣の受領として一門が隆盛を迎えつつあった時期に、清盛はこの世に生を受けたのである。

清盛の母は、かつて「仙院の辺」に伺候し、保安元年（一一二〇）七月十二日に死去した忠盛室と考えられている。『平家物語』の祇園《ぎおん》女御説、近江胡宮神社文書に見える女御の妹説があるが、祇園女御は正盛の主君と言える存在で『平家物語』の所伝は荒唐無稽《こうとうむけい》に等しく、その妹とする説も確実な根拠に欠ける。髙橋氏は、忠盛室を藤原顕時室の母となった藤原為忠《ためただ》娘と同一とする可能性も示唆している。

問題は、『平家物語』で著名な清盛を白河院の落胤《らくいん》とする説である。髙橋氏は、清盛の四位への昇進が父忠盛や、家格上昇後の弟、子息重盛《しげもり》らよりも迅速で、その速度が大納言家には劣るものの、中納言家をも凌駕《りょうが》するものであったとして、落胤の論拠としている。

しかし、他の院近臣家の子弟と対比した場合、清盛の昇進速度は必ずしも速いとは言えないことがわかる。たとえば、清盛は大治《だいじ》四年（一一二九）正月に十二歳で従五位下となり、十四歳で従五位上、十八歳で正五位下、同年に従四位下となっている。これに対し、藤原顕季《あきすえ》の息長実《ながざね》は父の公卿昇進前にもかかわらず十一歳で叙爵、十六歳で正五位下となっている。また彼の甥家成は家格上昇後にもかかわらず、十六歳でようやく叙爵しており、家格と昇進速度は一致するわけではない。その家成も二十三歳で正四位下となり清盛を凌駕している。

このほか、六歳で叙爵した道隆流の藤原忠隆《ただたか》など、清盛より迅速な昇進は散見しており、清盛の若年時の昇進速度によって落胤と断定することは困難である。ただ、『平家物語』で周知の落胤説を、破格の昇進を遂げた結果から遡及した牽強付会《けんきょうふかい》の説明と単純に見なしてよいかどうか。それは後にふれることにしたい。

いずれにせよ、院近臣である受領たちは院司としての奉仕や、再三の成功等によって位階を昇進させており、その恩恵は子息にも及んでいた。彼らの若年時の昇進が迅速なのはこのためである。保延元年（一一三五）、父の海賊追討の恩賞として従四位下に昇進したのは如何にも武門らしいが、それ以外の清盛の昇進には院近臣の立場が反映している。

まず、白河院庁の下級職員である非蔵人《ひくろうど》から、大治四年に斎院恂子《じゅんし》内親王の御給で従五位下に昇進し、貴族の仲間入りを果たした。その後、保延三年には熊野本宮造進の賞として肥後守《ひごのかみ》に就任して、父子そろって受領の地位を得ている。同六年の従四位上昇進は崇徳《すとく》天皇の中宮聖子の行啓の恩賞であり、久安二年（一一四六）の正四位下昇進は近衛《このえ》天皇の朝覲行幸《ちょうきんぎょうこう》に際して鳥羽院より御給を賜ったものであった。

初めての危機――祇園社頭闘乱事件

このように、父忠盛とともに院近臣として順調な歩みを見せた清盛だったが、久安三年六月に発生した祇園社頭闘乱事件は、彼にとって初めての政治的な危機となった。事件の概要は次のようなものである。

六月十五日の祇園臨時祭に際して、清盛は祇園社に奉納する田楽の演奏のために楽人たちを送り込んだ。ところが、彼らを護衛していた清盛の郎等たちに、祇園社側が武装の解除を求めたことから小競り合いが発生し、郎等が放った矢が神殿に命中したほか、神官も負傷させるに至った。これに激怒した祇園社とその本寺延暦寺は、二十八日になって清盛と父忠盛の配流を要求する強訴を引き起こしたのである。この事件は、清盛にとって大きな出来事であったのはもちろん、院政期の政治・軍事構造を知る上で興味深い事例を提供してくれる。以下、少し詳しく事件の推移についてふれてみよう。

神人に擁された神輿・神体を先頭に、裹頭《かとう》に薙刀《なぎなた》を振りかざした悪僧、そして俗人の武士も含む武装集団が、叫喚しながら院御所や内裏に押し寄せる——強訴とは暴力を伴った有力寺院の宗教的示威行為である。強訴の大半は、南都北嶺《ほくれい》と称された延暦寺と興福寺の二大寺院によって惹起《じやつき》されており、前者は日吉社の神輿、後者は春日社の神体である榊《さかき》の木を擁して入京している。強訴の原因は地方の荘園をめぐる紛争、寺院の人事などに対する院の介入といった既得権益の回復を求めたもので、世俗的な政治問題に関係したわけではないが、京の軍事的緊張を著しく高めたことは言うまでもない。

強訴が院や貴族たちを震撼《しんかん》させた原因は、白河院政初期の事件にある。嘉保《かほう》二年（一〇九五）、延暦寺と日吉神社の理不尽な強訴に対し、剛直で知られた時の関白藤原師通《もろみち》は武士を動員し、神輿や神人に矢を射かけて撃退した。ところが、彼が四年後に三十八歳の壮年で急死したため、これを強訴撃退の祟《たた》りとする噂が喧伝《けんでん》され、以後強訴を武力で撃退することは禁忌となってしまったのである。

このため、朝廷は延暦寺には鴨川、興福寺には宇治川付近に武士を派遣して入京阻止を図り、派遣以前に入京されてしまった場合には、ほぼ要求に応じることになった。したがって、偶発的に発生した衝突は別として、強訴は原則として合戦ではなかった。寺院側から見れば宗教的権威で世俗権力を威圧する行動だったし、武士も防禦線《ぼうぎょせん》を突破して乱入する者のみを逮捕するという、「機動隊」的な行動を取ったのである。

さて、強訴と聞いた鳥羽院は、防禦の武士を派遣する一方、三十日に摂政藤原忠通《ただみち》、内大臣藤原頼長以下の公卿を院御所に招いて議定（会議）を開き対策を審議させた。院政期には院御所における議定で、国政の最重要事項が審議されていたのである。その出席者を選び、意見を集約して最終決定を下すのは院の権限であった。摂関時代には大きな権限を有した摂関も、この当時は単なる出席者の一人でしかなかったのである。

これだけでも院の権力の前に摂関以下の公卿が無力化していることが明らかだが、そればかりではなかった。鳥羽院は、本来は議定出席資格がない前権中納言の藤原顕頼《あきより》を特に招き、その上に議定終了後は院御所で密談に及んだのである。彼は、弁官・蔵人頭《くろうどのとう》などの実務官僚として有能な公卿を輩出した藤原為房流に属し、鳥羽の懐《ふところがたな》刀とも言うべき院近臣だった。その父顕隆《あきたか》も、白河院の側近で、夜間に院御所に赴いて院の政治決裁を補佐したことから、『今鏡《いまかがみ》』に「夜の関白」と称されている。

院政の下では、公的な議定のあと、院と院近臣との間で実質的な決定を下す密議が行われていた。院の恣意《しい》的な政治、あるいは院近臣の政治紊乱《びんらん》のようにも見えるが、身分は低くとも実務官僚として有能な貴族を政治に参加させる、人材登用という面があったことも忘れてはならない。こうした有能な近臣との密議が、院の専制を支えたと言える。

顕頼との密議を経て、鳥羽院は忠盛・清盛父子の擁護を決意した。以後、法皇は河内源氏の源為義《ためよし》、美濃源氏の源光保《みつやす》、伊勢平氏傍流の平盛兼《もりかね》以下の多数の軍事貴族、そして諸国の国衙《こくが》に組織されていたと見られる「諸国武士」をも動員し、防禦体制を固めた。法皇は連日、武士たちを閲兵する熱の入れようだったので、武士の方も張り切らざるを得ない。清和源氏満政流の重成の郎等は、ここぞとばかりに家伝統の母衣《ほろ》をまとって見物の者の目を驚かせた。都において美しい武具を装着して法皇の閲兵を受けることは、当時の軍事貴

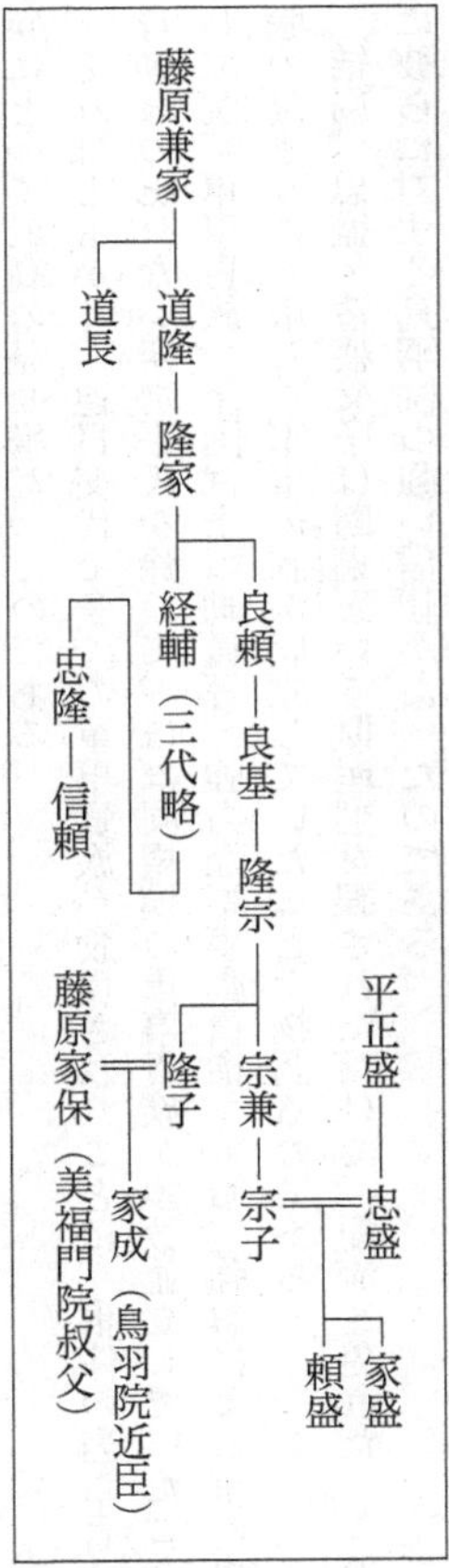

宗子関係系図

族にとって最高の見せ場だったのである。

それはともかく、連日交代で多くの軍事貴族が動員されたことは、事件の当事者として身動きのとれない伊勢平氏を除いて、ほぼ同規模の軍事貴族が多数並立していたこと、そして院が軍事貴族や諸国武士の動員等、強力な軍事動員権をもち、強訴による京の軍事緊張の高まりに対応した軍事体制が成立していたことを物語るのである。

結局、忠盛・清盛父子は贖銅《しょくどう》という財産刑を課されただけで、配流を免れた。この背景に彼らに対する鳥羽院の強い信頼があったのである。

兄弟と妻子

ここで清盛の家族についてふれておきたい。先述のように清盛の母は、彼の幼い時に早世し、かわって忠盛の正室となったのが藤原宗子《むねこ》である。のちに出家して池禅尼《いけのぜんに》を名乗ることはよく知られている。その父は院近臣藤原宗兼、母方の従兄弟には鳥羽院の寵愛《ちょうあい》を恣《ほしいまま》にした近臣藤原家成がいた。彼女は院近臣家出身で、院近臣忠盛の正室であった。それゆえに、崇徳の第一皇子で美福門院の養子に迎えられた重仁《しげひと》親王の乳母《めのと》にも選ばれたのである。このほかにも、彼女の正室としての立場や、院近臣に近い行動は、様々な局面で平氏一門の動向に微妙な陰影を投げかけることになる。

彼女には、家盛・頼盛《よりもり》という二人の男子があった。家盛は白河院政期の保安四年（一一二三）ごろの生まれと推測される。一門で最初の六位蔵人を経験したのをはじめ、祇園闘《う》乱事件で清盛が足踏みをする間の久安四年（一一四八）には従四位下に到達し、官職も右馬頭《まのかみ》に任じられるなど、清盛に迫る勢いを示したが、翌年の三月に鳥羽院の熊野参詣に随行した帰途、京を間近にして急逝している。場合によっては清盛にかわって嫡子の地位を得る可能性もあっただけに、その死去は清盛の立場を磐石《ばんじゃく》なものとした。

頼盛は長承二年（一一三三）の生まれで、清盛とは十五歳の年齢の差があり、正室の子息とは言え、清盛に対抗する地位を得ることはなかった。それでも兄弟の中では清盛に次ぐ官位を有しており、治承三年政変では後白河を幽閉しようとした清盛と合戦の噂が流れ、また寿永二年（一一八三）の平氏都落ちにも同道しなかったように、最後まで一門内部で

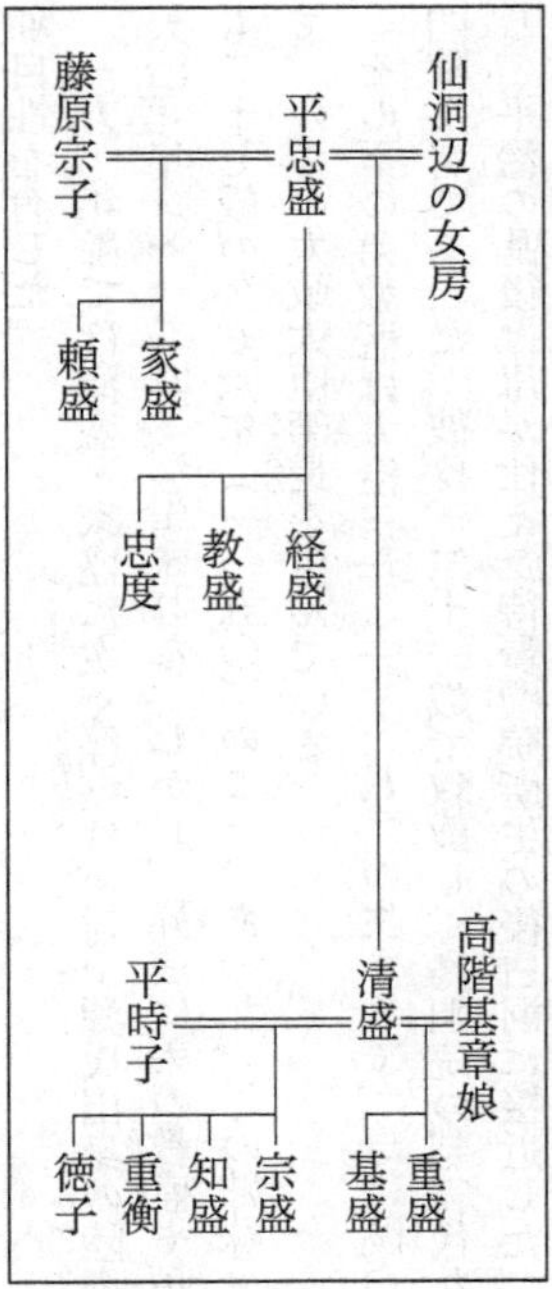

清盛の兄弟と養子
（年齢順の配列ではない）

独自性を有した。

　一方、年齢では清盛・家盛に次ぐ経盛《つねもり》は、村上源氏出身の陸奥《むつ》守源信雅の娘を母として天治元年（一一二四）に生まれた。しかし、昇進は弟の教盛《のりもり》や頼盛にはるかに遅れ、叙爵も二十七歳の久安六年（一一五〇）のことであった。母の姉妹は左大臣藤原頼長《よりなが》の室として、のちの太政大臣師長《もろなが》を生んでいる。

　その下の弟教盛は大治三年（一一二八）の生まれで、母は関白師通の孫家隆の娘で待賢《たいけん》門院女房であった。彼は、二十一歳で叙爵し、鳥羽院の判官代などを経て受領として活躍し、平治の乱後は母が仕えた待賢門院所生の後白河に接近した。後述のように、兄清盛が後白河と距離を置いたのに対し、後白河近臣として活動が顕著であったが、清盛と後白河の対立後は、経盛とともに清盛に対して従順であった。このほか、末弟に歌人としても名高い忠度《ただのり》がいる。彼の母については諸説あるが、生誕した天養元年（一一四四）当時、忠盛が尾張守だったことから、尾張国の豪族丹羽氏の娘である可能性が高い。

　さて、清盛の最初の息子は重盛である。彼は右近将監高階基章の娘を母として保延四年（一一三八）に生まれた。当時、日の出の勢いであった平氏一門の嫡男の室としては、その父基章の官位が低いため、先学による検討がなされているが、容易に断定することは困難である。母も早世したごとくであるが、重盛の昇進は順調で、そうした不利を感じさせない。なお、同母の一歳年下の弟に、保元の乱後に夭折《ようせつ》した基盛《もともり》がいた。

　清盛の正室となったのが、桓武平氏高棟《たかむね》王流の時信《ときのぶ》の娘時子《ときこ》である。彼女は、大治元年

（一一二六）の生まれで清盛より八歳下であった。二人の間の長子宗盛《むねもり》が久安三年（一一四七）に生まれているので、結婚はその少し前だったと考えられる。

その祖高棟王は桓武の孫、葛原《かずらはら》親王の皇子で、武門平氏の祖高見《たかみ》王の弟にあたる。天長二年（八二五）に平姓を賜り、貞観《じょうがん》九年（八六七）に没した時、官位は正三位権大納言に昇っていた。その子孫は受領も経歴する一方で、弁官などの実務官僚にも進出、さらに摂関家の家司《けいし》として活躍する者が多かった。時子の父時信も若いころから忠通に仕えており、

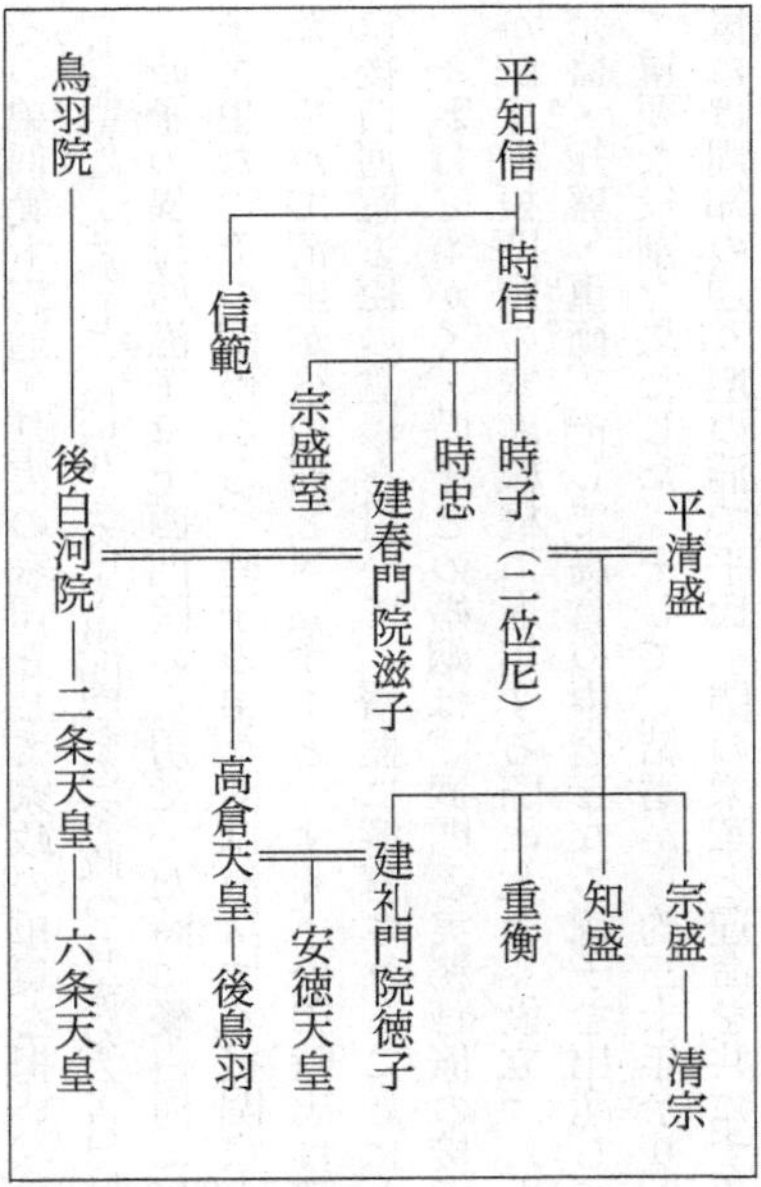

公卿流平氏との関係

その弟信範《のぶのり》も忠通・基実の家司として家政の重責を担い、代々の先祖に倣って克明な日記『兵範記《ひょうはんき》』を残し、保元の乱や摂関家の家政の有様を今日に伝えている。

時子の異母妹滋子《しげこ》は上西門院の女房だった時に後白河に見初められ、高倉天皇となる皇子を生む。その関係から、時子の弟たちは没落する摂関家を離れて後白河院の側近となった。やがて清盛が後白河と対立すると、すぐ下の弟時忠は清盛に従い、もう一人の弟親宗《ちかむね》は後白河院近臣の立場を貫いて、清盛に解官されることになる。

それはともかく、時子との婚姻は、武門と実務官僚の接近をもたらし、のちに平氏一門が院庁や摂関家の家産機構に進出する際に大きく役立ったものと考えられる。その時子は宗盛・知盛・重衡《しげひら》、そして高倉の中宮となる徳子を出産しており、清盛を助ける正室として重要な役割を果たした。そして、結婚から約三十年余りを経て夫に先立たれ、その四年後には周知の通り壇の浦で平氏一門の栄華と運命を共にすることになる。

さて、仁平三年（一一五三）、父忠盛を失った時、清盛はすでに正四位下安芸守、鳥羽院庁四位別当といった重職にあった。父の最終到達点は目の前である。時に清盛は、三十六歳の壮年、飛躍の時は間近に迫っていた。

3 わき役平氏——保元の乱

政界の分裂

鳥羽院と寵妃《ちょうひ》美福《びふく》門院は悲嘆のどん底に突き落とされた。久寿《きゅうじゅ》二年（一一五五）七月、鳥羽が後継者と定め、最も慈しみ育てた美福門院の皇子近衛天皇が、長く苦しい闘病の末にわずか十七歳で世を去ったのである。病弱だった天皇に皇子はいない。早速に天皇を定める「王者議定」が行われたが、その結果は人々を唖然《あぜん》とさせるものであった。新天皇は雅仁《まさひと》親王。鳥羽の寵愛を失った待賢《たいけん》門院の第二皇子で、皇位の可能性は全くないと考えられ、日夜白拍子を招いて流行歌の今様を歌ってばかりいた、その彼が皇位を継いだのである。鳥羽の第一皇子崇徳《すとく》上皇の長子重仁親王こそは、王家の正嫡で、しかも美福門院の養子でもあり、すでに十六歳だったことから皇位継承の第一候補であった。

しかし、鳥羽が崇徳を「叔父子」と称したという『古事談』の説話などでも知られるように、崇徳はその母で鳥羽の皇后だった待賢門院と鳥羽の祖父白河との密通による落胤と噂された。したがって、崇徳の皇統が継承された場合、鳥羽の血統が継承されない可能性

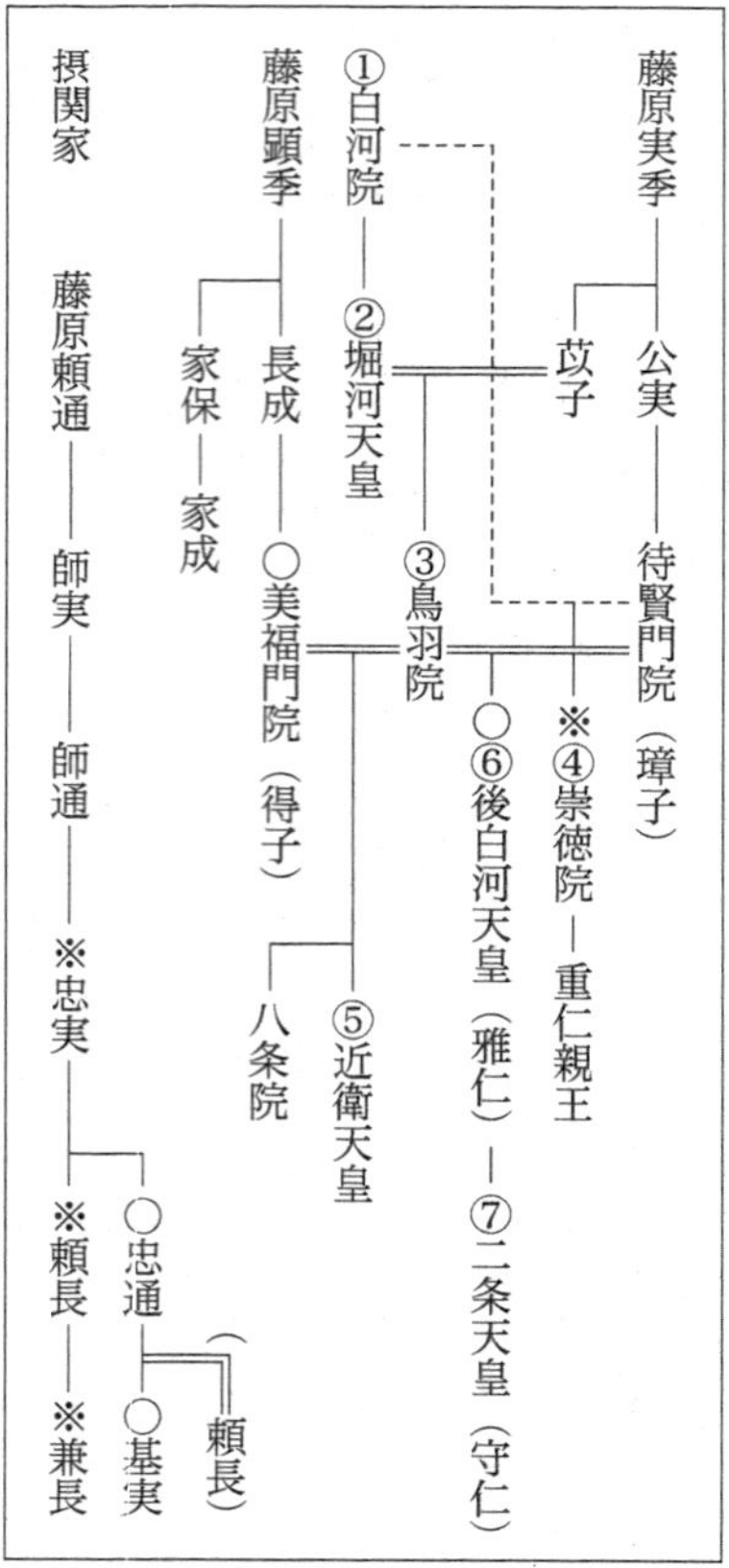

保元の乱関係系図（王家・摂関家）
○→後白河方　※→崇徳・頼長方
数字は即位順

が高かった。このため、鳥羽は崇徳の皇子重仁を疎外し弟雅仁の皇子でやはり美福門院の養子だった守仁の即位を図り、その前提として雅仁を践祚させたのである。ここに予想外の、そして帝王学を知らない天皇、後白河が誕生した。

皇子の即位と院政を期待していた崇徳の憤懣《ふんまん》は言うまでもない。また、当時は父院が皇位継承を望んだ皇子こそが正当な王権の担い手と考えられていたから、言わば守仁親王即位までの「中継」に過ぎない後白河には権威が欠落しており、そのことが後の政情に大きな波紋を投げかける。この時、彼が治天の君として平氏政権や鎌倉幕府と渡り合うことになろうとは、誰一人想像もつかなかったことだろう。

近衛天皇の夭折は別の波紋も生じた。彼の死去は、摂関家の最高実力者忠実と、氏長者頼長の呪詛《じゅそ》によるものとする噂が流れ、これを信じ込んだ鳥羽院は頼長から内覧の地位を奪ってしまったのである。これには深い背景があった。

摂関家では、長く嫡男に恵まれなかった関白忠通《ただみち》が、父の前関白忠実《ただざね》の命で弟頼長を養子に迎え、摂関譲渡の約束をしていた。ところが、康治《こうじ》元年（一一四二）になって実子基実が生まれたことから、忠通は頼長への関白譲渡に難色を示し始め、さらに近衛天皇に対する頼長の養女多子の入内も、美福門院と結んで妨害するに至ったのである。

鳥羽院
「天子摂関御影」（三の丸尚蔵館蔵）より

以後、忠実・頼長と忠通との対立は決定的となり、怒った忠実はついに親権を発動し、久安六年（一一五〇）に忠通を義絶、彼が有していた氏長者の地位、荘園などを奪い返して頼長に与えたのである。しかし、公的な摂政の地位は院が決

藤原頼長
「天子摂関御影」（三の丸尚蔵館蔵）より

定することになっていたから、忠実とても奪取出来なかった。かくして、摂関家においては、荘園や興福寺といった私的財産と、荘園管理などを担当していた源為義・平忠正らの武士団が頼長のものとなり、忠通は名前ばかりの摂関となったのである。追い詰められた忠通は、かねてから親しかった鳥羽院近臣たちとの連繫《れんけい》を深めた。院近臣勢力の中心は、代表的な院近臣家末茂流出身の美福門院であり、顕頼亡きあとに鳥羽の側近の第一人者となった僧信西《しんぜい》（藤原通憲《みちのり》）だった。この結果、当時は鳥羽院の下で、大きな武力と財力を有した摂関家と、院にも近く忠通とも提携した院近臣集団の二大勢力が拮抗《きっこう》するに至ったのである。

愛する皇子を失い動揺を隠せない鳥羽を籠絡《ろうらく》し、忠実・頼長を失脚させたのは、美福門院や忠通らとされる。こうして政界には崇徳上皇、摂関家主流の忠実・頼長という重大な不満分子が存在することになった。

ところが、翌保元元年（一一五六）五月、日頃から病弱だった鳥羽院は重態に陥ったのである。鳥羽が存命なら不満分子を抑え得る。しかし、院に万一のことがあれば、代わる後白河天皇に十分な権威がないだけに、彼らが再浮上して美福門院・忠通などの立場が悪化する可能性が高いと見られた。そこで、鳥羽・後白河側は、すでに鳥羽存命中から有力武士を動員して、いちはやく武力を整えるとともに、あいついで崇徳・頼長に対する抑圧を加え、彼らを挑発することになる。

まず、六月一日、有力な軍事貴族源義朝《よしとも》・義康《よしやす》に後白河の里内裏高松殿を、鳥羽院北面である平盛兼《もりかね》・源光保《みつやす》以下の源氏・平氏の輩に、鳥羽院や美福門院の居住する鳥羽殿の警護を命ずる。七月二日に鳥羽院が臨終した際には、崇徳院の最後の対面も拒み、崇徳を王家から放逐する姿勢を示した。五日には検非違使《けびいし》を動員して京中を厳戒させ、この間には諸国から地方武士を動員している。

その一方で、忠実・頼長に対して、在京する家人の追捕、摂関家領荘園の武士の入京の禁止、さらに八日には正邸東三条殿を接収という圧力・挑発が繰り返された。『保元物語』によると、同時に頼長に対して配流の宣旨が下されたというが、罪人に対する処罰を意味する邸宅接収が行われたことから見てその可能性は高い。後白河陣営は防禦《ぼうぎょ》を固めながら不満分子を挑発していった。

かくして追い詰められた崇徳と頼長は急遽《きゅうきょ》結合、十日夜には源為義一族や平忠正《ただまさ》らとともに京の東郊白河殿に結集するのである。

後白河陣営の主力が河内源氏の義朝なら、崇徳・頼長陣営の中心も、その父為義や弟たちである。まさに河内源氏は合戦の主人公の様相を呈した。これに対し、清盛をはじめとする伊勢平氏一門は、叔父《おじ》忠正が古くからの誼《よしみ》で頼長側に参戦したほか、五日に検非違使として清盛の次男基盛が動員されたのが目立つ程度で、顕著な動きはなかった。

宗子の決断

この原因は、継母宗子が重仁親王の乳母だったために後白河陣営から警戒されて動員を受けなかったこと、また平氏一門も板挟み状態で積極的な動きが取れなかったことにあった。これを打開したのが、宗子の決断である。彼女は自身の子頼盛に対し、清盛とともに行動することを命じた。こうして、叔父忠正一族を敵にまわしたものの、清盛は兄弟対立を回避して一丸となって後白河陣営に身を投じることが出来たのである。

宗子は忠盛亡き後の家長であり、彼女の立場や判断が一門を大きく規制した。家長没後に正室が家長の代行となり、親権を通して後継者の決定権を行使した例としては、鎌倉幕府初期における北条政子《ほうじょうまさこ》があまりに有名である。嫡男の地位を脅かす弟がいないだけに、一門の総帥という清盛の立場は安定していたが、それでも宗子の判断には一目を置かざるを得なかった。そのことは、平治の乱後の頼朝助命問題にもつながることになる。

宗子が乳母の縁を断ち切ってまで、頼盛に後白河陣営参戦を命じたのはなぜか。単に勝利の可能性の多寡という問題ではない。いかに中継ぎとして権威に欠けるとは言え、国家権力の頂点に立つのは天皇に他ならない。上皇は元の天皇とはいえ、「一君万民思想」の下では原則的に臣下に過ぎず、天皇と対立すれば朝敵に転落してしまうのである。多くの武士が後白河陣営に参戦した原因は、結局はここに尽きる。

後白河陣営は、鳥羽院存命中に有力な軍事貴族を動員したほか、国家権力を通して検非違使、諸国の武士を動員した。これらは先述のように院政期の強訴における最大限の武力動員の形態を踏襲したもので、国家権力の担い手として武力を動員したことになる。

しかし、それにもかかわらず、崇徳・頼長側に身を投じた軍事貴族が多数いたことこそ注目に値する。この陣営が動員した武力は、崇徳側近で弱小な平正弘一族を除けば、源為義とその子頼賢・為朝以下の一族、平忠正一族、多田源氏の源頼憲、そして摂関家領荘園の武士たち、さらに未遂に終わったが興福寺悪僧という摂関家の私兵たちであった。

すなわち、崇徳・頼長陣営では事実上摂関家の私兵が主力となったのである。彼らは長年頼長や父忠実に伺候していた者たちで、摂関家の家産機構に組織され、荘園管理や警護などを勤めるとともに官位昇進や荘官補任などの恩恵を与えられてきた。したがって、単なる傭兵《ようへい》ではなく、明確に主従関係に組織された存在だったのである。

摂関家は、公家でありながら、軍事貴族や悪僧を組織した一つの政治勢力となっていた。荘園を基盤として主従関係を組織の基軸として独自の政治的地位を有した勢力を権門という。摂関家の場合は公家・武家・宗教勢力が一体となっていたのである。これを「複合権門」と呼ぶことにする。当時の摂関家の存在形態は、まさに公家・武家が一体化した政治勢力が誕生する可能性を示すものだったと言えよう。

　これに対し、鳥羽院は大きな権威と権力を有したが、その死去によって院近臣や北面に大きな動揺が生じていた。それだけに、膨大な荘園、精強な武力、宗教的権威を組織した摂関家は、美福門院や信西らの院近臣勢力にとって大きな脅威であった。彼らが鳥羽院の重病と死去後の混乱に乗じて、国家権力を通した周到な準備の上で、頼長を挑発し反乱に追い込んだ原因はここに存したのである。こうして、国家権力と複合権門摂関家の全面衝突という形で、政権の座をめぐる合戦が勃発するに至った。

武者の習い

　白河殿に崇徳・頼長が武士を結集したという情報に接した後白河側も、十日夜に里内裏高松殿に武士を招集した。きらびやかな甲冑《かっちゅう》に身を固めた武士たちが、多数の一族・郎等を率いて御所に参入し、あたかも雲霞《うんか》のごとくであったという。人いきれと馬の嘶《いなな》き、甲冑の擦れ合う音、そして合戦を前にした緊張と高揚感が交錯していた。清盛も紺の水干・小袴《こばかま》に紫革の甲冑を着し、弟頼盛・教盛、長男重盛らとともに陣頭に列したのである。

　清盛が率いた武力について、『兵範記』が義朝の二百騎を凌《しの》ぐ三百騎であったとするのに対し、『保元物語』では『兵範記』の倍の六百騎とする。史料の性格から考えて前者が実数に近く、それが当時の清盛が京で動員できた兵力だったと考えられるが、後者が列挙した清盛軍の主要な武将の顔触れまで無視することはできない。すなわち、清盛以下の平氏一門、本拠の伊賀・伊勢のほかに、備前の難波《なんば》三郎経房、四郎光兼、備中《びっちゅう》の瀬尾太郎兼康などの名前が見えており、祖父正盛以来勢力を浸透させてきた瀬戸内海沿岸地域の武士が、主従関係を通して京の合戦に動員されていたことになる。

しかし、合戦の主導権を委ねられたのは義朝であった。彼は正室――頼朝の母――の実家熱田宮司家が待賢門院に近侍していたことから、その皇子である後白河天皇に近く、同じく熱田宮司家から室を迎えた源義康とともに早くから内裏警護に当たっていた。なお、この義康は下野の足利荘を拠点としたことから、下野守義朝に接近した面もあったと考えられるが、同時に室が義朝室の姪に当たり、熱田宮司家を通した結合も存した。いうまでもなく、彼の子孫足利氏が、のちの室町幕府の将軍家となるのである。

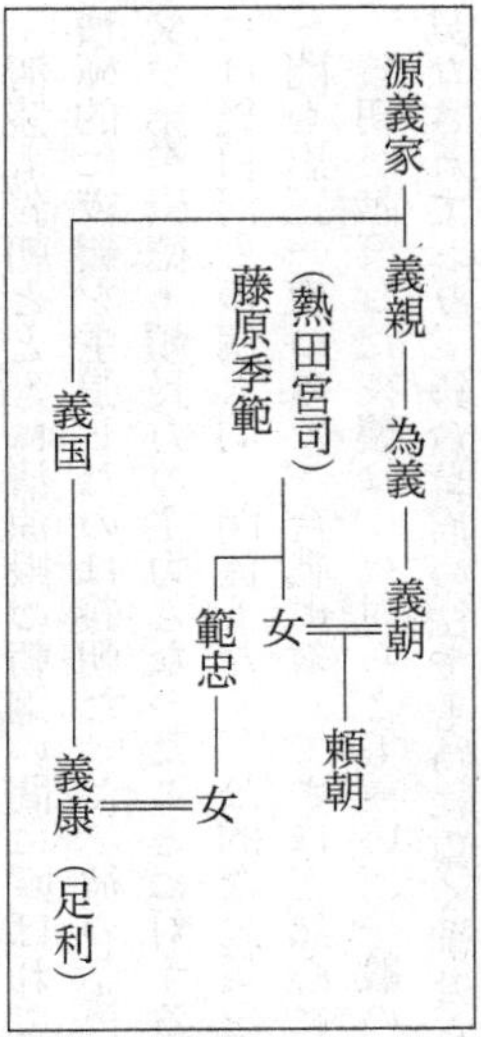

熱田宮司家と源氏

清盛も義朝とともに清涼殿の朝餉《あさがれい》の間に呼ばれて作戦の献策を命ぜられた。ここでも、積極的に夜襲を主張したのは義朝だった。彼の献策の背景には、後白河との関係のほかに、父や弟が崇徳・頼長方の主力となったことに対する責任感もあったことだろう。逆に清盛には後白河との個人的な関係もなく、公的な動員を受けて参戦したに過ぎない。敵対した一門も忠正一族のみで、合戦に対してさほど熱心にならなかったのも当然であった。

義朝が献策した夜襲は、夜討ちとも言い、一般の合戦と異質な一種卑怯《ひきよう》で残忍な戦法と見なされており、鎌倉幕府の法でも特に重く罰せられる程であった。『保元物語』には、頼長が鎮西で激しい実戦を経験してきた為朝の夜襲の献策を却下した逸話が掲載されているが、ことの真偽はともかく、却下するのが貴族としては当然の発想だったのだろう。

しかし、無警察状態、すなわち自力救済が横行していた坂東《ばんどう》において、夜襲は頻繁に行われていたと考えられる。たとえば、『将門記《しょうもんき》』には将門の従僕子春丸を案内者とした、平良兼《よしかね》の将門に対する奇襲が描かれているし、『今昔物語集』巻二十五―五の説話には、仇敵《きゅうてき》平維茂に対する藤原諸任の残酷な夜襲・放火が描かれている。したがって、夜襲は東国武士の習いとも言える作戦であり、若い時代を坂東の合戦の中で過ごした義朝には、確実に勝利を得るための当然の戦法と考えられたのであろう。

この作戦を容認したのが、信西である。鳥羽院政末期から院の政務決裁を補佐して政治中枢にあった彼は、鳥羽没後には政治の表舞台に登場し、院の葬儀を主導したのに続いて、保元の乱でも参謀役として実質的な采配を振るっていた。抜群の才能でのし上がった信西は、形式や儀礼にとらわれることなく、最も現実的で効率的な作戦を採用したのである。

かくして、十一日未明、清盛率いる三百騎は二条通りから、義朝麾下《きか》の二百騎は大炊御門《おおいみかど》通りから、そして義康軍百騎は近衛通りから、それぞれ白河殿を目指すことになった(『兵範記』)。『保元物語』によると最初に清盛が対峙《たいじ》したのは、為義の八男で強弓で知られる鎮西八郎為朝であった。為朝の強弓は、先頭を突き進んだ清盛の郎従伊藤六の胸板を甲冑の上から貫き、並んでいた兄伊藤五の鎧《よろい》に刺さったという。恐れをなした清盛以下がその場を逃れると、これを潔しとせずに突進した郎従山田是行も忽ちに射落されたとする。物語に見える為朝の超人的な弓の威力や、それに怯えて這々《ほうほう》の体で逃れる無様な清盛の姿を真に受けることは難しいが、為朝の激しい迎撃の前に、清盛が腹心伊藤六や勇猛な山田是行を失ったことは相違ない。彼らは伊賀・伊勢に居住する忠実な郎従だった。

以後、合戦における平氏一門の動向は『保元物語』の叙述からは消滅してしまう。一方、『愚管抄《ぐかんしょう》』によると義朝は再三戦況を天皇に報告するなど、最後まで合戦の中心にあった。なかなか届かない勝報に後白河陣営も焦慮し、第二陣として源頼政・同重成・平信兼らを投入する一幕もあったが、結局、辰刻(午前八時ごろ)になって、義朝が白河殿に対する放火戦術をとったため、ついに合戦は後白河側の勝利に帰した。放火もまた、東国に見られる自力救済的な残忍な戦法であった。

たしかに、為朝をはじめ、崇徳・頼長方の武士たちは善戦したし、それを打ち破った義朝の巧妙な作戦は勝利に大きく貢献したと言える。しかし、いかに摂関家とは言え、一権門が私兵によって国家権力を相手にして勝利を収めることは不可能だったのである。その意味では、勝敗は戦う前から決まっていたことになる。

敗者たちはいったんは戦場を逃れたが、結局は相次いで捕らえられた。崇徳上皇は讃岐《さぬき》に配流、頼長は戦傷が原因で死去、そして親族を頼って投降してきた為義一族や平忠正には謀叛人《むほんにん》としての処刑という残酷な運命が待ち構えていた。七月二十八日、清盛が六波羅の河原で叔父忠正とその子息、郎等を斬首《ざんしゅ》すると、それに促されたかのように、三十日には義朝は船岡山で父や弟たちを処刑した。公的な死刑の執行は、平安初期の平城上皇の乱における藤原仲成以来のことで、貴族たちに与えた衝撃は大きかった。

この背景には、いくつかのことが考えられる。信西が律令の規定を厳格に適用したことや、摂関家を支えた武力を徹底的に解体しようという目論見もあっただろう。そして、すでに武士の合戦においては、自力救済による報復を防ぐために敗者を処刑するのが当然という武者の習いが成立していたことも大きく影響したに相違ない。

4　新たな破局――平治の乱

政界の激変

保元の乱は鳥羽院政期の政治構造を一変させた。頼長の敗北とともに、家産機構を支えた武力的支柱を失った摂関家が著しく弱体化したのは言うまでもない。保元三年（一一五八）四月、賀茂臨時祭で忠通が、無礼を働いた後白河の側近藤原信頼一行を咎《とが》めたところ、逆に後白河から閉門や家司の解官を命じられる始末であった。忠通は勝者ではあったが、所詮は院近臣の力で勝利を得たに過ぎず、その発言力が低下するのも当然と言える。

摂関家の家産機構内部の統制も弛緩《しかん》してしまった。平治元年（一一五九）には、伊勢国須可荘《すかのしょう》（現三重県一志郡嬉野《うれしの》町付近）に近隣の荘官と見られる平信兼《のぶかね》が乱入し、下司一族を殺傷しているし、長寛二年（一一六四）には、京に程近い楠葉牧《くずはのまき》（現枚方《ひらかた》市付近）において、居住していた武士光弘が廏司《うまやのつかさ》清科行光の一族に無法な暴力をふるう有様となった。かくして、鳥羽院政期の一方の雄だった摂関家はすっかり形骸化《けいがいか》し、公家と武士の一体化した権力組織は解体されてしまうのである。

鳥羽没後の王家も混乱に直面していた。正統の後継者守仁親王は保元三年に即位したが、まだ十六歳の少年で、しかも後《うし》ろ楯《だて》の美福門院も病弱であった。生母の兄で摂関家の傍流に当たる藤原経宗《つねむね》や、側近で実務官僚である同惟方《これかた》などの支援はあったが、とうてい政治主導権を握ることはできなかったのである。

一方の後白河も、父院とは言え中継ぎとしての即位という事情から、院政を行うだけの権威も権力もなく、彼に従う近臣もごくわずかなものであった。しかも、鳥羽院と美福門院が集積した王家領の多くは二人の間の唯一の皇女八条院に伝領され、後白河院は家産機構を通して院近臣を統制することも困難となっていた。このため、鳥羽院が有していた権威や院近臣団、そして経済基盤は分解され、権門としての王家は事実上解体されるに至った。

こうして鳥羽院政期に併存した有力な政治勢力のうち、王家と摂関家が衰退し、かわって院に従属していた院近臣層が自立することになる。その中で主導権を握ったのが、鳥羽を補佐して政治中枢に食い込んでいた信西なのである。

彼は、俗名を藤原通憲《みちのり》と言い、藤原南家貞嗣流の出身で、代々大学寮の長官である大学頭や文章博士を世襲する学者の家柄に属した。しかし、父実兼が二十八歳で早世したため、一族は没落の危機に瀕《ひん》し、通憲も一時高階経敏の養子となるなどの苦労を重ね、鳥羽院庁の実務を担当する判官代に至ったが、天養元年（一一四四）に身分の壁に絶望して出家するに至った。しかし、それは世俗からの離脱ではなく、身分秩序を超越する手段であった。

音楽や歴史・法学などに比類ない才能を見せた彼が、鳥羽院の側近となるのに時間はかからなかった。久安四年（一一四八）、折しも院近臣の中心藤原顕頼《あきより》が死去したことから、信西とその長男俊憲《としのり》は院の政務取り次ぎを始めとする政治中枢に参画することになったのである。鳥羽晩年の院政は彼が事実上取り仕切っていたと言ってもよい。そして、保元の乱における権門の解体の間隙《かんげき》を衝いて、彼はついに政務の主導権を握ったのである。

信西の室朝子は後白河の乳母であり、彼女が生んだ成範《しげのり》は後白河の近臣となった。同時に長男俊憲を守仁の東宮学士から蔵人頭に就任させ、二条天皇の周辺も抑えたのである。

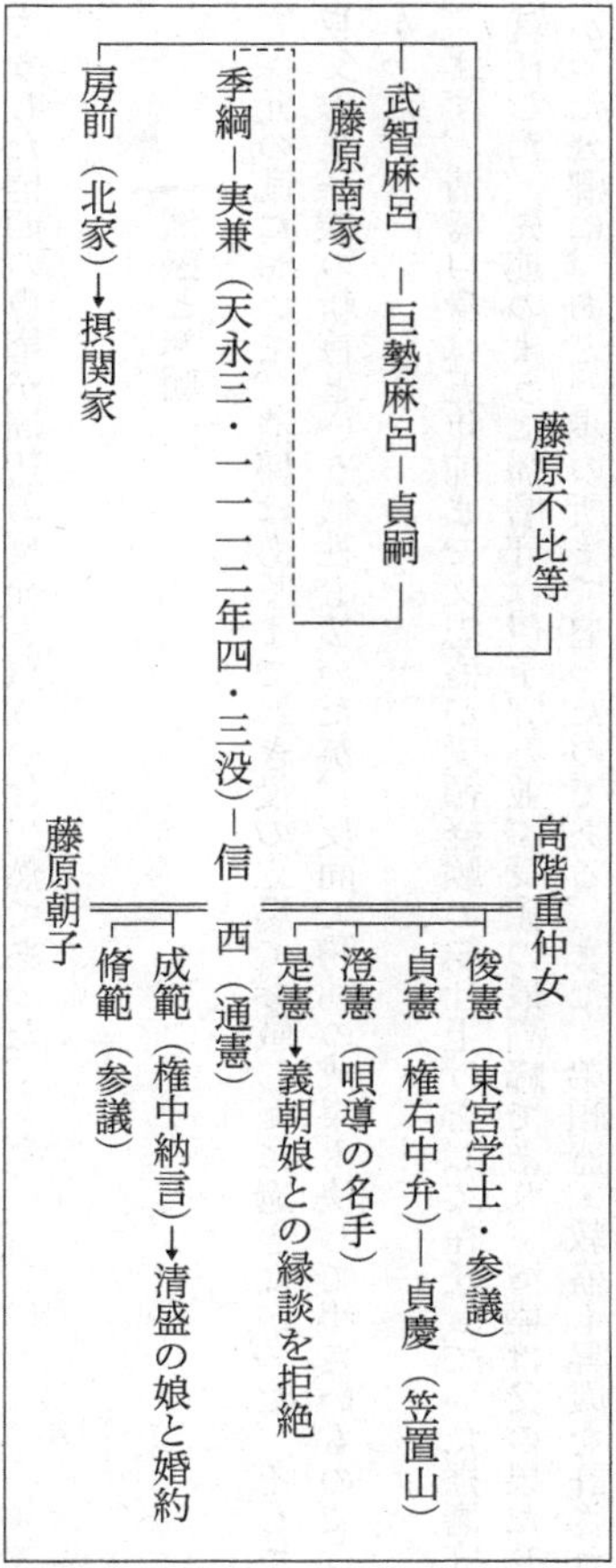

信西関係系図

こうした信西の専権が周辺の反発を買うのは当然であった。

清盛と義朝

保元の乱において、清盛はあくまでわき役の立場で参戦したに過ぎなかった。そして、叔父忠正一族の斬首という犠牲も払ったが、反面で勝利の成果も決して小さいものではなかった。

まず、清盛自身は五年前まで父忠盛が受領経験の総仕上げとして在任していた播磨守に就任した。先述のように播磨守は伊予守と並ぶ受領の最高峰であり、清盛は父の果たせなかった公卿に、あと一歩の所まで迫ったのである。また、弟頼盛・教盛も昇殿を許され、一門の政治的地位は大きく上昇した。また、ともに都で戦った経験から、参戦した家人たちとの結合も深まったものと考えられる。

そして翌保元二年、清盛は信西が主導した内裏再建に際して仁寿殿《じじゅうでん》を造営している。同殿は内裏において紫宸殿《ししんでん》に次ぐ規模を誇り、大国播磨守に相応《ふさわ》しい大事業であった。十月の叙位において清盛は、恩賞を嫡男重盛に譲り正五位下に叙している。このほかの一門では、頼盛が貞観殿《じょうがんでん》を造営して従四位下に、教盛が陰明門を造営して正五位下に、そして経盛が淑景舎《しげいしゃ》を造営して従五位上にそれぞれ叙されている。四ヵ所の造営を手掛けた平氏一門の経済力は、大国受領を独占してきた末茂流や信西一門と比肩されるものであった。

正盛・忠盛以来の長年の院近臣受領としての実績と一門の発展、そして保元の乱の勝利が一門にもたらした成果が如実に反映していると言えよう。ちなみに、河内源氏では義朝ただ一人が北廊を造営して正五位下に叙されたに過ぎない。

やがて清盛は保元三年八月、任期半ばに播磨守を娘の婚約者で信西の息であった藤原成範に譲り、大宰大弐《だざいのだいに》に転じている。本来、大弐は大宰府の次官であったが、大弐が任ぜられた場合は長官である権帥《ごんのそち》が任じられないことになっていたため、清盛は事実上大宰府の長官の地位に就いたことになる。当時の大宰府は日宋貿易の中心であり、おそらくこれ以後清盛の貿易に対する関心は決定的なものとなったに相違ない。かつて、長承二年（一一三三）、父忠盛が鳥羽院から肥前国神埼荘（現佐賀県神埼郡神埼町）の預所に補任された際、大宰府を無視して私貿易を行ったこともあっただけに、清盛もかねてから日宋貿易の利益に注目していたと考えられる。

このように、もはや清盛自身は公卿を目前にし、しかも平氏一門は多数の受領の地位を占めていたのである。すなわち、平氏一門は独自の政治的地位と経済力を獲得したと言える。これは、先述した王家・摂関家の衰退に伴って、旧鳥羽院近臣が自立した結果である。位階の上昇や受領の地位の獲得などを院に依存し、院近臣として院に政治・経済両面で従属していた忠盛の立場を、清盛は一段階超越したのである。

ところで、清盛の運命の大きな転換点となった平治の乱に関する通説的理解は次のようなものである。すなわち、院近臣の信西と藤原信頼の対立と、武家棟梁《とうりょう》の平清盛と源義朝の対立が結合し、信頼・義朝の連合が信西を倒すが、信西の盟友の清盛によってともに討たれた――。これによると、清盛と義朝は保元の乱以後、鋭く対立していたことになる。

その一因としてよく取り上げられるのが、保元の乱の恩賞問題である。

保元の乱で大して功績もなかったにもかかわらず、清盛は大国播磨守となり、一門にも昇殿等の恩賞を与えられた。これに対し義朝は一門を犠牲として戦ったのに、わずかに左《さ》馬頭《まのかみ》を与えられたに過ぎない。この恩賞の格差が義朝の怨念《おんねん》を生んだというのである。

しかし、すでに指摘されてきたように、この考え方は乱以前の両者の官位を無視した点で全く誤っている。すでに正四位下安芸守という大国受領である清盛が播磨守に転じたところで特別な昇進には当たらないし、ともに後白河のために戦った一門に恩賞があるのも当然である。一方、義朝は乱まで従五位下下野守という言わば受領の末席を占めていたに過ぎず、しかも一門の多くは謀叛人だった。それにもかかわらず、昇殿を許された上に左馬頭を与えられたことは、むしろ破格な待遇と言える。左馬頭は有力な院近臣に与えられる官職で、さらに宮中の軍馬統括という、武士にとっての大きな実益をも伴っていたのである。

一方、『愚管抄』には、信西一門との縁談をめぐる両者の紛議が記されている。息子是憲を婿に迎えたいという義朝からの申し出を手荒く拒絶した信西は、すぐに息子成範と清盛の娘との婚約を結び、義朝に意趣が残ったという。しかし、長男俊憲が平治元年（一一五九）に参議昇進を遂げる信西一門と、播磨守として公卿を目前にした清盛の一門とがほぼ同格であるのに対し、五位程度に過ぎない義朝一門では信西一門とは全く釣り合わないのである。誰が見ても、信西の拒絶は当然で、拒絶された義朝が信西殺害に至る程の意趣を抱いたとは考え難い。

『愚管抄』は優れた史料ではあるが、やはり源平争乱、鎌倉幕府成立を経験して、つねに源平が対等であったとする見方に歪曲《わいきょく》されている面がある。これは、鎌倉時代に成立した他の軍記物語にも共通する問題点と言えよう。

先にふれた内裏造営の逸話からも清盛と義朝の政治・経済力の格差は歴然である。彼が清盛と張り合うことは到底考えられない。清盛程の政治力のない義朝は、後白河の生母待賢門院や、姉上西門院に近侍していた熱田大宮司家との姻戚《いんせき》関係を通して後白河に接近し、後白河院近臣の中心藤原信頼らとの提携を深めてゆくことになる。また、信頼は信西に近衛大将昇進を阻まれて遺恨を抱いたというが、後述するように信西打倒に加わった勢力は広範《こうはん》であった。反信西のうねりは次第に強まっていたのである。

清盛の勝利

平治元年（一一五九）十二月九日未明、後白河の院御所三条殿を軍馬が急襲した。彼らは警備に当たっていた後白河の北面の武士を屠《ほふ》り、ついで御所に放火するや、火焔《かえん》をのがれて逃げまどう人々をだれかれ構わずに殺戮《さつりく》した。その中には非戦闘員の官人はもちろん、多くの女房たちも含まれていた。

中世絵巻物の最高峰の一つ、『平治物語絵詞』の三条殿襲撃の場面の火焔表現の生々しいまでの迫力、甲冑に身を固めた武者に斬首される官人、そして馬蹄に踏みにじられて乳房もあらわに息絶えていった女房たちの姿は、今でも見る者に激しい戦慄《せんりつ》を与える。夜襲・放火と無差別殺人は、先述のように坂東に多く見られた最も残忍な、しかし敵を確実に殲滅《せんめつ》する作戦である。この軍馬を率いたのは義朝。狙《ねら》ったのは信西とその一族の首だった。

義朝を直接使嗾《しそう》したのは周知の藤原信頼である。しかし、彼の与党には後白河院近臣の藤原成親《なりちか》、同光隆《みつたか》、源師仲《もろなか》、そして二条親政派の藤原経宗《つねむね》、同惟方《これかた》も加わっており、この蜂起《ほうき》は単に信頼と信西の個人的対立の所産ではない。信頼は道隆流、光隆は良門流、惟方は為房流という、それぞれ院近臣の代表的家系に属す者たちだったことからもわかるように、事件の背景には強い政治主導権を握った新興の院近臣信西一門に対する、伝統的院近臣らの深刻な反感が存在していたと考えられる。そして、義朝は後白河院近臣として、信頼の命に従って蜂起したに過ぎない。

信西は、信頼らの挙兵を事前に察知して京を脱出し、山城国南部、宇治の東郊に当たる田原まで逃れたが、同地で殺害されたとも自殺したともされる。子息たちも、六波羅の平氏一門に匿われた者も含めて、全て捕らえられて貶謫《へんたく》の憂き目を見た。さらに反信西派は二条天皇・後白河院を内裏内に幽閉し、政権を掌握したのである。

都大路を行く信西の首級
「平治物語絵詞　信西巻」（静嘉堂文庫美術館蔵）より

事件は熊野詣《くまのもうで》のために紀州路にあった清盛一行のもとへ急報された。『平治物語』によると、動転した清盛は帰途における義朝側の襲撃を恐れ、四国・九州落ちを思い立ったりしたが、腹心平家貞《いえさだ》の冷静な行動や、紀伊の豪族の協力もあって帰京を決意したという。この帰京には義朝軍の襲撃が噂された。清盛にとっては、久安三年（一一四七）に延暦寺の強訴を受けて配流の危機に瀕して以来の窮地と感じられたであろう。しかし、先述のように、蜂起は信西打倒のために惹起されたもので、義朝も清盛を攻撃対象とは考えておらず、清盛が無事入京したのも当然であった。

清盛は、信西の息子成範を婿に迎える約束をしていたものの、その一方で信頼とも親交を結ぶなど、各有力者と等距離を保っており、政治的には中立だったと言える。こうした政治姿勢は清盛に限るものではない。末茂流の中心藤原隆季《たかすえ》、為房流の当主で惟方の兄である光頼《みつより》など、鳥羽院政期の有力院近臣に共通する姿勢だったのである。

さて、反信西派は本来、前年の後白河譲位以来激しい対立を続けていた親政・院政両派が、打倒信西という一点のみで結束したものだった。それだけに、当初の目的を成功させるとたちまち分裂を生じることになる。そして親政派は清盛と連携し、ひそかに二条天皇を六波羅に脱出させるに至った。これを知った後白河院も、天皇と敵対して配流された保元の乱における兄崇徳の二の舞を恐れて、近臣を見捨てて仁和寺に逃亡するのである。

この結果、信頼・義朝らは天皇・上皇を失って自己を正当化する根拠を失い、対照的に当初は局外にあった清盛は、いまや官軍の総大将となった。清盛は頼盛・重盛を内裏に派遣して巧みに義朝軍をおびき出し、内裏の損壊を防いだ。やたら放火する義朝とは対照的な、都会的で洗練された戦術と言えよう。

賊軍に転落した義朝軍からは源頼政・光保などの離反者が続出し、逆転を賭《か》けた六波羅における決戦ではわずか数十騎という有様となり、清盛に惨敗を喫することになる。投降した信頼には斬首、逃走した義朝には家人による殺害という運命が待っていた。

合戦とは力ずくの戦闘だけではない。優れた武将に求められたのは、作戦、政略も含めた総合的な能力であった。その意味で、平治の乱こそは、武将清盛の真骨頂を示した勝利だったのである。反乱鎮圧の功績は清盛の政治的地位を急上昇させた。かくして、彼は政界の真《ま》っ只中《ただなか》に躍り出ることになる。

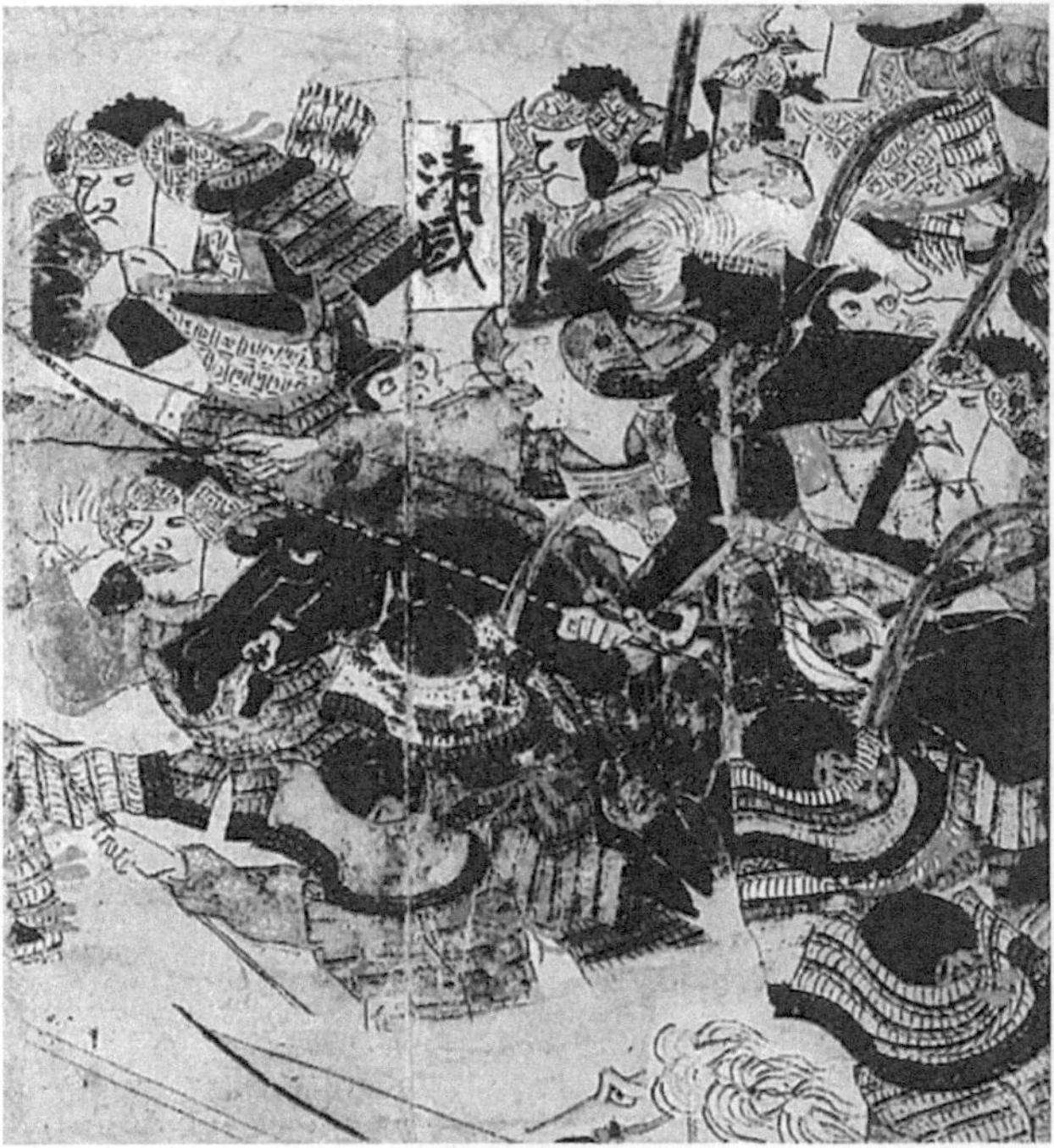

出陣する平清盛
「平治物語絵詞　六波羅合戦巻」より

第2章
後白河院との対峙

1　主役の座――乱後の清盛

「あさましきみだれ」

平治の乱は京中における初めての合戦であった。京、すなわち左京こそは、天皇の政務の空間であり、血・死といったケガレを排除して清浄を保つべき場所だったのである。保元の乱の際には京中を検非違使《けびいし》が厳戒して崇徳・頼長方を白河に追い込み、合戦は鴨川の東、つまり京外の白河で展開されていた。したがって、平治の乱では清浄な空間である京中において初めて合戦が勃発し、酷《むご》たらしい流血の惨事が繰り広げられたことになる。しかも、後白河の院御所で大量の殺戮《さつりく》が行われたり、天皇が辛くも内裏を脱出するという危険に直面し、六波羅の天皇御座所の間近で戦闘が行われるに至ったのである。

したがって、平治の乱が朝廷に与えた衝撃は大きなものがあった。そのことは、二条即位の年号「平治」が、翌年正月十日に慌ただしく改元されたことからも明らかである。また、『今鏡』の筆者が、この兵乱を「あさましきみだれ」と題して忌まわしさを強調したことからも、当時の貴族たちの乱に対する意識が窺われよう。

それだけに、責任者に対する処罰も峻烈《しゅんれつ》であった。後白河院の寵愛を頼って降伏した信頼は、当時権中納言という公卿の一員だったにもかかわらず、ただちに斬首された。保元の乱では武士に限定されていた死刑が、公卿にも適用されたのである。信頼だけではなく、乱に加担した院政派の貴族たちも配流された。義朝も東国に逃れる途中、尾張国で家人の長田忠致《おさだただむね》に殺害され、長男義平《よしひら》は乱後、京に潜伏していたところを捕らえられて殺され、次男朝長《ともなが》は戦傷がもとで自殺したとされる。

周知の通り、十三歳で初陣を飾った義朝の三男頼朝のみは、池禅尼《いけのぜんに》の嘆願で助命され、伊豆に配流されている。自力救済が貫かれていた武士の社会では、少年とは言え戦闘員である以上、仇討《あだう》ちなどの報復を防ぐために処刑するのが当然とされた。ところが、清盛はその原則を破ってしまったのである。まして、このことが二十年後に平氏にとって大きな禍根をもたらしただけに、義母の嘆願に易々と応じた清盛の判断を非難する見方は強い。しかし、頼朝助命は単なる池禅尼の仏心と、清盛の油断の所産ではなかった。

清盛が池禅尼の要請を拒めなかった原因は、先述した禅尼の家長としての発言力の強さにあった。さらに、母が院近臣家出身だったことから、頼朝は幼い時より後白河院やその同母姉上西門院に仕えており、女院の蔵人を勤めたことから内蔵人に推挙されている。したがって、禅尼からの助命要請の背景には、院近臣家出身の禅尼を通した、後白河や女院らからの働きかけが存したものと考えられている。

頼朝の助命は、この時点では後白河が年若い近臣に庇護《ひご》を加えた、微笑《ほほえ》ましい挿話でしかなかった。よもや二十年余りを経て平氏に重大な禍根をもたらすとは、この時の誰もが想像しえなかったことであろう。ただ、注意されるのは、頼朝に限らず、義朝に味方した東国武士に対し、さほど厳しい追及や処罰の動きがなかったことである。これは、為義の幼い子息が数を尽くして殺害されたという保元の乱と大きく異なっている。

保元の乱は王権の分裂という形をとっただけに、敗者は王権に反逆する謀叛人とされて厳しい処罰を受けた。これに対し、平治の乱はいわば院近臣相互の私合戦に天皇・院が巻き込まれた形となったので、事件の首謀者として宮都に戦乱を招いた信頼らに厳罰が加えられたのと対照的に、武士などにはさほど厳しい追及がなされなかったのではないだろうか。

一方、信西の子息たちも翌年二月には帰洛《きらく》を許された。しかし、有能な実務官僚として活躍していた長男俊憲、次男貞憲は配流に際して出家しており、政界に復帰することはなかった。また、大国受領であった成範・脩範らも、帰京後は文人的な性格を強め、政治的な活動には精彩を欠いた。所詮、彼らは父信西の支援で活動していたに過ぎず、独自に大きな政治活動を行う能力はなかったと言えよう。こうして、乱以前に後白河院政を支えていた政治勢力はほぼ壊滅したのである。

平治の乱の意味

院政派が壊滅した結果、乱の終息に貢献した親政派は優位に立った。ところが、翌永《えい》

藤原経宗
「天子摂関御影」(三の丸尚蔵館蔵)より

暦《りゃく》元年（一一六〇）に入ると情勢は大きく変化する。まず二月には、後白河院に無礼を働いたとして、親政派の中心だった権大納言経宗と参議検非違使別当惟方が、後白河の命を受けた清盛に捕縛されたのである。彼らは、後白河が大路を見物するため、八条堀河の藤原顕長邸に建設した桟敷に、板を打ちつけるという嫌がらせをしたという。

翌月、彼らに配流が命ぜられた。なお、経宗はのちに許されて政界復帰を果たし、皮肉にも後白河院政期に有職故実《ゆうそくこじつ》に通じた左大臣として長年にわたって活躍することになる。しかし、為房流出身の能吏惟方はこの時に出家し、政治生命を絶たれた。

六月には鳥羽の北面で、二条親政派の中心的武力と考えられた美濃源氏の源光保《みつやす》・光宗父子が、謀叛の疑いを受けて薩摩《さつま》国に配流され、その途中で殺害されるに至った。美濃源氏は、摂津《せっつ》源氏頼光の孫国房から始まる系統で、代々北面として歴代の院に仕えてきた。とくに光保は、娘が鳥羽院の愛妾となっていたことから、院の信頼を受けて正四位下出雲守にまで昇進を果たし、伊勢平氏に次ぐ家格を誇った。院没後は後白河に従わずに、美福門院・二条天皇に近侍してきたが、平治の乱の勃発に際して信西の首を討つなど、反信西派に与《くみ》した。このことが、失脚の背景となったと考えられる。

こうした一連の事態の背景には、親政派に対する強い圧力があったと考えられる。おそらく、それには二条の養母で後見人の立場にあった美福門院の病気も関係したことであろう。彼女はこの年の十一月に四十四歳で死去することになる。また、永暦元年当時、二条天皇はまだ十八歳の若さで、十分な政治力を発揮できなかった。この機会を捉《とら》えて、平治の乱で自身の政治基盤を失った後白河が親政派に攻撃を加えたのであろう。

また、親政派は乱の収拾に活躍したとは言え、もともと乱の勃発に加担した責任があった。ところが、院政派が壊滅したことから、経宗・惟方らは後白河に対して傍若無人な態度を表すなど、勝ち誇って傲慢《ごうまん》な行動に出ていた。このため、後白河の周辺のみならず、清盛など乱以前に中立だった勢力にも親政派に対する反発が拡大し、相次ぐ親政派の失脚につながったものと考えられる。

かくして、平治の乱以前に政治の表舞台にあった信西一門、院政・親政派はすべて姿を消した。そして、乱の勝利の成果は、事実上清盛に独占されたのである。こうした乱の経緯を見ると、平治の乱が単に信西と信頼、清盛と義朝といった個人の対立抗争ではなく、大きな政治構造の変化の所産であることがわかるだろう。

すなわち、保元の乱は鳥羽の死去による王家の弱体化を背景として、院近臣の摂関家に対する挑発から勃発した。その結果、敗北した摂関家は解体され、王家の分解と相まって、王家を頂点として摂関家と院近臣が併存するという院政期の政治構造の大枠が崩壊した。かくして、信西を頂点として政治的に自立した、かつての鳥羽院近臣たちの抗争として平治の乱が起こったことになる。大きな政治の枠組みや権威と関係ない、強引な政争には自力救済的な側面が強い。このことが武力の比重を増大させ、最終的に清盛の勝利をもたらしたと言えよう。

勝利の成果

清盛は平治の乱における唯一の勝者となった。つまり一人勝ちを収めたのである。彼が得た成果が極めて大きかったことはいうまでもない。まず、後白河と結んで台頭してきた源義朝一族、そして鳥羽院政期以来の伝統を持っていた美濃源氏の光保一族の没落によって、対抗しうる軍事貴族が消滅した。この結果、清盛は諸国で起こる反乱追討などを独占的に担当することになり、事実上国家的な軍事・警察権を掌握することになった。

武門としての成果ばかりではない。彼は、永暦元年（一一六〇）六月には平治の乱の際の六波羅行幸の恩賞として、正四位下から一気に正四位上・従三位を超越して正三位に昇進して公卿に加わった。ついに、父忠盛が果たせなかった公卿昇進の夢を実現したことになる。時に清盛は四十三歳、彼にはまだ遥《はる》かな前途があった。

なお、清盛に対する恩賞が六月まで遅れた原因は定かではないが、親政派との対立等、政治混乱の継続も関係したのかもしれない。また、一門に対する恩賞はすでに乱の直後の十二月二十七日になされていた。嫡男重盛は正五位下のまま受領の最高峰の一つとされた伊予守に遷任、時子との間に儲《もう》けた宗盛も遠江守《とおとうみのかみ》に就任して受領の仲間入りを果たした。このほか、すでに受領の地位にあった弟頼盛・教盛たちも遷任等の恩賞を受けている。おそらく、清盛は勲功の賞をいったん彼らに譲ったのであろう。

ついで、同年八月、清盛は参議に就任して議政官に加わり、議定などの国政に参加する資格を獲得、翌月には右衛門督《うえもんのかみ》を兼任した。翌応保元年（一一六一）には、検非違使別当を兼ねた上に、権中納言に昇進するに至った。権中納言・検非違使別当、そして右衛門督という官職は、平治の乱直前の信頼と同じものである。後白河は、信頼と同様に、武力や経済面で院政を支える近臣としての役割を清盛に期待したと考えられる。

清盛は公卿の地位を得たことで政治的地位も上昇させたが、彼の権力や発言力を支えたのがその武力であることは疑いない。もはや武力の面で、清盛に比肩しうる勢力は存在しえなかった。こうしたことから、平治の乱以後、すでに清盛が政権を掌握したとする見方もあるが、これから縷々《るる》述べるように当時の政治の最終決定権は、依然として院や天皇が掌握しており、清盛の政治力を過大に評価することは慎むべきであろう。

また、この時点における彼の武力には大きな限界もあった。すなわち、清盛と主従関係にあって、その意のままになる直属武力は、忠盛以来の家貞一族など旧来の伊賀・伊勢の武士団などの限られた存在に過ぎない。地方反乱などの大規模な追討の際、清盛は朝廷・

院の命令で地方武士を動員する形態をとっていたのである。直属の武士を「家人」「私郎従」、公的命令で動員される武士を「駆り武者」などと呼ぶ。こうした軍事力の二元性に、平氏の武力の特色と弱点があったと考えられる。

こうした軍事編成には、狭隘《きょうあい》な本領の武士団を中核として、それ以外の地方武士と主従関係を結ぶことが稀《まれ》だった院政期の軍事貴族と共通する面がある。平氏は政治的に地位を上昇させたものの、その軍事編成には限界があった。平氏も諸国の地方武士と主従関係を結んではいるが、締結の原因は偶発的で、たまたま縁故のある者を個別的に組織したに過ぎない。鎌倉幕府が組織的に大量の御家人を獲得したのとは大きく異なる。

このように軍事編成が根本的に変化しなかった一因は、平氏と対立し脅威を与える武家棟梁《とうりょう》が不在であったことにある。軍事的緊張に乏しいために積極的な家人の組織が推進されなかったと言える。そして、国家の軍事・警察権を独占的に担当していたことから、朝廷・天皇の公的命令で容易に地方武士の動員が可能だったことも、あえて家人を獲得しようとしなかった一因である。このことは、つねに平氏が国家権力に依存し、その中枢にある王家と結合してゆくことを宿命付けることになる。

2　アナタコナタ――院政と親政の間で

親政と院政

親政派の失脚と美福門院の死去を経て、平治の乱後の政界は後白河院政主導の形で推移していた。永暦元年（一一六〇）五月五日付の後白河院庁下文《くだしぶみ》を見ると、院庁運営の中心とも言うべき四位別当には、清盛のほかにも尾張《おわり》守頼盛・伊予守重盛、判官代に時忠と、四人の平氏一門の名が見え、翌年正月の院庁下文では常陸《ひたち》介教盛も四位別当に加わっている。平治の乱直前の院庁下文には清盛と時忠のみが名前を連ね、信西一門が四位別当二人、判官代一人を占めていたことを考えると、信西一門没落の後を平氏一門が埋め、彼らが後白河院庁の支柱となったと言える。信西一門の実務官僚としての側面を補充したのが、堂上平氏と称される高棟《たかむね》流出身の時忠であった。

平氏一門の後白河への接近を示すのは院司の増加だけではない。清盛の室時子の異母妹で上西門院の女房小弁局（滋子）が院の寵愛を受け、その異母兄時忠は院近臣として活動することになる。応保元年（一一六一）九月に小弁局が院の皇子を出産したことは、政界に大きな波紋を投げかけ、「世上嗷々《ごうごう》の説」があったという。そして、時忠・教盛らによる皇子の皇太子擁立の動きが生まれ、両者が解官されたほか、直後には平治の乱の配流から召還されたばかりの左中将藤原成親《なりちか》、右馬頭同信隆《のぶたか》らも同様の処罰を受けている。

本来、王家の正統を継承する君主は二条である。また成人天皇と対立すれば、たとえ父院でも意志を貫徹することは難しい。しかも即位の経緯から、父院とは言え後白河は二条を強引に退位させることは困難であった。したがって、彼の成長とともに後白河の優位も

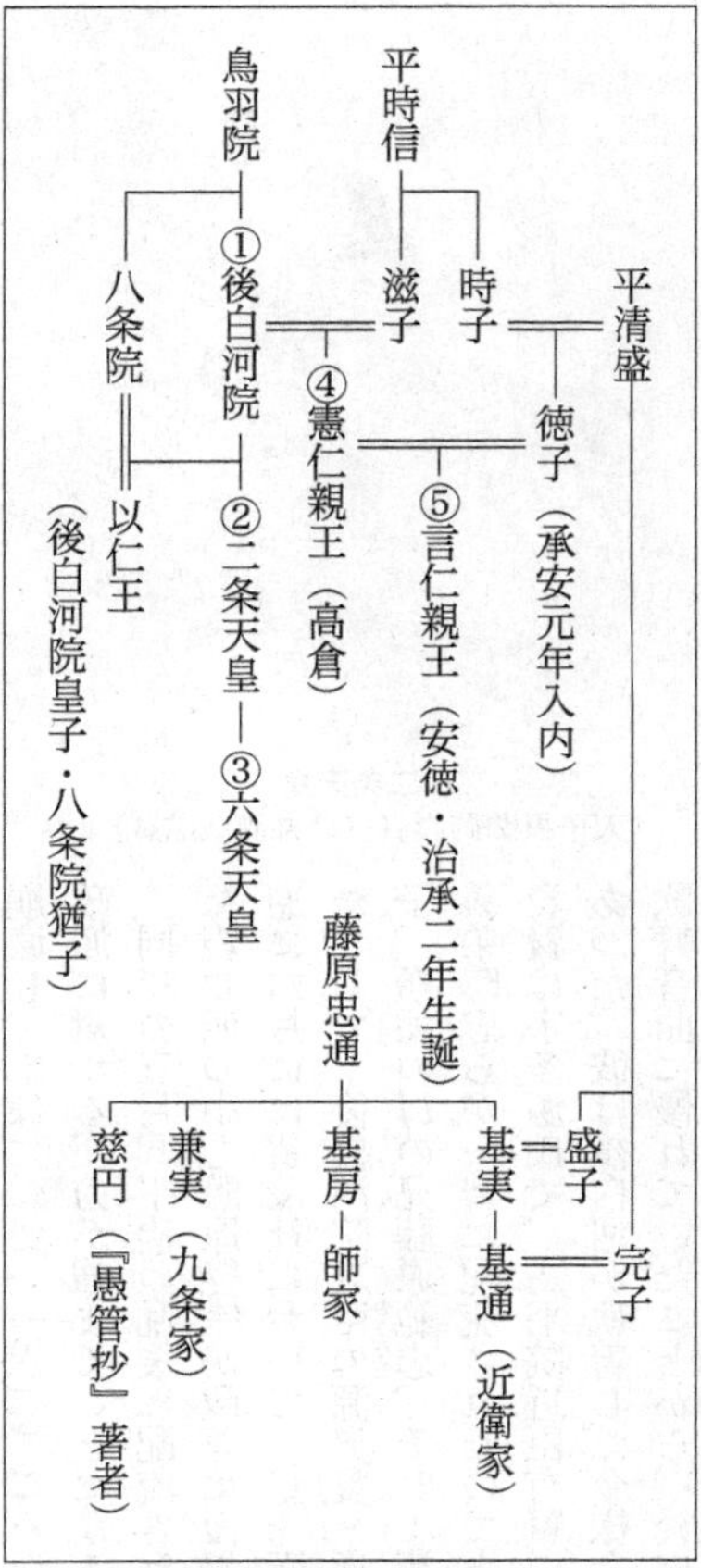

平氏と王家・摂関家の姻戚関係
（数字は即位の順）

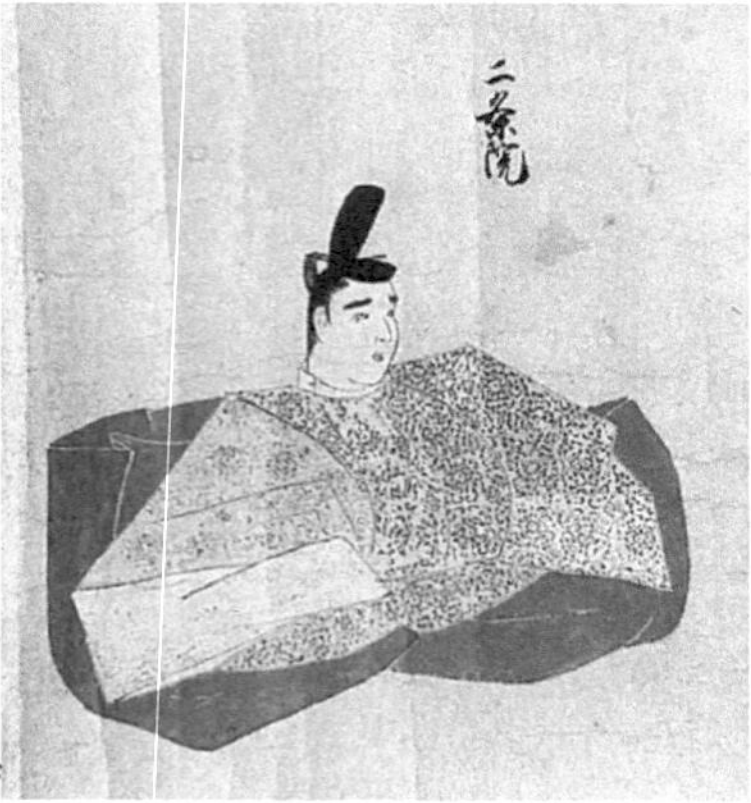

二条天皇
「天子摂関御影」(三の丸尚蔵館蔵)より

崩壊し、応保二年（一一六二）ごろから院政派に対する圧力が強まることになる。

同年の三月、平治の乱後に配流されていた親政派の中心藤原経宗が政界に復帰し、逆に六月には賀茂社において天皇を呪詛《じゅそ》したとして、後白河院近臣の源資賢《すけかた》・通家父子、頼朝の母の兄藤原範忠《のりただ》、そして清盛の義弟時忠らが一斉に配流されたのである。資賢は宇多源氏で、鳥羽院近臣有賢の子であった。彼は後白河が執着した今様など、歌舞音曲に優れていたことから、後白河の近臣となっている。太政大臣となった琵琶《びわ》の名手で、頼長の子息である師長《もろなが》など、後白河の近臣には芸能に堪能な者が多いのが特色であった。

こうした情勢下、清盛は二条天皇に接近していった。『愚管抄』によると、応保二年三月、二条天皇の里内裏押小路東洞院邸が新造された際、清盛は一門とともにその周辺に宿直所を設けて警護に当たったという。これを、内裏を交代で武士が警護する大番役の始まりとする解釈もある。しかし、大番役は諸国から動員された武士たちが輪番で勤仕していたのに対し、この場合は平氏一門による警護であり、かなり性格を異にしている。したが

蓮華王院（三十三間堂）

って、この押小路殿の警護を大番役の開始とする説にはにわかに賛同しがたい。

本来、超越的な存在である天皇は、全ての勢力から鑽仰《さんぎょう》されるべき存在であった。したがって、天皇に武力による攻撃の危険性が生じ、武力によって天皇の警護が必要となるのは異常事態であった。この直前の永暦元年八月、二条天皇の行幸に三十騎の武士が随行したことを「乱代の極みなり。夷狄《いてき》の地に異ならず」（『山槐記《さんかいき》』）とする批判があった程である。

天皇の身辺を武士が警護した先例としては、十二世紀初期、白河院が強引に即位させた孫鳥羽天皇を、白河の弟で本来の皇位継承者であった輔仁《すけひと》親王派の襲撃から防いだこと、そして先述したように保元の乱の直前、後白河天皇の内裏を源義朝・義康が防禦《ぼうぎょ》したものがある。これらは王権をめぐる分裂、対立が原因であった。したがって、清盛の警護は、二条と後白河の対立が深刻な状態に立ち至ったことを物語る。

『愚管抄』は清盛が「ヨクヨクツツシミテ、イミジクハカラヒテ、アナタコナタシケルニコソ」として、親政・院政両派への巧みな接近を強調する。しかし、鳥羽院近臣だった彼は正統の皇位継承者二条天皇に従属する立場にあった。先述のように里内裏を警護したほか、天皇より政治的諮問を受けているし、長寛二年（一一六四）には天皇の信任厚い関白基実《もとざね》を女婿としている。さらに、嫡男重盛は、二条天皇退位後に設置された院庁《いんのちょう》の執事別当となっている。

これと対照的に後白河に対しては、蓮華王院の造営など経済奉仕を行ったにとどまっている。清盛は、後白河の下で急速に台頭した時忠や教盛らの弟たちと一線を画し、鳥羽の正当な後継者二条に政治的に奉仕する姿勢を示していたのである。

正統の断絶

永万元年（一一六五）七月、政界は大激震に見舞われた。成人を迎え、関白基実と清盛らの支援を受けながら親政を開始した二条天皇が死去したのである。二十三歳であった。天皇は死去直前に幼い六条天皇に譲位し、後白河院の政治主導を妨げようとする最後の努力を行った。養母となった皇后育子の義兄摂政基実や、その岳父清盛、あるいは育子の実家である徳大寺家などの支援で政務を行わせようとしたと考えられる。
しかし、如何《いかん》せん新帝六条はわずか二歳、その上に母親の身分も低く、正統の二条天皇より皇位を継承したとは言え、政治的権威はきわめて弱いものに過ぎない。しかも、天皇の後見として期待された基実が、永万二年（一一六六）七月に二十四歳の若さで逝去したのである。ここに至って、政治の主導権は六条の祖父後白河に移行せざるをえない。かくして、一応後白河院政が開始されることになる。

後白河は二条が即位させた六条を退位させ、寵愛する皇子憲仁《のりひと》の即位を企図していた。自身の意志によって即位させた天皇を擁してこそ、院政は安定するのである。これに対し、六条天皇の准母藤原育子の兄弟で閑院流の実定・実家のように、天皇を擁護しようとする勢力もあった。また、すでに十六歳を迎えていた後白河の第二皇子以仁《もちひと》王も、出家を拒んで元服している。彼の背景には、鳥羽の皇女で大荘園領主だった八条院と、母成子の一族で六条とも結ぶ閑院流の支援があったと考えられる。このように、当時の政界では皇統をめぐる激しい葛藤《かっとう》が渦巻いていたのである。

当時の王権は、王家の家長である治天の君と天皇が一体となって構成されていた。正統な天皇とは、治天の君が即位を希望した天皇に他ならない。その意味で正統に位置した二条が死去し、逆に治天の君となった後白河自身が、偶発的に即位し正当性に疑問を抱かれる存在であったことから、皇統をめぐる対立は混迷を深めたのである。

清盛が、室時子の甥《おい》憲仁の擁立に積極的となるのは当然であった。ここに清盛と後白河との利害が一致し、憲仁とその母滋子を仲介とした提携が成立する。二条死去から間もない永万元年八月、清盛は権大納言に昇進した。院近臣家では、永暦元年（一一六〇）に藤原為房流の光頼が昇進して以来のことである。しかも、光頼の父顕頼、祖父顕隆は共に権中納言に昇進しており、公卿に至らない諸大夫の子の権大納言昇進は初めてのことであった。この人事は徳大寺実定が権大納言を辞任した代わりで、六条派に対する抑圧と、強引な後白河の人事のあり方、さらに清盛と後白河との連繋を明示するものと言えよう。

清盛と後白河の関係を振り返るならば、これまでは一貫して冷淡なものに過ぎなかった。まず、保元の乱の際も、清盛は後白河陣営に参加はしたものの、後白河との私的結合はなく、天皇からの公的動員に応じる形で参戦したのである。乱後は、後白河院政・二条親政両派から距離を置いた独自の位置を占め、平治の乱直前は局外中立であった。乱の勃発後、院政派と対立した親政派の要請で信頼・義朝を討ったが、乱の直後には後白河の要請で親政派の経宗・惟方を逮捕・配流するなど、基本的立場は一貫していた。

後白河院と二条天皇との厳しい対立の中で、彼は後白河への接近を怠りはしなかったが、専ら経済奉仕が中心であり、政治的には二条親政派であった。したがって、両者の政治的提携は初めてのことだったのである。正統な天皇二条の王権に対し、清盛は政治的に従属していた。しかし、後白河との関係は基本的に利害に基づく提携であり、王権の軛《くびき》からの政治的自立に向かって、清盛は明らかに一歩前進したと言えよう。

摂関家領押領

長寛二年（一一六四）四月。当時二十二歳の関白藤原基実と、清盛の娘でわずか九歳の盛子の婚姻が成立した。その直前の二月に基実の父大殿忠通が死去し、摂関家の政治力が低下していたことを考えれば、清盛は基実の後見役を期待されたのであろう。また、先述したように保元の乱において荘園等を管理していた源為義一族や平忠正らの武力を失ったことから、各地の摂関家領で混乱が発生していた。摂関家の側は、家産機構の管理という役割を平氏一門に求めたものと考えられる。

藤原基実
「天子摂関御影」（三の丸尚蔵館蔵）より

なお、先にもふれた平治元年の伊勢国須可荘における平信兼の濫行を、平氏の摂関家家産機構への介入とする理解もあるが、信兼の父盛兼は早くから忠通に仕えていたし、二人は保元の乱でも清盛とは別個の行動をとったように、平氏一門から自立した軍事貴族であった。したがって、信兼の行動は保元の乱後の混乱に乗じた濫行であり、平氏一門が本格的に摂関家の家産機構に進出するのは、基実と盛子の婚姻以後のことと考えられる。

さて、先述のようにその基実は、婚姻からわずか二年後の永万二年（一一六六）七月に二十四歳の若さで急死した。院政期以後、摂関は父子相承が原則となっていたが、基実の子基通はまだ七歳であったため、とうてい摂政の座につくことは不可能である。このため、摂政は、基実の弟で左大臣だった基房が継承することになった。この結果、摂政の岳父という立場を利用して政治的権威を高めるとともに、摂関家領に平氏一門を進出させて経済基盤にしようとした清盛の目論見は、いったん頓挫《とんざ》するかに見えた。

しかし、当時の摂関家内部にも基房の伝領に疑問をもつ者がいた。院政期の摂関忠実の時に統合されて成立した摂関家領は、摂関家の家政の運営のために不可欠の経済基盤であり、分割は是非とも回避しなければならなかった。しかし、摂関が基実から基房へ兄弟相承されたために、次世代の摂関の継承の仕方次第で、摂関家、そして摂関家領分裂の危険が生じていたのである。保元の乱の直前、忠通と頼長が対立し、家領分裂を招いた忌まわしい記憶も生々しい。また、弛緩《しかん》した家産機構の再建や管理に平氏の武力も不可欠であった。こうした状況下、清盛に密かな献策を行った者がいた。忠通の晩年から摂関家の家司の中心として活躍してきた切れ者藤原邦綱《くにつな》である。

邦綱は、清盛にこう囁《ささや》いた。「摂関家領は基房様ではなく、嫡流として将来摂関となる基通様が継承すべきものです。したがって、その御成人まで基実様の後家盛子様が管理なされては如何《いかが》でしょうか」と。これに喜んだ清盛は、基房には殿下渡領などの摂関に付随するわずかな荘園と、興福寺・法成寺・平等院といった宗教施設だけを与え、島津荘以下の主要な荘園や代々の日記・宝物、東三条殿などを盛子の管理としたのである。むろん、清盛がこれらを事実上支配したことは言うまでもない。

この結果、平氏一門は摂関家の家産機構の中枢に進出し、摂関家領を独自の経済基盤としたのである。これによって、王家の家産機構に従属した鳥羽院政期の状況を脱却し、平氏の権門としての自立性はより高まることになる。

強引な方策ではあったが、後白河院もこれを了承した。その背景には、当時院と清盛が提携していたこと、後家に家長という性格が見られたこと、そして清盛の武力なくして摂関家領の管理が困難だったことなどの事情が関係していたものと考えられる。

この邦綱は藤原北家良門流の出身で、父盛国は左馬助という低い地位に過ぎない。このため、邦綱は兼実から「出自卑賤《ひせん》」などと揶揄《やゆ》されたが、近衛天皇の蔵人の時に頭角を現すと、あえて落ち目の忠通家の家司となり、摂関家の家政運営の中心となったのである。さらに彼は、受領として内裏再建などに活躍しながら豪富を築いた。そして、二条親政・後白河院政に等距離を置きながら政界を遊泳し、同じ立場の清盛に接近していった。おそらく、基実と盛子の結婚を実現した立役者も邦綱と考えられる。

以後、養和元年（一一八一）にほぼ時を同じくして世を去るまで、清盛と邦綱は密接な関係を保持することになる。まさに刎頸《ふんけい》の友であった。

3　王権の中枢へ――高倉天皇の擁立

大臣昇進

清盛と後白河は、高倉の即位という共通の目的に向かって提携することになる。高倉即位を挟む前後しばらくの間、表面的には両者の協調が継続することになる。両者の提携の成立を象徴する出来事が、仁安《にんあん》元年（一一六六）十月の憲仁《のりひと》親王（高倉）立太子である。春宮《とうぐう》に仕える家政機関春宮坊の長官、春宮大夫に就任したのは清盛であった。そして権大夫に盟友藤原邦綱が就任したことは、立太子を推進した勢力を明示している。

翌月、清盛は内大臣に昇進を遂げた。権大納言に昇進してからわずか一年余り、公卿の仲間入りをしてから六年しか経たないうちに、居並ぶ上臈《じょうろう》公卿を超越してしまった。この人事に際して、大臣昇進をあらかじめ当人に伝える兼宣旨も、大臣昇進を祝う饗宴《きょうえん》もなかったという。これは、平安中期に弟兼家との激しい抗争に勝利して、権中納言からいきなり内大臣・内覧となった藤原兼通《かねみち》以来の異例のことであった。これは、清盛の大臣昇進が急遽《きゅうきょ》、強引になされたことを裏付けるものと言えよう。

これが、高倉を介して提携する後白河の意向であることはいうまでもないだろう。しかし、当時の人事には客観的な基準もあったし、権威も十分に確立していない後白河が、大臣昇進に関して恣意《しい》的な人事を行えたとは考えられない。清盛には、大臣昇進に関して当時の貴族社会を納得させるだけの条件があったと見るべきである。

鎌倉初期に公家平氏の平基親《もとちか》が編纂《へんさん》したとされる、院政期の官職に関する解説書『官職秘抄』によると、左・右・内大臣昇進の条件は次のようなものであった。

大納言の中、近衛大将を兼ね、春宮坊官を歴《ふ》る。ならびに一世源氏、二世孫王、執《しっ》柄《ぺい》(摂関)、大臣の子息、后宮の父・当今の外舅《がいきゅう》など、これを任ず。

清盛の場合は、「春宮坊官を歴る」という条件と合致していた。とはいえ、従来の院近臣家では、先述した為房流の光頼の権大納言昇進が最高であり、しかも鎌倉最末期の家格の変動期に至って吉田定房《さだふさ》が内大臣に就任するまで、為房・末茂流から大臣に昇進した者は全く存在しないのである。また、平治の乱の信頼、鹿《しし》ヶ谷《たに》事件の成親《なりちか》のように、大臣昇進の足掛かりとなる近衛大将の人事をめぐる紛議が、大きな政変を引き起こしたとされるように、院近臣家にとって大臣の壁は極めて厚かったのである。

このことを考えれば、院近臣伊勢平氏出身の清盛の内大臣昇進が如何に破格の人事であったかがわかるだろう。ここに、強引な形で昇進させなければならなかった原因がある。

それにしても、高倉の即位も待たず、わずか一年で太政大臣に昇進するに至っては、ただごとではなく、単なる春宮大夫の経歴だけでは説明などつきそうもない。

当時、院近臣家だけでなく、一般貴族においても大臣就任は容易ではなかった。村上源氏の場合、摂関家との婚姻、堀河天皇の外戚《がいせき》を背景として白河院政初期に俊房《としふさ》・顕房《あきふさ》兄弟が左右大臣に並び、顕房の息雅実《まさざね》が太政大臣に昇進したものの、そうした条件の喪失とともに家格を低落させ、大臣の維持に汲々《きゅうきゅう》となっていた。あるいは逆に崇徳・後白河の外戚閑院流や、近衛天皇の母美福門院や忠通と関係の深い中御門流が、相次いで大臣に昇進していたことなどは、大臣昇進と天皇・摂関とのミウチ関係が不可欠だったことを物語る。

まだ、天皇との直接的な外戚関係を形成していない清盛にとって、王家と何らかのミウチ関係があったとすれば、それは『平家物語』が説く皇胤《こういん》説しか考えられない。もちろん科学的に実証は困難だが、当時の人々に皇胤と信じられていたことは疑いないだろう。大臣昇進の厳しさを考える場合、本来院近臣家出身でしかない清盛が、容易に太政大臣まで登り詰めることができた原因は、皇胤とする以外に、説明がつかないのである。

いわば、貴族社会に俗説として人口に膾炙《かいしゃ》していた彼の皇胤説は、朝廷から公認されたことになる。清盛は王家の一員として、名実共に王権を分有する立場になったと言えよう。非正統ゆえに王権が不安定な後白河院にしてみれば、自身の王権を支える存在として清盛を位置づけたと考えられる。清盛が王権の一端を担うに至ったことは、後白河にとっては諸刃《もろは》の剣とも言うべき性格を有する事態であった。

つぎに、清盛の太政大臣昇進について、清盛の意図に検討を加えることにしたい。

太政大臣と諸道追討権

仁安二年（一一六七）二月十一日、清盛は太政大臣昇進を遂げた。しかし、清盛はわずか三ヵ月後の五月十七日にこの職を辞任している。彼が短期間で辞任した原因は、高い権威をもつ反面で太政大臣が名誉職だったためと考えられ、このことから太政大臣補任には、清盛を祭り上げようとした院の思惑があったと、私は旧稿で述べたことがある。

平清盛
「天子摂関御影」（三の丸尚蔵館蔵）より

そもそも、太政大臣は摂関時代に摂関と分離して以来、やや形式的な官職となっていた。寛和《かんな》二年（九八六）、道長の父兼家が一条天皇の外祖父として摂政に就任した際、兼任していた右大臣を辞して摂政を独自・最高の官職に位置づけて以来、摂関と太政大臣を一体とする原則は崩れてしまった。この結果、摂関が重視されたのとは対照的に、本来天皇の師範という曖昧《あいまい》な職掌しか有さず、常置でもなかった太政大臣の地位は低落することになる。

以来、摂関が太政大臣に就任するのは、天皇元服の加冠役にほとんど限定された。また、院政期における摂関以外の太政大臣就任者は、堀河天皇の外叔父源雅実や、崇徳・後白河天皇の外伯父藤原実行《さねゆき》といった天皇の外戚、そして保元の乱後における八十一歳の藤原宗輔《むねすけ》や、忠通の義弟で六十八歳の同伊通《これみち》といった、ともに中御門流出身の政界の長老たちであった。このように、公事の上卿《しょうけい》を勤めたり議定に出席することもない太政大臣は、長老を遇する名誉職となっていたのである。

その意味では、まだ五十歳の清盛には不適当な人事であるし、清盛の権力・権勢という面から考えれば、太政大臣にさほど重要な意味はなかったことになる。しかし、先述のように、太政大臣就任は事実上清盛の皇胤としての認知を意味しており、清盛に大きな権威をもたらした。また、清盛は退任後も前太政大臣として重要政務に関与していたように、辞任後の政治活動も可能であった。したがって、太政大臣補任が名誉職への祭り上げ、政界からの引退勧告などであろうはずもない。

こうしてみると、当初から彼は太政大臣の権威と皇胤としての認知を得たあと、早期に太政大臣を辞し、院やかつての信西らと同様に、自由な立場で政治的な活動を行おうと考えていたのではないだろうか。清盛が太政大臣就任によって得たものの大きさや、それが彼の政治活動を決して制約するものではなかったことを考えれば、太政大臣補任を後白河による抑圧などと解釈した旧稿の見方は余りに皮相的であった。

一方、清盛が太政大臣を辞任する一週間前の五月十日に、嫡男の重盛に対し東山・東海・山陽・南海四道の賊徒追討権を付与する宣旨が下されている。対象が四道に限定されているだけに、特定の事件に対処したものとする理解もあるが、それを裏付ける証拠は見出されない。四道は従来から京への輸送物資を狙《ねら》う海賊・山賊が出現したり、豪族の反乱が頻発した地域であった。それだけに、この四道の賊徒追討権を与えることで、重盛に国家的な軍事・警察権を付与したことを象徴させたものと思われる。

したがって、この権限は平治の乱以後の清盛が実質的に有していた諸国の軍事・警察権を継承したものと言える。ただ、清盛は乱鎮圧の戦功を背景として、宣下なくして実力でこうした権限を行使していたと考えられるのに対し、実績のない重盛が継承するためには制度化が必要となり、ことさらに宣旨が下されたのであろう。

このことは、清盛が有した国家的軍事・警察権という公的権限が、重盛に譲渡されたことを意味する。平氏一門の軍事力の中核とも言うべき有力家人藤原（伊藤）忠清《ただきよ》や平貞能《さだよし》らが、いずれも重盛やその子息たちと密接な主従関係を有したこと、また下野国の豪族足《あし》利《かが》俊綱《としつな》が重盛の家人だったことなどは、彼が平氏内部の軍事的中心に位置したことを物語っている。

さらに清盛は、前年十二月、まだ権中納言に過ぎない重盛に春宮大夫を譲渡している。権中納言の春宮大夫兼任は、かの藤原道長の息教通《のりみち》以来という破格の厚遇である。これによって重盛は、次代の平氏の総帥と大臣の座も確実にしたと考えられる。このような重盛の地位の上昇や、清盛からの権限の譲渡といったことも、公的な地位を彼に譲り、院と同様に自由な立場で活動しようという清盛の意図を示すものと考えられる。

いずれにせよ、諸大夫の子息に過ぎない清盛が大臣の壁を突破し、ついに太政大臣に至ったことは、彼が皇胤の出自であることを公認されたに等しい。むろん清盛自身の皇位は望みがたいものの、王権との関わりを深め、非正統の治天の君である後白河に対抗し、さらには後白河を王権から排除する意識をも生み出す背景となるのである。

高倉天皇の即位

先述のように太政大臣を辞任したあとも、清盛は積極的に政務に介入し、除目《じもく》なども彼の承認が不可欠の状態であった。ところが、翌年二月、突然彼は病に倒れる。右大臣兼実《かねざね》の日記『玉葉《ぎょくよう》』には「寸白」とあるから、条虫などの寄生虫による病気であろう。症状はきわめて重く、二月十一日には室の時子とともに出家するに至った。彼の重病の噂は貴族たちに大きな影響を与えた。たとえば、彼の重病について兼実は「天下の大事は、ただこの事にあるなり」と称したほか、彼に万一のことがあれば「いよいよもって（天下が）衰《すい》弊《へい》か」とか、「天下乱れるべし」といった言葉を記している。

兼実が「天下乱れる」と称したのは、何を意味するのであろうか。当時の清盛が、後白河と皇太子憲仁親王を支える存在であったことを考えれば、彼の死去は憲仁の地位の動揺や、六条や以仁《もちひと》王を推す徳大寺家などの台頭をもたらす可能性があった。すなわち、後白河・憲仁によって確立・安定しつつあった皇統が、再び不安定になると見られたのであり、「衰弊」とか「乱れる」という言葉は、こうした混乱状態を意味するものと考えられる。王権の動揺が、鳥羽の死去後の後白河と二条の対立、六条の強引な即位といった皇統の混乱を再現することを兼実は憂慮していたのである。

むろん、清盛の重病に最も衝撃を受けたのは後白河院であった。院は急遽熊野参詣を切り上げて帰洛するや、六波羅の清盛を訪ねた。そして、ただちに六条天皇から東宮憲仁への譲位を決定したのである。高倉天皇の践祚《せんそ》とともに滋子は皇太后となり、蔵人頭には、清盛の弟で後白河の近臣として活動してきた平教盛と、公家平氏一門で滋子の叔父に当たる有能な実務官僚平信範が起用された。そして、すでに参議の地位にあった時忠も、参議の上臈三人や大勢の散三位の公卿を超越して従三位に昇り、院の取り次ぎを担当した。天皇と院・建春門院《いにょう》の周辺を、平氏・公家平氏一門が囲繞する体制が築かれたのである。

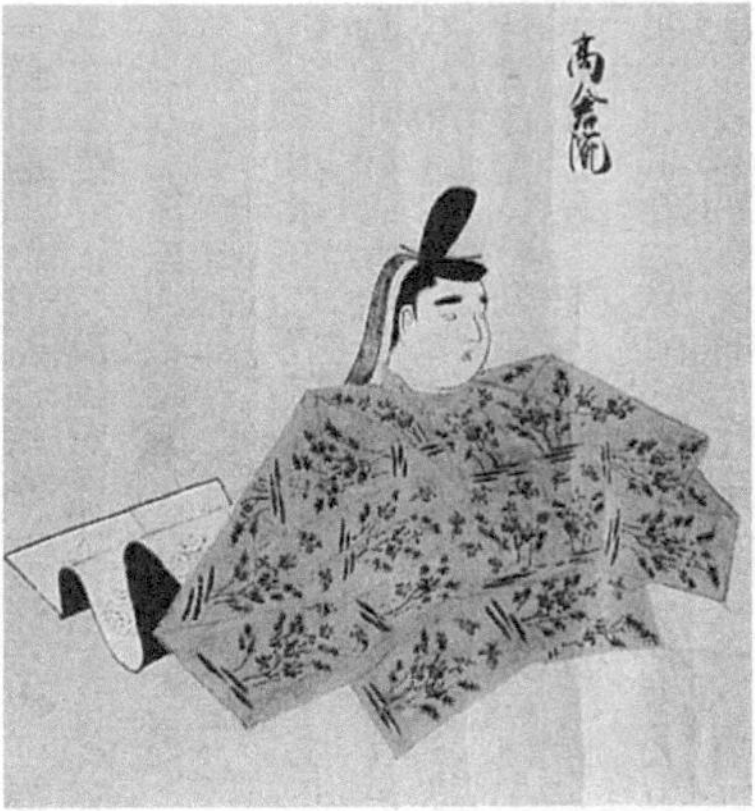

高倉天皇
「天子摂関御影」(三の丸尚蔵館蔵)より

病の癒《い》えた清盛は政界に復帰せず、福原に隠居して貿易に専念することになる。高倉の即位に満足したことや、自由な立場となって貿易への関心が深まったこと、そして後述するように後白河と距離を置こうとしたことが関係するだろう。

その三年後の承安元年（一一七一）には、清盛と時子との娘徳子が高倉天皇に入内している。出家した清盛の娘では憚《はばか》りがあるとして、後白河院の猶子として入内したため、高倉と兄妹となってしまうことが非難されたものの、武門の娘ということは何ら問題となっていない。平氏に対する非難は飽くまでも身分的なもので、武士がことさら蔑視《べっし》されたわけではないのである。徳子は翌年には中宮に冊立《さくりつ》されることになる。

事実上第一線を退いた清盛に代わって徳子入内を実現したのが、高倉の国母滋子である。彼女は高倉の践祚とともに皇太后となり、さらに嘉応元年（一一六九）には院号を与えられて建春門院を称していた。彼女の賢明さや活躍の様子については、「大方の世の政事を始め、はかなき程の事まで、御心にまかせぬ事なし」とする女房建寿御前の日記『たまきはる』の記述からも窺われるだろう。後白河院の寵愛を背景としながら、建春門院はたくみに院と清盛の関係を調整していったのである。あるいは、母方の外祖父に当たる有能な実務官僚藤原顕頼から受け継いだ政治的才能が発揮されたのかも知れない。

なお、徳子の入内・立后について、清盛が摂関家を模倣して外戚政策をとり、政権奪取を図ったとする通説的理解がある。しかし、摂関と外戚は分離しており、摂関以外の外戚は政治的地位を上昇・安定させるものの、政権の座とは無関係である。たとえば、崇徳・

後白河両天皇の外戚閑院流は、政治的地位を向上させて大臣家の家格を確立したが、政権とは無縁の存在であった。また、入内後、皇子の出産前に中宮となった例は王家・摂関家出身者以外には少ないが、保元元年（一一五六）には徳大寺家出身の忻子が、後白河天皇に入内すると同時に中宮に立った例もある。

以上のように、外戚化がただちに政権獲得につながったわけではなく、入内もその布石とは言いがたいのである。しかも、当時の清盛はすでに福原に退いて政務の第一線を離れていたことを考えれば、清盛が徳子を入内させた背景には家格の上昇・安定という目的があったのではないだろうか。むしろ、平氏一門との関係を強化して王権の基盤を固めようとする後白河・建春門院の強い意志に注目すべきであろう。

4　福原と京——後白河院との協調と軋轢

日宋貿易と大輪田泊

国際貿易港神戸。港の間近に聳《そび》える六甲・摩耶《まや》山の山並みの木立は、空襲の時も、一九九五年の大震災の時も、何ら変わることなく季節の移ろいを伝え、見るものを励まし、勇気づけてきた——服部良一《はっとりりょういち》は西条八十《さいじょうやそ》の歌詞と、戦後間もない荒廃した神戸の背後に屹立《きつりつ》する六甲の山並みを重ね合わせて、不滅の名曲「青い山脈」を作曲したという。「雨に濡れてる焼け跡の名もない花も振り仰ぐ、青い山脈……」——。それはともかく、緑なす山並みと間近に迫る紺碧《こんぺき》の海が織りなす美しい光景は、清盛の当時も今も大きく変わることはないだろう。

北風を遮るこの山並みと、南側に伸びる和田岬という自然の防波堤とが天然の良港を形成したこと、そして京に近いという利点もあって、大輪田《おおわだ》・兵庫は日宋・日明貿易の舞台としてつねに脚光を浴びてきた。神戸には、国際貿易港としての伝統と生命力がある。その神戸を、初めて国際貿易の舞台として歴史に登場させたのが清盛である。

平野町の高台から神戸港方面を望む
中央やや手前の３階建ての小学校横に雪見御所跡の石碑がある。中央を右に流れる天王谷川の南側付近（荒田）が旧頼盛邸の所在地とされる。

治承四年（一一八〇）二月、清盛が太政官に提出した解状によると、彼が「摂州平野の勝地を占め」たのは、「遁《とん》世《せい》退老の幽居」、すなわち、出家・隠居後の生活を送る邸宅とするためであったという。清盛は先述のように仁安三年（一一六八）に重病によって出家し、これを機に政界から引退して摂津平野、すなわち福原に山荘を建設して居住地とした。以後、清盛は特別な事件以外には上洛することはなく、原則として福原に居住し、同地を本拠として、日宋貿易に本格的に乗り出すことになるのである。

清盛が山荘を築いた地は、現在の神戸市兵庫区の菊水山麓《きんろく》にあり、付近一帯を平野と称するほか、藤原忠親の日記『山槐記』などにその名が見える

「雪御所」の名称を冠した地名を残している。すっかり市街化した現状から、往時を偲《しの》ぶことは困難であるが、平野町の高台からは、今でも高層建築の頭越しに、港や船舶を望むことができる。おそらく、山の手にあった清盛の邸宅からは大輪田泊《とまり》を一望できたことであろう。

日宋貿易の開始に際して、その拠点大輪田泊の整備が問題となる。清盛が大輪田泊の防波堤として経島《きょうのしま》築造を開始した時期について、『平家物語』は応保元年（正しくは永暦二年、一一六一）二月に開始され、同三年に完成したとする。同書には、人柱を立てようとする公卿の僉議《せんぎ》を退けて、清盛が経文を書いた石を沈めて工事を完成させたという、迷信深い貴族と無駄な犠牲を回避する合理的な清盛とを鮮やかに対比した逸話が見える。

しかし、先述の清盛の解状には、仁安三年（一一六八）の引退後に修築が開始されたと明記されており、延慶本・長門本『平家物語』、『帝王編年記』の承安三年（一一七三）以降とするのが妥当といえよう。このころは大輪田における日宋貿易が軌道に乗りはじめており、清盛が私財を投入して大土木事業を始めるに相応《ふさわ》しい時期と言える。

これ以前から、日宋貿易は活発に行われており、その中心は大宰府《だざいふ》であった。十二世紀半ばには、大宰府の外港博多津に居住する宋人の住宅は千六百宇にも及んでいたという。宋から輸入された文物に対し、京の皇族・貴族も強い関心を抱いており、大宰府を知行した藤原忠実が、船来の鸚鵡《おうむ》や毛亀などを鳥羽法皇に献上した例もある。

先述のように忠盛が肥前《ひぜん》国神埼荘の預所だった時に日宋貿易に関与しているが、平氏一門と貿易との関係が本格化するのは、清盛が保元二年（一一五七）に大宰大弐《だいに》に就任してから後で、清盛の離任から五年後の永万二年（一一六六）に大宰大弐に就任した弟頼盛は、先例を破って現地に下向し、府官宇佐公通を権少弐に任命したり、有力府官の原田《はるた》氏の組織化も進めたものと考えられる。こうした大宰府府官の組織化によって、大宰府の機構を掌握し、大宰府の貿易に対する支配権を吸収するに至ったのである。

宋船の大輪田への来航が史料の上で初めて確認されるのは、嘉応二年（一一七〇）九月のことである。この時には、後白河院も宋人を謁見するために大輪田に下向している。おそらく、提携していた清盛の要請に応じて謁見に及んだのであろう。これを聞いた右大臣兼実は、「延喜《えんぎ》以来、未曾有のことなり。天魔の所為か」という批判を『玉葉』に記している。延喜は、遣唐使が廃止された寛平《かんぴょう》から間もない十世紀初頭の年号で、院と異人との接触はそれ以来だというのである。

西暦九〇七年に唐が滅亡して以後、新羅《しらぎ》・渤海《ぼっかい》が相次いで滅亡したように、東アジア世界は大規模な動乱が発生していた。これを回避するために日本は事実上の鎖国を行っており、この方針は日宋貿易が展開しても変わらなかった。そして異国はケガレの対象となり、異人との対面は禁忌となっていった。その意味では、後白河の宋人との対面は、まさしく禁忌を破る天魔の所為とも言うべき破天荒な出来事であった。

この謁見は、後白河が日宋貿易の発展に重大な関係を有していたことを物語っている。大宰府を越えて畿内の一画にまで宋船が進入できた原因の一つが、後白河院の貿易に対する支援・協力にあったことは疑いない。清盛と後白河という、王朝の制法・因習を無視する大胆な個性の結合によって日宋貿易は軌道に乗ったのである。

さらに、承安二年（一一七二）九月には、宋の明州判史から「日本国王」および太政大臣入道に宛《あ》てて供物が到来する。後白河院を国王とするなど、添えられた送状が無礼であるとして貴族は反発したが、結局翌年三月に返牒《へんちょう》と答進物が遣わされ、宋との間に公的な外交関係が締結された。かくして、日宋貿易は順調に展開してゆくことになる。

こうした清盛と後白河の緊密な関係を象徴する儀式が、福原において毎年三月と十月の二回行われた千僧供養であった。嘉応元年（一一六九）から、後白河院は建春門院とともに、それらの多くに列席している。清盛が福原で千僧供養という大法会を催した一因は、海上交通の危険を排除し、貿易の発展を祈ることにあったと見られる。しかし、同時に主要な権門寺院の高僧を動員し、院から庶民に至るまでの結縁を求めたことなどを考え合わせると、この儀式の持つ意味は決してそれにとどまらない。

すなわち、清盛は権門寺院の僧侶を自在に動員して最大級の法会を行い、軍事・政治に続いて仏教界の支配者たりえたのである。さらに、この千僧供養に後白河院が御幸していた点も忘れてはならない。清盛と後白河の対立が顕在化した安元三年（一一七七）以降、この儀式が消滅したように、開催に後白河の存在が不可欠だったのである。後白河が千僧供養で僧官を授与していたように、彼の僧に対する人事権を通して僧侶の統制も可能となったのである。ここにも後白河と清盛の協調の成果が存在していたと言えよう。

嘉応の延暦寺強訴

後白河と清盛の協調は、後白河・高倉の王権と政情を安定させ、清盛にも外戚の座と日宋貿易の展開という大きな成果をもたらした。しかし、表面の親密さとは裏腹に、元来二条親政に近かった清盛と後白河の間にはつねに緊迫した空気も流れていた。

『平家物語』によると、永万元年（一一六五）、二条天皇死去の葬儀において、寺名を記した額の順序をめぐって延暦寺と興福寺が争った所謂《いわゆる》「額打論」が原因となって、延暦寺悪僧が興福寺の末寺清水寺を襲撃するに至った。この時、後白河が延暦寺悪僧に清盛討伐を命じたという噂が流れたという。物語だけに信憑性《しんぴょう》には問題が残るが、すでに後白河院政の当初のころから清盛と後白河との間に緊張関係が存したことを物語っている。

両者の対立を明示したのが、嘉応元年（一一六九）も暮れの十二月二十三日に起こった、院近臣の中心権中納言藤原成親に対する山門の強訴である。成親は、先述のように末茂流の出身で、父は鳥羽院の寵臣《ちょうしん》家成、母は藤原経忠の娘、そして院近臣高階宗章娘を母として鳥羽院近臣の中心となった隆季、家明という二人の兄がいた。

保元の乱後、一門の傍流という立場を克服すべく、中立的だった異母兄に対抗するように後白河院に接近し、信頼と行動を共にしたことは先述の通りである。平治の乱では乱の首謀者の一人ではあったが、重盛の義兄ということで、解官という比較的軽微な処罰で済まされ、しかも一年ほどで政界に復帰していた。この当時、後白河院近臣の中心として活躍しており、のちの鹿ヶ谷事件の首謀者となることは周知の通りである。

この時、美濃にあった延暦寺領平野荘の日吉神人と尾張国目代との紛争から、延暦寺は尾張知行国主の成親の配流を求めて強訴した。強訴は予想された院御所ではなく、高倉天皇のいた内裏に向かったのである。在京する平氏一門の総帥重盛は五百騎を率いて院御所に伺候していたが、日没を理由に内裏への出撃に消極的な態度を示し、三度に及ぶ後白河からの出動要請にも応じようとしなかった。結局、清盛の弟経盛や、大内守護と称された源頼政らのわずかな武力が警護していたに過ぎない内裏は、悪僧に蹂躙《じゅうりん》されるがままになってしまったのである。

悪僧たちは神輿を建礼門の壇上に放置するに至ったという。内裏に対する強訴や、宮中への乱入、さらに神輿の放置といったことは従来の強訴には見られなかったことであった。強訴の攻撃的性格が強まった背景には、後白河や平氏に擁立された高倉の王権に対する寺社勢力の不信が影を落としていたのではあるまいか。重大な結果を招いただけに、平氏一門の非協力的態度は後白河院にとって許しがたかったものと考えられる。

翌二十四日、いったんは強訴に屈した形で後白河は成親を備中に配流するが、それでは納まらない彼は忽《たちま》ちに決定を変じて、今度は成親を呼び戻す一方で、「奏事不実」を理由に蔵人頭信範と時忠を配流するという理不尽な決定を下したのである。武門平氏への不満が、公家平氏一門にぶつけられたような結果となった。

これに憤慨した延暦寺悪僧が再度の強訴の構えを示すさなか、年も明けた正月十三日、頼盛・重盛という平氏の中心的武将が相次いで福原の清盛のもとに下っている。決して後白河の言いなりにならず、警護に非協力的な姿勢を示すことで、院を牽制したのであろう。四日後、清盛は自ら入京し後白河に圧力を加えた。この結果、成親は解官され、時忠・信範の両名は召還されて事態は一応落着したのである。

このように、平氏一門は後白河の要請にも従わず、強訴の防禦《ぼうぎょ》に消極的で、しかも彼の意向よりも福原の清盛の指示を優先していた。この結果、後白河は山門に屈伏を余儀なくされ、事態は紛糾していったのである。そして、鹿ヶ谷事件の導火線ともなった、院近臣加賀守藤原師高に対する安元三年（一一七七）の山門強訴においても、平氏一門は消極的な姿勢を見せたために、事態は紛糾し、後白河院・院近臣と対立することになる。

清盛は延暦寺の強訴に対してつねに消極的な対応を示した。興福寺の強訴に際して迅速に対応したことと好対照であった。その一因は、摂関家領押領問題を通して清盛と興福寺が鋭く対立していたこと、また当時の天台座主明雲《みょううん》が清盛出家の戒師を勤めたという個人的な誼《よしみ》もあるだろう。同時に、延暦寺の強訴の対象がいずれも院近臣であり、院近臣の救済に清盛が不快感を抱いたことが関係するのではないだろうか。強訴という厳しい状況に直面して平氏一門と後白河院・院近臣の対立が露呈したものと考えられる。

対立の背景

後白河と清盛の対立は、強訴の防禦をめぐる軋轢《あつれき》に止まるものではない。

たとえば、仁安三年（一一六八）に出家して福原に引退するまで、清盛は除目に大きな発言力をもっていた。このことは、後白河の人事独裁に対する掣肘《せいちゅう》を意味しており、清盛は院の中心的権限である人事権を規制し、後白河の専制を阻止していたことになる。

また、後白河の退位後、院庁の中心である四位別当や、実務の担い手である判官代に平氏一門は多数名前を連ねていたが、後白河院政が確立した仁安年間以後になると、形式的な存在である公卿別当には重盛以下二〜三人がつねに加わってはいるものの、四位別当や判官代から、一門の姿がほとんど消えてしまうことになる。平氏一門が後白河の家産機構から自立するとともに、院庁の運営に協力的でなかったことを意味するものと言えよう。

こうしてみると、表面の協調関係の裏側では、後白河院政確立の当初から両者が常に緊張関係にあり、清盛が後白河院政や院近臣に反発していたことが窺われる。むろん、後白河と、元来二条親政に近く後白河の王権に疑問を持ってきた清盛との間に、深い亀裂《きれつ》があるのも当然であった。このことは、高倉天皇の擁立で利害は一致したとはいえ、両者の政治構想にも大きな食違いをもたらすことになった。

まず、後白河や院近臣たちの思惑を考えてみよう。彼らは、幼少で後白河の言いなりになる高倉を擁立することで、院政を確立・強化し、後白河による専制体制の実現を目指していた。後白河の専制とは、院の恣意的人事の実現をも意味しており、それは院近臣の急激な官位の上昇を可能とするものであった。

後白河の院近臣として活躍していた者には、成親のような伝統的院近臣家でも傍流の者や、後述するように従来の院政下では無名の家柄の者が多く、彼らは後白河の抜擢による官位昇進を期待していた。したがって、高倉の皇位を擁護するために清盛の政治力と武力は不可欠であったが、人事への介入などで専制を掣肘する清盛をはじめ、次々と高位高官を独占してゆく平氏一門とは、和解できない面があったと考えられる。

これに対して、皇胤とされる高い貴種性を背景に公卿の頂点に昇進した清盛は、王家との婚姻関係によって平氏の家格を向上・維持させようとしていた。したがって、急激に家格を上昇させ、平氏一門の地位を脅かしかねない院近臣の台頭に対し、警戒の念を抱いていたのである。さらに、院近臣の勢力拡大は、かつての白河・鳥羽院政期のように、院と院近臣による独裁を招き、平氏一門が政務から疎外される恐れすら生じかねない。ここに、清盛が後白河院個人との親密な関係とは裏腹に、院政の発展に対して否定的な姿勢を示した原因があったと考えられる。

こうした後白河との微妙な関係は、清盛があえて京を離れて福原に居住したことと無関係ではないだろう。もちろん、清盛が福原に居を定めた理由は、政治の場を離れて大病で衰えた体力の回復を目指すことにあったと考えられる。しかし、健康を回復したあとも継続して京と距離を置いた背景には、政治的な原因があったと見るべきである。

すなわち、清盛にとって後白河は、提携も必要としていたが、同時に本質的な対立も内包する存在であった。したがって、在京して政務を行えば全面衝突の恐れも出てくる。そこで、福原に退くことで日常的な衝突を回避するとともに、一門を遠隔操作して、後白河や院近臣に間接的に揺さぶりをかけていたのではないか。

その一方で、後白河を福原に招いて、共に日宋貿易や千僧供養を開催し、福原は協調を象徴する場所として用いられたのである。清盛の福原居住には、協調と対立の両面を有した清盛と後白河の関係が象徴されていると言えよう。

以上のように、清盛は後白河院、そして何よりも院近臣たちと、根本的な政治構想をめぐって鋭く対立していたと言わなければならない。彼らは高倉の擁護という当面の必要から、一応の協調を保っていたが、高倉の地位が不安定となるに伴って、両者の亀裂も隠蔽《いんぺい》困難となってゆくのである。安元二年（一一七六）の建春門院の死去は、両者の仲介者を消滅させ、その関係を破綻《はたん》させる要因となった。

第3章

王権への挑戦

1 矛盾の露呈――建春門院の死去

官位をめぐる対立

六甲山の北側に位置し、現在神戸市北区に属する有馬温泉は、赤褐色の源泉で知られる名湯である。京阪神の近傍ということから、関西人には最も馴染《なじ》み深い温泉の一つとなっている。その歴史は極めて古く、『日本書紀』に舒明《じょめい》天皇の行幸が見えるのをはじめ、平安時代後期にも藤原道長や白河院など、多くの貴顕が訪問しているが、病人の入湯が多く見られ、湯治による病気療養の効能が期待されていたと考えられる。

安元二年（一一七六）三月、いつもは福原の千僧供養に赴くはずの後白河院と建春門院の一行は、その有馬温泉に下向している。おそらく建春門院の病気治療を目的としたものだったのだろう。しかし、その甲斐《かい》もなく、同年の七月八日に建春門院は死去する。享年はわずかに三十五歳、美貌《びぼう》と才知を謳《うた》われた女院は儚《はかな》く世を去ったのである。翌年三月に福原で行われた千僧供養は、女院の菩提《ぼだい》を弔う法会となった。

まず十五日から三日間修された千壇供養法では、後白河院が自ら百壇護摩法の中壇を修したほか、その他の壇も「東寺・天台・真言師など、各宗長者已下、大略残る人なし」という錚々《そうそう》たる顔ぶれに修された。ついで十八日に始まった千口持経者の供養法は平清盛が修し、院殿上人、北面・武者所、院庁の職員主典代《しゅてんだい》・庁官に至るまで、後白河の有縁の者たちが持経者となった。帰京する後白河に対し、清盛は福原での法会に相応しく「唐物など珍重」な引き出物を贈っている。

従来と同様に、後白河と清盛の提携によって法会は盛大に繰り広げられた。しかし、建春門院の死去は、両者の間にあった深刻な亀裂を露呈させずにはおかなかったのである。この千僧供養のわずか三ヵ月の後には鹿ケ谷事件が勃発し、この法会に列席した院近臣・近習たちの多くが清盛によって処刑される運命にあった。そして、その予兆ともいうべき両者の確執は、この法会よりかなり前から顕在化していた。

両者は、まず官位をめぐって衝突することになる。その最初は、安元二年十二月の蔵人頭をめぐる人選である。清盛の「最愛の息」と見なされた知盛《とももり》が次の蔵人頭に就任するというのが、衆目の一致するところであった。知盛は清盛の四男で、母は時子である。彼は平治の乱の直後から長年国守・知行国主として武蔵国を支配し、河内源氏の影響が強かった同国において、多くの平氏家人を獲得している。武人としての人間的魅力、統治者としての有能さを物語るものであろう。

清盛が「最愛の息」とした原因は、そうした才能にあったものと思われる。また、後述するように、兄重盛・宗盛には優柔で後白河に対しても妥協的な面もあり、それが知盛に対する期待を深める背景となったのかも知れない。

ところが、結果は予想外なものとなった。院近臣藤原光能《みつよし》が勝利を収めたのである。この光能は藤原道長と源明子の子長家の系統に属し、叔父俊成《としなり》、その子で従弟《いとこ》の定家《さだいえ》は歌人として名高い。祖父までは権中納言として公卿に列したが、父忠成が正五位下の少納言に止まったために昇進が遅れ、後白河院に接近したものと考えられる。『平家物語』には、彼が密かに後白河を訪問した文覚《もんがく》に平氏追討の院宣を下したという逸話がある。このことは、光能が後白河の側近として、文書発給を担当していたことを物語るものであろう。

先述のように、伝統的院近臣の家格上昇、後白河自体の非正統性といったことから、後白河には伝統的な院近臣家出身の院近臣が少なかった。このために、光能のように、院近臣家以外から院政の支柱となる近臣を育成してゆく必要があったのである。

それはともかく、建春門院が存命であれば、彼女を介して後白河と清盛の間で調整が行われ、こうした紛議は回避できたものと考えられる。紛議が双方に少なからぬしこりを残したであろうことは疑いない。彼女の死去がもたらした影響は少なくないのである。

ついで、問題となったのが、近衛大将をめぐる人事であった。藤原頼長の子息で、保元の乱による配流を経て権大納言に昇進していた師長が、左大将を辞任するため後任の人選が行われた。『平家物語』によると、院近臣の末茂流の藤原成親、そして清盛の息宗盛が競合したが、周知の通り宗盛が右大将に就任し、そのことに対する成親の怨念が鹿ケ谷事件に発展する一因となったとされる。大将をめぐる人事は信頼の怨念をも生み出しており、政争と大きく関係していた。そこで、大将の人事について詳しくふれてみよう。

大将人事の意味

左右の近衛大将とは、本来は天皇の親衛隊である左右の近衛府の長官で、武官の頂点にあたる官職である。しかし、武人としての実質は平安前期に失われ、すでに名目的な官職となっていた。このため、大将以下、中将・少将といった将官は、武人としての能力と無関係に、身分標識としての意味をもつことになったのである。

とりわけ大将は大臣に次ぐ地位と評価され、以前にふれた『官職秘抄』の記事の通り、大納言で大将を兼ねることは大臣昇進の前提とされた。したがって、先述のように大臣の壁を破れない院近臣家の公卿たちにとって、大将就任はそれを乗り越える大きな足掛かりであり、ここに大将人事に執着する者が相次いだ原因があった。

しかし、摂関時代以降、大将に任じられる家系は限定されていた。その多くは摂関家の子弟に占められており、そのほかには村上源氏、後三条源氏の源有仁、閑院流など、王家の親族・外戚などから任じられてきたに過ぎない。代々の外戚を占めた閑院流の大将昇進も、簡単には実現していない。それだけに、大将の権威は大きなものだったのである。

平氏は、承安四年（一一七四）七月に重盛が右大将に就任して、その仲間入りを果たしていた。この拝賀の際には、邦綱以下十人の公卿と二十七人もの殿上人が扈従《こじゅう》したという。

重盛補任の背景には、皇胤として太政大臣となった清盛の権威があったものと考えられるが、大将就任によって大臣も確実となり、重盛は清盛の築いた家格を継承することになったのである。ここに、一門の喜悦の原因があると考えられる。

この時、平氏は大将家となる家格を獲得していたのである。これに対して成親は、父の従妹《いとこ》美福門院が国母とはなっているが、この時点では王家とのつながりも薄く、新たに大将の壁を突破するだけの権威には欠けていた。しかも、宗盛は後述のように建春門院を介して後白河に近い面もあり、後白河が最終的に宗盛を右大将に抜擢したのも当然であった。

王家の家政機関職員という性格もある蔵人頭は、王家の家長の一存で左右できる面もあった。しかし、家格という客観的な基準のある大将の人事の場合、如何《いか》に院の寵愛を受けたとは言え、院近臣家出身の成親には勝ち目がなかった。大臣にもつながる大将の人事は、単なる院の恣意によって決定することはできなかったのである。

なお近年は、成親に当初から勝ち目がないこと、対立が一切古記録に見えないことから、右大将人事をめぐる対立を『平家物語』の虚構とする説が有力である。ただ、平氏と院近臣との間の鋭い対立を反映していたことに相違はない。

すでに高い家格を獲得して高位高官を独占しつつあった平氏が、院近臣の家格上昇の動きに立ちはだかる形となったと言えよう。重盛・宗盛兄弟が左右の大将を独占してから間もない安元三年（一一七七）三月五日、重盛は内大臣に昇進して父清盛に続いて大臣の座を獲得した。大臣の地位を父子で相承したのも、摂関家を除けば村上源氏や閑院流以来のことである。

このように、高い家格を保持して高位高官を独占する平氏一門も、かつては院近臣家の一つであったに過ぎない。院近臣の昇進を阻害するような平氏一門の著しい台頭に対し、後白河の院近臣勢力が不満を抱かないわけがなかった。

院政の大きな特色の一つは身分秩序を流動化させた点にある。白河・鳥羽院政期には、末茂流や為房流といった諸大夫層が公卿家として確立したし、こうした院近臣家が公卿家格を確立すると、今度は信西一門が台頭してきたのである。後白河院政の下では、先述の藤原光能や高階泰経、そして地方武士出身の西光といった新興勢力が台頭しつつあった。彼らの台頭はそれぞれに旧勢力との軋轢を生み、摂関家と院近臣の対立は保元の乱に、また信西と伝統的院近臣勢力の対立から平治の乱が勃発した。そして、家格を確立させた平氏一門と後白河院近臣集団の対立が、来るべき鹿ケ谷事件、そして治承三年政変をもたらすことになるのである。

皇位を巡る暗闘

建春門院の死去は、官位をめぐる対立のほかに、もう一つの大きな対立の原因をもたらした。それは、国母を失った上に、皇子のなかった高倉天皇の地位が不安定になったことである。安元二年（一一七六）の十月末、後白河院は相次いで彼自身の幼い皇子を天皇の養子とする工作を企てている。『玉葉』には「そもそも両人同時にこのことあり。人あやしみをなす。疑ふらくは儲弐（皇太子）の器たるべきか」と記されており、この二人は皇太子として擁立する計画で養子に迎えられたと噂されたという。

平安末期においては、皇太子不在の時期が大半で、皇太子が擁立された場合には、比較的短期間のうちに譲位が図られていた。したがって、この時点でことさらに皇太子を立てようとする目的は、高倉の退位にあったものと考えられる。では、どうして後白河は苦心の末に即位させた高倉の退位を企図したのであろうか。

その一因は高倉が間もなく成人を迎えることにあった。彼はすでに十七歳であり、十分政務を行える年齢に差しかかっていた。成人を迎えた天皇は、かつての白河院政下の堀河天皇、そして後白河院と対立した二条天皇のように、独自の政務を行って院政を妨げる面があった。いうまでもなく、天皇こそが正当な君主であり、天皇と対立すれば父院といえども、政治的に後退を余儀なくされたのである。このため、嘉承二年（一一〇七）に堀河天皇が死去して白河院政が確立した後は、後白河の意志と無関係に即位した二条の場合を除いて、天皇が成人を迎えると退位させることが原則化していた。

たとえば、白河院は保安四年（一一二三）に二十一歳の鳥羽から五歳の崇徳に、鳥羽院は永治元年（一一四一）に二十三歳の崇徳からわずか三歳の近衛への譲位を強制している。むろん鳥羽と崇徳の場合には個人的な確執もあったが、鳥羽自身の退位の先例から見て、成人天皇の回避という性格があることは疑いない。治天の君は、王家の家長として自身が擁立した天皇に対する人事権を有しており、それを行使することで譲位を強制できたのである。こうして意のままになる幼主を擁立した院は、院近臣とともに専制政治を行った。

　後白河の場合、二条天皇の即位を前提とする中継ぎ天皇として即位しただけに、家長としての権力がなかった。したがって、成人した二条を退位させることが出来ず、長らく天皇に政治の主導権を掌握された悪夢があった。それだけに、建春門院の死去を契機として、成人を迎えつつあった高倉の早期退位を図ることになったと考えられる。同時に、徳子が皇子でも出産すれば、王家の外戚として清盛や平氏一門の権威はより高まり、彼らがさらに政治に介入する恐れもあった。高倉の退位工作には、これを抑止しようとする目的もあったのではないだろうか。

　逆に清盛にしてみれば、高倉こそは王家との姻戚関係を保持しうる掌中の玉ともいうべき存在であった。譲位してしまえば、徳子の存在は無意味となり、その後に皇子を出産しても外戚化は困難となる。したがって、退位など容認できるはずもなかった。当然、後白河と清盛の関係は緊張せざるを得ない。まさに両者は一触即発の関係となったのである。

　そうした最中の安元三年（一一七七）三月、北陸の加賀国で国守藤原師高と延暦寺の末社白山宮の神人との衝突が発生した。地方のありふれた荘園をめぐる騒擾《そうじょう》が、中央における延暦寺の大強訴を勃発させ、その防禦をめぐって平氏と院・院近臣の激しい対立を惹起《じゃっき》することになる。鹿ケ谷事件の幕開けである。

2　法皇との衝突——鹿ケ谷事件

強訴と火災・京の大乱

八月に治承と改元される安元三年は、まさに内乱と抗争の時代の幕開けであった。嵐の予兆となったのが、加賀守藤原師高に対する延暦寺の強訴である。まず三月の強訴で目代《もくだい》師経《もろつね》が配流されたものの、国守自身の配流を求めた延暦寺は、四月十三日に再度の強訴を惹起し、かつての嘉応の強訴と同じく高倉天皇の御所に襲いかかった。ただし、襲撃された御所は、前回の内裏と異なって、里内裏である閑院御所である。

摂関時代においては、平忠常《ただつね》の乱や前九年・後三年合戦のように、争乱は地方で発生し、現地で解決されるものであった。ところが、地方の豪族が所領を中央の権門に寄進し、その政治的保護を受ける寄進地系荘園の形成とともに、地方における国衙《こくが》と荘園の衝突が、荘園の領有体系を介して中央に波及し、寺社強訴を惹起して京を混乱にたたき込み、さらには後白河と清盛の対立のように、中央政界の分裂と衝突を惹起することになる。

『平家物語』には、この安元の強訴において、内裏を警護していた源頼政軍が、郎従渡辺唱《となう》の巧みな弁舌で大衆の襲撃を逃れたという逸話があるが、『玉葉』によると、どうもこれは成親が訴えられた嘉応の強訴の時のことだったらしい。逆に今回は武士に不手際が多く、またも悪僧・神人らが日吉神社の神輿を御所に放置するという不祥事が勃発している。嘉応の強訴における混乱の轍《てつ》を踏む結果となったのである。

危険を感じた天皇は、京外の院御所法住寺殿に避難する有様だった。ところが、この時、三種の神器の一つ神鏡を収める内侍所の警護を、清盛の弟経盛が拒否したため、源頼政が担当することになった。ここでも、平氏一門の延暦寺強訴に対する消極的な姿勢が窺われる。こうした姿勢は恐らく強訴の当初から見られたのであろう。結局、嘉応の場合と同様に、平氏の不十分な防禦が原因で、院近臣師高が尾張に配流されることになった。

この師高の父は、後白河の近習として台頭してきた僧西光《さいこう》である。彼は阿波国の在庁官人だったが、信西の郎等として京に進出し、平治の乱でも信西に最期まで付き従って出家している。その後、後白河院に接近してたちまち中心的な院近臣の一人となった。まさに無名の存在を院近臣として抜擢した、後白河院政のあり方を代表する近臣と言えよう。

後白河は西光を、藤原成親の養子として家格を上昇させ、息子は国守の座を獲得していたのである。『平家物語』に豪胆な切れ者として描かれているように、単なる阿諛《あゆ》追従《ついしょう》のみでのし上がったわけではない。それだけに、平氏との対立には敏感であったし、今回は平氏のために息子を失脚に追い込まれただけに、敵愾心《てきがいしん》を募らせたことであろう。

四月二十八日、突然京を大火が襲った。樋口富小路から出火した炎は、南東の強風に煽《あお》られて左京の北半分の大半を焼き尽くし、保元の乱後に信西が精根を傾けて再建した内裏も焼け落ちた。被害の凄惨《せいさん》さは、善後策を諮問するために兼実を訪ねた朝廷の使者蔵人平基親が、「今度の炎上、焼死の輩はなはだ多し。その穢《けが》れ大略京中に充満す。普通の焼亡の例に似ず」（『玉葉』）と述べていることからもわかる。

その余燼《よじん》さめやらぬ五月一日の未明、今度は中宮庁となっていた古小屋に強盗が押し入り、雑物などを悉《ことごと》く奪い去ったという。内裏以下の焼亡に加えて、陣中における強盗の出現は貴族たちに大きな衝撃を与えた。兼実は「我が国滅亡の時すでに至るか」と記している。この事件も、経盛が本来警護に当たるはずでありながら、無人だったために発生したという。これ以後、京の治安は紊乱《びんらん》し、毎夜強盗放火が数えきれない状態となった。平氏一門は京中の治安維持にも消極的な姿勢を示し、王権の膝元が大きく動揺していた。

一方、後白河院はこの事件を契機としたかのように強硬姿勢に転じた。五月五日には天台座主明雲を逮捕し、座主を解任した上に拷問を加えた。さらに、通常は政務に参加しない太政大臣藤原師長に上卿を命ずるという異常な公卿議定を開催させながら、寛宥《かんゆう》の措置を求める公卿の意見を無視して、伊豆への配流を決定したのである。

おそらく側近とも言える師長を強引に上卿とすることで、後白河の意向に沿った議事進行を期待したのであろう。しかし、師長は上卿としてあまりに稚拙で、兼実らの失笑を招く有様であった。さらに、議定では寛大な処罰を求める意見が大勢を占めたが、これが無視されたために、かえって後白河は貴族の反発を買う結果となった。

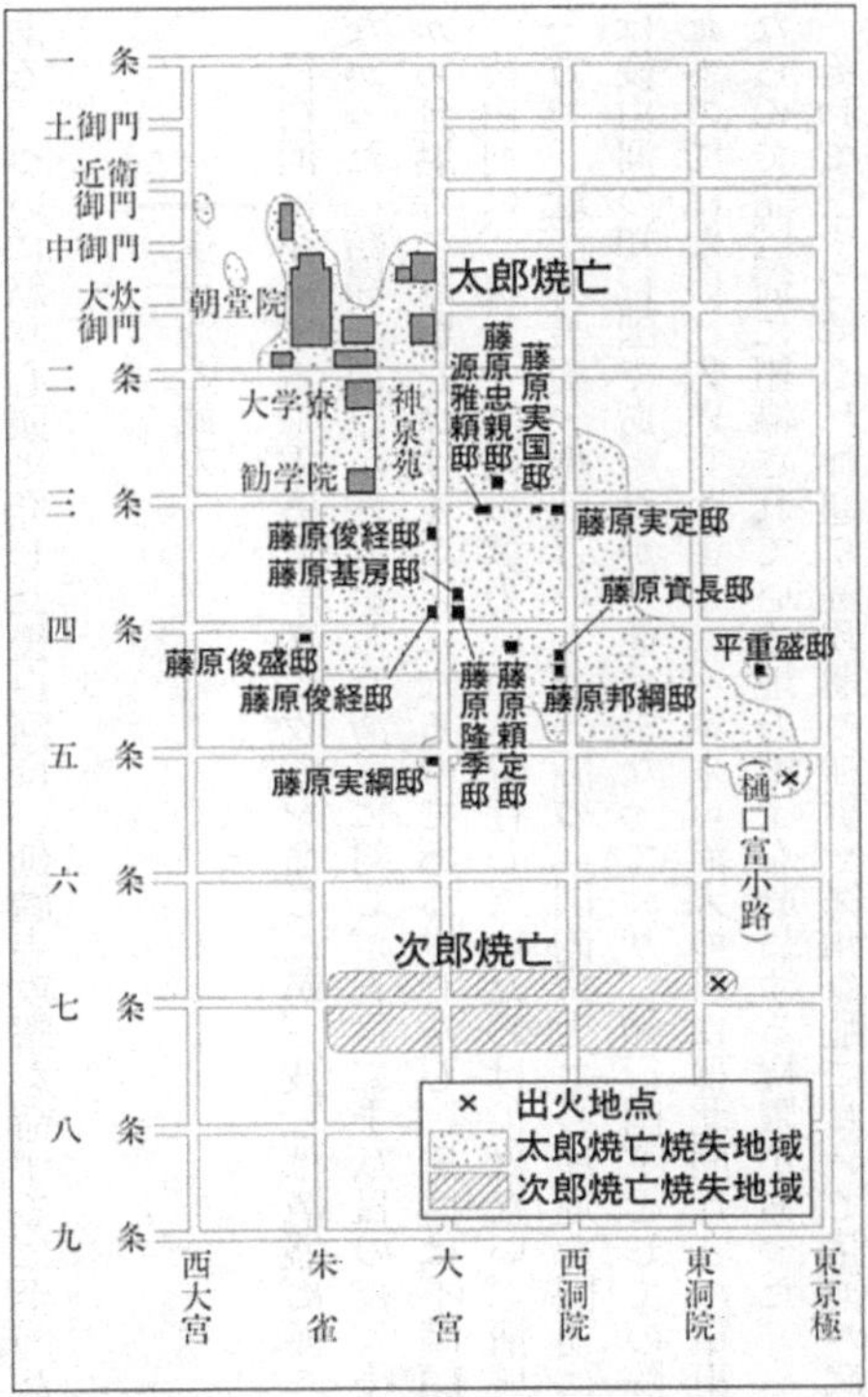

太郎焼亡と次郎焼亡の焼失範囲
『京都の歴史２　中世の明暗』より

この時の明雲に対する罪名は謀叛であった。王権の中枢である内裏に対する強訴が、謀叛と見なされたのである。この背後には西光の讒言《ざんげん》があったとされるが、先述の嘉応の強訴と同様、王権に対する不信感から強訴は次第に攻撃的となっており、謀叛と断定された一因はそこにあったと考えられる。かくして、前代未聞の天台座主の配流が強行されたが、事態は急変した。伊豆に連行される途中で、明雲は延暦寺悪僧に奪回されてしまったのである。ついに怒り心頭に発した後白河は、延暦寺攻撃を命ずるに至った。

後白河と武力

後白河は在京する平重盛と宗盛に攻撃を命じたが、彼らは清盛に従うとして動こうとしなかった。結局、福原から入京した清盛に対し、五月二十八日の夜、後白河は東西の坂下から延暦寺の攻撃を命ずることになるのである。しかし、清盛は不満顔だったという。

後白河は、決して平氏の武力にのみ依存していたわけではない。清盛らに攻撃を命ずる一方で、近江・美濃・越前という三ヵ国の「国内武士」の注進を国司に命じている。美濃は後白河の知行国であったが、他は異なっており、知行国主としての院の権限で動員されたものではない。先述したように、本来、治天の君には北面などの軍事貴族、検非違使とならんで諸国衙に組織されている地方武士を動員する権限があった。

そして、すでにふれた通り院政期の強訴や保元の乱において諸国の武士が動員されていた。今回もそれと同様に地方武士が治天の君後白河院の命によって徴発されたのである。武士が院や公家に組織されることを奇異に感じる向きもあるかもしれないが、武士は支配者の末端に連なる存在であることを考えれば、治天の君に従って行動するのも当然であった。

鳥羽院政期と大きく異なっているのは、保元・平治の乱やその後の政争を通して、平氏以外の軍事貴族の大半が没落したことである。かつてのように、多数の軍事貴族が並列するという状況は失われていた。後白河は新たに北面の武士を組織していたが、武士の家としての伝統を有していたのは、摂関家から移った多田行綱らに過ぎず、それ以外は平知康《ともやす》のように芸能者的側面が強く、実戦的な武力としては限界があった。また、検非違使庁も長年平時忠が別当を勤めて平氏の影響力が浸透しており、後白河の支配力は弱まっていた。

これまで触れたように、平氏一門は強訴の防禦を怠るなど、後白河の命令に服従しようとしなかった。重盛のごとく、後白河院と個人的には親しい者もあったが、彼らも家長清盛に従属しており、後白河の命のままに行動するわけではなかった。後白河は家産機構・政治的権威のいずれの面からも、清盛を統制することができなかったし、京において清盛に対抗するだけの武力も有していなかったのである。しかし、先述したように、平氏が後白河院から軍事的に完全に自立してはいなかった点にも注目する必要があるだろう。

この当時でも、清盛が自由に行使できた武力は伊勢・伊賀、瀬戸内海などを中心とする限られた家人であり、こうした武力のみで対処できる強訴の際は、後白河に反抗するなど独自の判断で行動することができた。反面、諸国の国衙《こくが》に組織されていた多くの地方武士を、平氏は独自に招集できなかったのである。彼らは国家権力、言い換えれば王権によって動員される存在であり、その動員のためには王権の掌握者である院の命令が不可欠であった。後白河が近江・美濃・越前の「国内武士」を注進させたのはその現れであり、場合によっては彼らが平氏に対する武力たり得たのである。

延暦寺攻撃という大規模な軍事行動において、平氏は後白河が動員した諸国武士とともに戦うことを余儀なくされた。院に忠実な大規模な軍勢を率いた軍事行動で逡巡は許されない。清盛は後白河の命令に従って延暦寺を攻撃し多大の犠牲を強いられるか、それを拒否して後白河と全面的に衝突するかのいずれかの岐路に立たされたのである。

事件の勃発

東山の山麓に鹿ヶ谷という場所がある。今日ではすっかり市街化しており、付近の哲学の小径や永観堂などを訪れる観光客も多いが、往時は寺院などが点在するだけで、その名の通り鹿が現れる寂しい場所だったことだろう。その一角にある法勝寺執行俊寛《しゅんかん》の山荘で、時ならぬ賑やかな宴が行われていた。

酔ってふらつき、瓶子を倒す者、そしてそれを囃《はや》したてる者。この宴こそ、後白河院や院近臣藤原成親、西光を中心とした平氏打倒の謀議だったのである。後白河や院近臣らの軽率さを強調する『平家物語』の描写が実態を伝えるか否かはともかく、山荘で密議が凝らされたのは事実であった。ただし、『愚管抄』では山荘の持ち主が、信西の息で蓮華王院執行の静憲《じょうけん》となっている。

後白河の北面で、平氏打倒の総大将とされた多田行綱《ただゆきつな》は、あまりの狂態に呆《あき》れて謀議の成功が望みがたいことを悟り、自身の保身のために陰謀を密告することを決意したという。

もっとも彼の密告については、あまりに清盛にとって好都合であるだけに、虚構とする見方が提示されている。この行綱は、清和源氏の本来の嫡流頼光の子孫で、その父満仲《みつなか》が開発した摂津国多田荘を継承していたことから多田源氏と呼ばれる。

頼光の孫頼綱《よりつな》の時に多田荘を摂関家に寄進したが、その摂関家が院政の前に没落を余儀なくされたこと、しかも頼綱の長男明国が殺人を犯し、京中に死穢を振りまいたとして配流されたことなどから、多田源氏はすっかり衰退した。保元の乱では兄頼盛が忠通に、弟頼憲が頼長に従うという兄弟相剋《そうこく》を演じ、勝った頼盛の息行綱が当主となっていた。

彼は、落ち目となった摂関家を見限ったのか、後白河院に北面として近侍していたが、ここでは清盛に対する密告者の役割を果たすことになる。しかし、その後も平氏の都落ちでは平氏を見捨てて義仲《よしなか》に与《くみ》し、その義仲が衰勢となると、後白河院や義経に接近するといった、風見鶏と称される目まぐるしい変わり身を見せるのは周知の通りである。

六月二日、行綱の密告を受けた清盛はただちに行動を開始した。明雲配流など、一連の事態の張本人ともいうべき西光を捕らえると、拷問の末に朱雀大路で斬首してしまった。

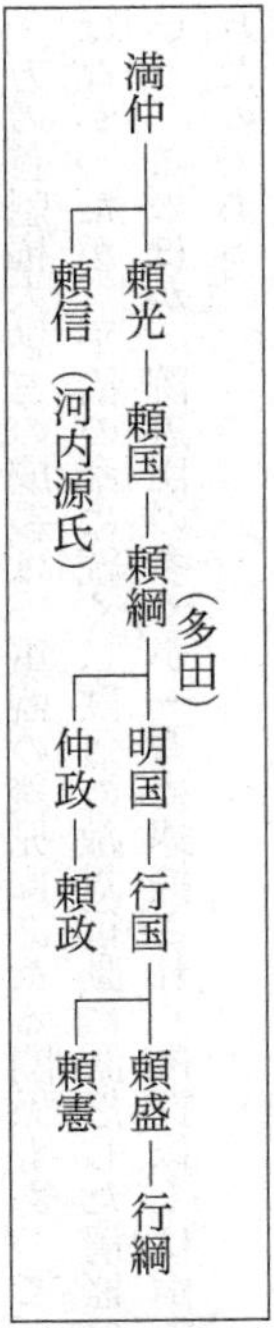

多田源氏系図

一方の首魁《しゅかい》権大納言の成親は、重盛の義兄にあたる関係もあって、ただちに処刑することはなかったが、平治の乱に続く二度目の敵対行動に激怒した清盛は、配流先で惨殺したという。このほか、院近臣の多くが一斉に逮捕され、俊寛以下は南海の離島鬼界《きかい》島に配流されたのである。

こうした一連の処罰は、すべて清盛の一存でなされた。すなわち、院近臣西光はもちろん、権大納言や僧綱の地位を有した者たちを清盛は私刑によって、あるいは殺害し、あるいは配流に処したことになる。後白河の王権に対する遠慮や畏敬は見られず、武士相互の合戦と同じ自力救済の論理が適用されたことになる。

それにしても、行綱の密告は清盛にとってあまりに時宜を得たものであった。延暦寺との武力衝突は、長年の連繋を崩壊させるばかりか、多数の兵力の消耗が予想されたのである。その決行寸前に陰謀が露顕し、延暦寺攻撃は一転、院近臣に対する一斉処罰が行われている。それだけに、この密告の真相については、やや疑問も残る。

かりに陰謀が虚構だったとしても、清盛が今回の事件を惹起した原因は、疑いなく後白河院との対立にあった。しかし、日頃から鋭い対立を内包しながら、清盛は二年後の治承三年政変のように後白河院を攻撃しなかったのである。その理由について、『平家物語』は、嫡男平重盛の諫言《かんげん》で断念したとする。後白河に対する忠と父清盛に対する孝との板挟みの苦渋を物語る重盛の名言はあまりに有名である。また、先述のように、諸道追討権を得てから多くの家人を組織しており、軍事面でも重盛が、一定程度清盛を制約できた可能性もある。

しかし、これまで見てきた通り、重盛は基本的に清盛に従属する存在だったし、彼の発言や行動のみで清盛を制止することが出来たのか否かは疑問である。現に、彼は成親の妹を室としていた関係からか、六月五日に左大将の辞任に追い込まれている。したがって、二年後の治承三年政変のように清盛が後白河の幽閉を行わなかった原因について、重盛の諫止《かんし》以外の理由を検討する必要があるだろう。

結局、最大の問題は、後白河院政を停止した場合、代わりの院がいないという点ではないだろうか。当時の王権は、院と天皇の二元権力によって構成されており、治天の君である父院の皇位に対する保証が必要であった。したがって、後白河院を幽閉して院政を停止した場合、たちまちに後白河院に代わる院政担当者の不在が問題とならざるを得ない。まだ外戚にもなっていない段階で、そこまでの攻撃は困難だっただろう。

逆に言えば、代替の院の出現、そして仲介者の消滅といった条件が実現されれば、両者の衝突は不可避となるのである。治承三年政変は間もなくに迫っていた。

3　破局の進行――生まれくる者、死にゆく者

運命の皇子

承安元年（一一七一）に入内して以来、長らく出産のなかった徳子に懐妊の気配が見られたのが、治承二年（一一七八）六月ごろのことであった。一日には、着帯の日時が勘申《かんしん》されている。以来、朝廷は様々な祈禱《きとう》で明け暮れることになる。ことに、前年の鹿ケ谷事件で非業の最期を遂げた院近臣たちの怨霊《おんりよう》に、清盛は恐れおののくことになる。

好色だった高倉天皇は、すでに乳母だった帥局《そちのつぼね》との間に斎院となる功子内親王、藤原成範の娘で『平家物語』の哀話で有名な小督《こごう》との間に範子内親王と、二人の皇女を儲《もう》けていたが、まだ皇子はなかった。建春門院の死後、高倉の皇位が不安定となった一因は皇子がなかったことにもある。それだけに、徳子の皇子出産に対する期待は、清盛はもちろん、高倉や、自身の皇統を安定させたい後白河の間にも高まっていた。

彼女は十一月十二日に六波羅の邸宅で産気づいた。しかし、なかなかの難産で、居並ぶ高僧たちの出産を願う加持の祈禱の声は「虚空に満つる」程であった。やがて、中宮大夫

時忠が登場、皇子生誕を人々に告げたという。『平家物語』は苦悩と歓喜にうち震える清盛、冷静に立ち振る舞う重盛、そして皇孫のために一心に読経に加わる後白河の姿を鮮やかに描き分けている。三者の皇子をめぐる立場はそれぞれであった。

新皇子の生誕によって、清盛は天皇の外祖父という立場をほぼ確実なものとした。そして、その擁立と高倉院政によって新王権の樹立も可能となり、後白河の追い落としも現実味を帯びてきたのである。一方、後白河にしてみれば、清盛との軋轢なく高倉から幼主への交代も可能となった。それは、かつての白河院以来の自身の皇孫の即位実現を意味した。非正統の王権は、三代の皇位を経て安定、確立するはずであった。強い不信感によって退位を目指す清盛と、王権の確立を目指す後白河の対立は極めて鋭く、間に立つ重盛の立場は厳しいものとなった。

それはともかく、新皇子は言仁《ときひと》親王と名付けられた。彼は生後一ヵ月余りを経た十二月十五日に早くも立太子することになる。わずか一歳で立太子したのは、清和・冷泉・鳥羽・近衛の各天皇についで五人目のことで、いずれも強力な外戚や治天の君の意向による強引な措置という点で、今回と共通するものだった。

皇太子の後見人とも言うべき東宮傅《とうぐうふ》には、左大臣の藤原経宗《つねむね》が任ぜられた。自身がその地位を望んだ兼実は、先述のように経宗が平治の乱後に捕らえられ、配流されたことを持ち出して、「面縛の人、傅に任ず、未曾有のこと」と、驚きと不満を記している。このほか、春宮坊の職員としては、大夫に権大納言兼右大将の宗盛、権大夫に清盛の女婿花山院兼雅《かねまさ》、亮に平重衡《しげひら》、権亮に重盛の長男維盛が就任し、平氏一門が要職を独占している。皇太子の周辺に後白河院近臣の姿は見えず、皇子に対して清盛が圧倒的な影響力を有したことになる。大夫に長兄の重盛ではなく宗盛が就任したのは、重盛の体調の不良、宗盛が徳子の同母兄であることなどが関係したのであろう。

この直後の十二月二十四日の除目では、平治の乱後にも京で活躍し、義朝なき後の清和源氏を代表する存在となっていた摂津源氏の源頼政が、清盛の推挙によって清和源氏始まって以来の従三位に叙され、彼と親しかった兼実を仰天させた。おそらく立太子実現に喜んだ清盛のご祝儀ともいうべき人事だったと考えられる。

かくして、前年の強訴や火災、そして鹿ヶ谷事件といった殺伐とした空気と打って変わった華やいだ雰囲気の内に治承二年も暮れていった。しかし、皇子の生誕は、清盛に後白河との衝突を回避させた原因の一つを除去したことになる。翌年、ついに両者は決定的な破局を迎えることになる。さらに、誰が知ろう、生誕からわずか七年後、これほどまでに誕生を祝福された皇子に、無残な運命が待ち構えていようとは。

薄幸の准后

明くる治承三年、清盛の子供たちを相次ぐ不幸が襲うことになる。三月、次第に病の篤くなった重盛は内大臣を辞任し籠居《ろうきょ》するに至る。もはや余命は幾許《いくばく》もない状態となった。

六月の十七日には、重盛より早く、すでに前年から体調を崩していた基実の後家盛子が死去している。彼女はわずか九歳で花嫁となったものの、二年後に夫に先立たれ、十三年後に夫と同じ二十四歳の若さで世を去る。それが盛子の生涯だった。

問題は、彼女が幼い基通の後見人として管理してきた摂関家領の行方《ゆくえ》である。死去の同日には高倉天皇への献上という噂が飛び交っているが、これは盛子が高倉の准母の立場にあったこと、また清盛と高倉が治承三年政変で緊密に提携していたことなどから見て、事実を伝えるものと考えられる。すなわち、清盛は名目上天皇の後院領とすることで、実質的な支配を継続し、平氏にとっての最大の経済基盤を防衛しようとしたのである。

藤原基房
「天子摂関御影」(三の丸尚蔵館蔵)より

ところが、予想外にも、所領は後白河院に奪われることになる。その詳細な経緯は不明確だが、後白河は白河殿倉預に院近臣である前大舎人頭《おおとねりのかみ》藤原兼盛を任じて、荘園からの年貢を管理し、実質的な支配権を奪い取ろうとしたのである。これが、対立を深めていた清盛に対する抑圧だったことは言うまでもない。しかし、後白河は単に嫌がらせや挑発のためだけに、摂関家領の奪取を図ったわけではない。

後白河の意図は十月九日の除目で明らかとなる。この日、欠員を生じていた権中納言に、基房《もとふさ》の子息で僅《わず》か八歳の師家《もろいえ》が補任され、すでに二十歳を迎えて従二位右中将だった基通《もとみち》が選に漏れたのである。師家は前日、従三位に叙されたばかりであった。これが後白河と基房の連繫による人事であることはいうまでもない。

参議を経ずに権中納言となること、そして権中納言にして中将を兼ねることは、摂関家の嫡流の特権であり、明らかに師家は基房の後継者として摂関の地位を約束されたことになる。すなわち、成人を迎えても散位に止められた基通に代わり、師家こそが摂関の嫡流に位置づけられたのである。したがって、現在後白河の管理下にある摂関家領が、師家のものとなることは確実となった。『愚管抄』は、摂関家領に対する後白河の介入の背景には、平氏に対して強い怨念を抱いていた関白基房の働きかけがあったとする。

仁安元年（一一六六）の基実の死去の際、摂関家領を清盛に奪われ、そればかりか嘉応二年（一一七〇）には重盛の息子資盛《すけもり》の無礼を咎《とが》めたことから、重盛に逆恨みを受け、参内途中に前駆が暴行を受ける「殿下乗合」事件に巻き込まれるなど、基房の平氏に対する憤りは大きなものだったと考えられる。それだけに、彼は清盛と対立する後白河と提携し、平氏一門に痛撃を与えようとしたのである。

一方、一連の事態が清盛に与えた衝撃は小さいものではない。基通は清盛の娘完子の婿であり、今や平氏の経済基盤となっている摂関家領は、引き続き清盛の管理下に置かれるはずであった。しかし、後白河の介入、基房流の嫡流化によって、その構想は根底的に否定されようとしていた。彼が、激しい危機感に襲われるのも当然であろう。

トク死ナバヤ——重盛の死去

盛子の死去から程を経ず、清盛は嫡男重盛を失った。彼が死去したのは、『玉葉』によると同じ治承三年の七月の末頃、『愚管抄』や『百練抄』によると八月一日だったという。

平重盛
「天子摂関御影」(三の丸尚蔵館蔵)より

重盛は享年四十二歳であった。先述のように、この年の三月に内大臣を辞任したが、すでに二月から体調を崩して籠居していたという。彼は最後の力を振り絞って三月に熊野に参詣したが、その途中で吐血、以後「不食の病」に陥って、次第に体力を衰弱させていた。

出家と聞いて見舞いを送った権中納言中山忠親に対し、重盛は「年来の素懐《そかい》、障りなく遂げおはんぬ。喜悦きはまりなし」という返事を送った。重病によって死を覚悟した言葉であるが、この言葉に込められた意味はそれに留まるものではない。『愚管抄』によると、後白河と清盛の対立の板挟みとなった彼は「トク死ナバヤ」（早く死にたいものだ）と自棄的な言葉を漏らしていたという。政治的無力を痛感した彼は、死後の世界に安住の地を見出していたのである。とくに鹿ケ谷事件で、室の兄成親が父清盛の打倒を図って処刑されたことは、平氏一門内部における彼の地位を低落させることになり、健康状態の悪化と相まって政治的地位を大きく後退させていた。

清盛は、自ら皇胤として後白河に対抗しうる権威をもち、政治的にも清盛の支援で後白河は保元・平治の乱、高倉天皇の擁立を通して皇位・治天の君の座を守ってきた。後白河に対する一種の優越感を有していたと称して過言ではない。これに対し、重盛は若いころから後白河院の御給で昇進を遂げ、後白河院政期の確立後に公卿として活動してきた。彼は治天の君としての後白河院の権威に従属する立場にあったのである。

重盛について、『愚管抄』は「イミジク心ウルハシ」とし、『百練抄』も「武勇、時の輩にすぐると雖も、心操はなはだ穏やかなり」と称賛している。思慮深く、穏健な人物とされた背景には、鹿ケ谷事件で院近臣を大量に処刑した父清盛と対照的に、治天の君の秩序を重んずる保守的発想があったと考えられる。

もっとも、こうした立場は重盛に限ったものではなく、弟の宗盛も同様であった。彼は、皇太后宮権大夫として仕え、たびたび恩賞として位階を与えられたように、叔母の建春門院に近侍しており、その妹、すなわち叔母に当たる女性を室に迎えたほどである。それだけに、建春門院の死去は彼に大きな衝撃を与え、その年末に権中納言を辞任する有様だった。そして、翌治承二年七月に室が病むと、十二月まで右大将を辞任するに至った。

これは、決して単なる彼の家族思いの所産ではない。建春門院を通して後白河にも近かった彼は、女院死後における清盛と後白河の対立激化で苦境に陥り、政務を忌避しようとしていたのである。結局宗盛は、兄の内大臣辞任より早い治承三年二月、権中納言・右大将を辞任してしまった。

それはともかく、建春門院に続いて、清盛との仲介者の役割を果たした重盛を失ったことは、後白河にとって大きな痛手であった。しかし、彼は怯《ひる》むどころか、逆に重盛の死去を利用して平氏に対する圧力を加えることになる。すなわち、重盛が長年知行国主を勤めた越前国を子息維盛から奪い取り、院近臣藤原季能に与えたのである。それればかりか、『平家物語』によると、後白河は長年の忠臣の死去にもかかわらず、その中陰中に石清水八幡宮に御幸して御遊を行う有様で、嘆きの色さえも見せなかったという。

後白河の行動は、明らかに清盛に対する挑発であった。先述のように、後白河は基房と政治的に連繋して、平氏一門に圧力を加えていた。治天の君と関白という、貴族政権の最高の権威が政治的に提携したことになる。武力は乏しいものの、政治的権威と経済政策を通して、後白河は清盛に強い圧力を加えたのである。

これに対し清盛は、自身と後白河の板挟みとなって、苦悩の末に死去した重盛のことを思うにつけ、後白河の行為に憤怒《ふんぬ》を増幅させていたことと考えられる。そして、後白河と関白基房の提携による圧力は、確実に清盛を追い詰めつつあった。しかし、清盛には後白河に対抗できる皇胤の権威、擁立しうる皇子、在京する最強の武力を有していたのである。

かくして、運命の日は目睫《もくしょう》の間に迫った。

4　法皇幽閉——治承三年政変

天下の大事

治承三年（一一七九）十一月十四日、ついに清盛は立ち上がった。彼は数千騎にのぼる軍勢を率いて福原から入京し、八条殿に入った。十一日に厳島参詣《いつくしまさんけい》に出立していた嫡男宗盛を呼び返して同道させたという。宗盛に清盛の動きが予期できないはずもなく、恐らくは厳島に向かうことで婉曲《えんきょく》な批判を示したつもりだったのかも知れない。しかし、所詮は家長清盛の意志の前に屈伏を余儀なくされたのである。

人々は合戦を恐れて、資材を東西に運び、避難の準備に大童《おおわらわ》となった。平治の乱における洛中の合戦の悪夢が人々の脳裏を過《よぎ》ったのであろう。貴族たちは清盛の憤怒についてあれこれと推測した。後白河が重盛の知行国越前を奪い、摂関家領に介入したこと、そして強引な師家の権中納言就任などなど。さらに『百練抄』が引用するある記録によると、後白河と関白基房に「平家党類」を滅ぼそうとする密謀があったという。おそらく、両者が協議して摂関家領の奪取を企てたことを物語るのだろう。

清盛が蜂起するに至った背景には、もちろん先述したような前々からの後白河との対立が介在していた。ただ、時期的に見ると、一月余り前の師家の権中納言就任という人事が、蜂起の最終的な引き金となったと考えられる。それは、清盛入京の翌十五日に、早速に基房と師家が解官され、代わって清盛の女婿基通《もとみち》が関白・内大臣・氏長者に任命されたように、清盛が摂関に対する報復を最優先したことから明らかと言えよう。

いかに摂関家が頽勢《たいせい》にあるとは言え、摂関の解任は前代未聞の大事件であった。すでに保安元年（一一二〇）、白河院の逆鱗《げきりん》に触れた関白忠実が、事実上の解任に追い込まれた例はある。しかし、この時は公式には解官という形を取らずに、一応子息忠通への譲渡という体裁を取っていた。また、人事権を握る白河院に罷免されたのは致し方ない面もあるが、今回は本来臣下に過ぎない清盛の圧力によって関白が解任されたのである。摂関家始まって以来の屈辱的な事件だったことはいうまでもないだろう。

関白父子の解官という「天下の大事出来」の報に接した兼実は、「天を仰ぎ、地に伏す。なほもって信受せず。夢か夢にあらざるか、弁《わきま》え存ずところなし」と驚愕《きようがく》を隠していない。翌日には「そもそも、この関白の時、家に瑕瑾《かきん》を残し、職に大疵《たいし》を付く。乱代においては天子の位、摂籙の臣、はなはだもって益なし」とやり場のない憤怒を日記に記している。もっとも、兼実はその一方で、「諂諛《てんゆ》の甚なり」と自嘲《じちよう》しながらも家司源季長を使者として新関白基通の許に送って祝意を表し、保身にも余念がなかった。

新関白の基通は、従二位右中将からいきなり関白・内大臣に昇進することになった。散位から大臣・関白への昇進も前代未聞である。彼は位階では公卿となってはいたものの、大・中納言などの議政官に就くことができず、長らく散位のままであった。したがって、上卿の勤仕や議定への出仕といった経験もなく、政務の実態に通じていなかった。しかも、父の早世によって有職故実を習う機会もなかったのである。それだけに、関白としての権威に欠けたし、見識や能力について、疑問を抱く者が多かった。

十八日、基房は大宰員外権帥《ごんのそち》に左遷する形をとって配流された。これは、平安前期の政争において、摂関家に連なる藤原北家が、菅原道真・源高明といった政敵を葬ってきた際の常套《じょうとう》手段であった。関白の解官も未曾有だったが、ついに配流にまで至ったことで、摂関家の権威は文字通り地に堕ちたのである。

連行される基房を雑人が鈴なりになって見物し、大声で囃《はや》し立てたという（『百練抄』）。基房は屈辱に耐えかねたのか、二十一日に藤原邦綱の勧めに従って平安京南郊外の古河（久我）の宿で出家を遂げている。あるいは出家が斟酌《しんしゃく》されたのであろうか、基房は大宰府には赴くことはなかった。邦綱の口添えもあって、彼の知行国備前に止められたのである。

院近臣の解官

清盛入京の翌十五日、清盛の強硬な姿勢に仰天した後白河は、今後政務に介入しないことを申し入れ、信西の子息で清盛とも親しい僧静憲を使者として弁明に努めた。この結果、一時は関白父子の解任で事態は収まり、後白河と清盛が和解するのではないかという観測も流れた。しかし、これまでの経緯を見れば、清盛がその程度で容赦するはずもなかった。

危機的状況において執拗に清盛を挑発し、武力の発動に直面すると驚愕して弁明に努めるという後白河の態度は、皮相な好悪の感覚に基づくもので、およそ帝王のそれではない。後白河は清盛の憤怒に接しても、鹿ヶ谷事件における経験から、基房や院近臣の処罰はあっても、自身に対して清盛の攻撃の矛先が向けられるとは思わなかったのであろうか。この辺りの見通しの甘さや、政治的な幼弱さを見せつけられると、政務に熟達した近臣の補佐もなく、また帝王学なくして帝王となった後白河院の危うさと限界を痛感させられるのである。

若き日に帝王学を学ばず、一貫して身辺に芸能に堪能な近臣を集めて歌舞音曲に明け暮れた後白河は、「和漢に比類なき暗主」とまで信西に痛罵《つうば》された性格を克服することはなかったようである。寿永二年（一一八三）十一月の法住寺合戦では、一介の臣下に過ぎない木曾義仲を挑発した挙げ句に大敗を喫し、天台座主明雲や園城寺長吏円恵、さらに多くの院近臣をも殺害され、自身は幽閉の憂き目を見たが、それでも「御嘆息の気なし」という有様だった。翌年の正月には政治的危機の最中、突然兼実の次男良経に犬三匹を与え、兼実に「こと甚だ奇異」「法皇の体たらく、始めて云々すべからず」などと酷評されている。後白河には周辺の者の首を傾《かし》げさせるような、奇矯な性格や言動が見られた。

かつて、一九七二年のNHKの大河ドラマ『新・平家物語』では、不世出の新劇俳優滝《たき》沢修《ざわおさむ》が後白河を演じている。仲代達矢《なかだいたつや》演ずる平清盛に対抗する、誠に堂々たる帝王ぶりに、いたく感銘を受けたことが思い出される。もっとも、三十年近くを経て後白河に関する研究が深化した今になってみると、どうも本物よりも風格がありすぎたようにも思われる。閑話休題。長年の後白河との憎悪、対立はきわめて深刻なものだった。高倉の退位工作、鹿ヶ谷事件における平氏打倒の陰謀、治承三年に入ってから相次いだ平氏の存立基盤を危うくするような抑圧や嫌がらせ。もはや、両者の対立は修復不可能となっていた。かくして、清盛が積年の怨念と憎悪を爆発させたのが治承三年政変なのである。したがって、清盛は院近臣も含めて、後白河院政を徹底的に破砕することになる。

関白父子に対する処分を終えた清盛の攻撃は、後白河の周辺に及んでいった。十六日には、安元の強訴に際して後白河に解任・配流された明雲を僧正・天台座主に復帰させた。そして十七日には太政大臣藤原師長《もろなが》、権大納言源資賢《すけかた》、春宮大夫藤原兼雅、右衛門督平頼盛、参議藤原光能、大蔵卿高階泰経《たかしなのやすつね》以下、近衛・弁官・受領・衛府に至る院近臣三十九名を一斉に解官したのである。院近臣は、まさに根こそぎ政界から放逐されるに至った。

このうち、師長は関外、資賢一族は京外にそれぞれ追放されている。とくに、師長は夜中に検非違使に追い立てられるという屈辱的な仕打ちを受けた。保元の乱に続いて再度貶《へん》謫《たく》の憂き目を見た師長は、尾張国において出家して政界を去り、得意とした琵琶の世界に沈潜する。その子供たちは公卿に列することもできなかった。かくして悪左府頼長の系統は、政界から消滅することになる。

　解官された者の中に、清盛の異母弟頼盛、時忠の弟親宗、子時家、さらに女婿兼雅なども含まれている。解官に至らなかったとは言え、長年の院近臣教盛、重盛の遺子小松殿一門など、親院政派も少なくなかった。後白河との協調、また後白河による近臣化の動きなどを通して、平氏一門内部の親院政派は相当な規模になっていたのである。このことが、後白河を清盛に対抗させた一因と考えられるし、同時に清盛に危機感を募らせることにもなったのではないか。

　一方、十七・八日には朝廷の人事を決める除目が行われ、解官された院近臣の後任に平氏一門などが補された。この時に、それまで後白河や院近臣が有していた多数の知行国が、平氏一門や郎等の手に奪われることになる。「日本秋津島は、わづかに六十六箇国、平家知行の国、卅余箇国、すでに半国をこえたり」と『平家物語』にもある事態が出現したのである。

　ここで注目されるのは、一連の措置において、天皇の大権の一つとされる除目が開催されたり、あるいは公式の命令である宣命・詔書が発給された点である。このことは、天皇が清盛の意のままに動いたことを意味する。『玉葉』によると清盛は中宮・春宮《とうぐう》を八条亭に迎え、鎮西に連れて下る旨を伝えたため、恫喝《どうかつ》に屈した高倉や公卿たちは清盛の命に従ったという。しかし、高倉天皇の周囲は、清盛の叔母で天皇の乳母でもある若狭局（平政子）らに囲繞《いにょう》されており、天皇の意思は清盛によって左右される態勢となっていたのである。

政変勃発とほぼ同時に宣命以下が発給されたことは、早期から清盛が高倉を掌握していたことを物語る。それゆえに、清盛は未曾有の関白・太政大臣の解官・配流を強行できたのである。問題はそればかりではなかった。天皇の前には、父院といえども万民の一人に過ぎない。清盛は、ついに治天の君に襲いかかることになる。

―鳥羽殿幽閉

鳥羽は京の南郊にある離宮の地である。現在は名神高速道路の京都南インターチェンジが設置され、付近はすっかり都市化してしまって、巨椋池《おぐらいけ》に面した風光明媚《めいび》な景勝地という昔日の面影は失われた。院政の舞台となったことを物語る痕跡《こんせき》も、わずかに安楽寿院や白河・鳥羽・近衛らの陵墓付近に残るに過ぎない。

同じ院政期に開発された平安京東郊の白河が、官寺六勝寺を中心とする宗教地域だったのに対し、鳥羽には王家の墓寺や院の家産機構が設定され、院の保養と信仰の場となっていた。その追号の通り、鳥羽院はこの地をこよなく愛して、保元の乱直前に亡くなるまで、晩年をほとんどこの地で過ごしたことは先述の通りである。

しかし、後白河が院御所を設定し、居所と政務の場としたのは、七条から鴨川を越えた法住寺殿であった。現在も残る蓮華王院―三十三間堂や後白河の法住寺陵は、後白河とこの地の深い結びつきを物語る。また、法住寺殿が六波羅の平氏一門の邸宅にも近かったことは、後白河と清盛の提携を象徴する面もあったと言えよう。このように、鳥羽は後白河にとって、ほとんど馴染みのない場所だった。ところが、十一月二十日辰刻（午前八時）、清盛の強い指示によって、突然後白河はその鳥羽殿に移ることになる。

『玉葉』によると、清盛が六波羅の頼盛を攻撃するために、近隣の法住寺殿に災禍が及ぶ可能性があるので、鳥羽に避難したという情報が流れている。しかし、合戦は事実ではなかった。すなわち、この噂は後白河の鳥羽殿への幽閉といった最悪の事態を信じたくなかった貴族たちの希望的観測だったに過ぎない。『山槐記』によると、すでに事態を察知した後白河の周辺の人々に、深い嘆きの声があったという。

鳥羽殿は武士によって堅く守護されており、信西の子息である藤原成範・脩範・僧静憲の兄弟と、女房以外の参入は禁じられた。後白河は外部との接触を遮断され、行動の自由も奪われて、一切政務から隔離されたのである。かくして、後白河院政は停止され、鳥羽殿における幽閉生活が始まった。厳しい監視下に置かれた境遇は、配流と称しても過言ではないだろう。すなわち、治天の君が臣下によって院政を停止され、幽閉されるという、院政始まって以来の重大な事態が発生したのである。

すでに院近臣の多くは解官・配流されていた。清盛に抵抗するという噂のあった頼盛も、なすことなく屈伏し、所領を没官されている。彼は権中納言は解官されておらず、翌年の正月には出仕を許された。『愚管抄』によると、これ以後は武士としての活動を禁じられ、一般貴族として行動することを余儀なくされたらしい。正室の子として、清盛に対する一定の自立を示していた頼盛は、ここで最終的に清盛に従属することになる。

院の身近に伺候していた北面や近習の者たちも相次いで処刑されている。白河殿盛子遺領の倉預に任じられた兼盛は手を切られた。備後前司為行、上総前司為保らは斬首されたとも、海に突き落とされたとも噂された。清盛に呼び出された大夫尉大江遠業は、子息らを殺害して自宅に放火し、自らの命を絶った。

後白河を鳥羽に幽閉した清盛は、その日の午刻に京を発って福原に向かった。その帰途、鳥羽に近い木津殿前で錨《いかり》を下ろさせた彼は、一門や家人が河畔でかがり火を焚《た》く中、人の首を斬《き》って河中に投じたという。事実かどうかは不明確だが、後白河近習に対する徹底的な弾圧と、その背景にある清盛の憎悪を想像させる逸話である。

清盛は後白河院政を否定した。しかし、ただちに福原に帰ったことから明らかなように、自ら京で軍事独裁を行ったわけではない。次章で詳述するように、彼は京の政務を高倉や基通、宗盛たちに委ねたのである。この時点では清盛独裁は未成立ではあったが、国家権力の中枢や地方支配の大半を平氏一門や家人が独占したことは事実である。そこで、以下では治承三年政変を通して清盛が樹立した王権と政治権力を、平氏政権と呼ぶことにする。

ところで、政変から十日程たった十一月二十五日、後白河の第二皇子以仁王の所領常興寺が没収され、新天台座主明雲に与えられた。この背景には、親平氏派の座主明雲に対する支援と、高倉・安徳に対抗しうる存在である以仁王への抑圧という目的があったと考えられる。

すでに、安元二年（一一七六）に六条院が死去したために、二条の皇統が断絶していた。したがって、王家内部で高倉・安徳の王権に敵対する可能性のある者は、八条院の猶子となっていた以仁王のみだったのである。八条院の支援を受けていた以仁王にとって、所領を没収されても直接的な打撃はさほど大きくはなかったかもしれない。しかし、自身の皇位を否定した高倉の擁立、そして父院の幽閉に続く平清盛からの抑圧には、強い憤懣と怨念を抱いたに相違ない。

以仁王は決してこれに挫《くじ》けることはなかった。周知の通り、彼は翌年の四月、平氏打倒を呼びかける以仁王令旨を発して源氏の決起を促した。窮鼠《きゅうそ》の逆襲は、思わぬ事態に発展することになるのである。

それはともかく、宿敵後白河を打倒した清盛にとって、最終目標は安徳即位の実現であった。その実現によって、ようやく政変は完結することになるのである。

第4章

新王朝の樹立

1 武力に囲繞された王権——安徳天皇の出現

新政権の構造

治承三年政変は、一陣の突風が京を吹き抜けたような事件であった。短時日のうちに京の政界はすっかり姿を変えてしまった。後白河院は幽閉され、院近臣は壊滅し、親院政派の関白基房も更迭された。後白河院政は根こそぎ否定されたのである。そして、清盛は後白河の幽閉を見届けると、ただちに福原に帰還した。

本来、福原は政務から離れた場所である。先にもふれたが、清盛は京の政務を高倉天皇、関白基通、そして宗盛に委ね、清盛自身は政界に対する直接的な介入、軍事独裁を避けたことになる。清盛は武力を統率して福原にあり、外部から京の新政権を擁護する立場についたのである。福原における清盛に統率された武門と、京の貴族政権が分離したことになる。

すでに述べたように、武力に擁護された王権は、その正当性を疑われる面がある。それだけに、清盛はあえて京を去って、高倉たちに政務を委ね、安徳の即位までに新政権が安定することを期待したのであろう。しかし、この政変の直接的な原因は後白河の挑発にあったただけに、清盛も受動的に対応した面があった。このため、安徳の即位後に福原遷都計画などが唐突に出現したように、政権構想も十分練成されていなかった。

新政権の最大の弱点は、後白河の王権を簒奪《さんだつ》した政権だった点である。いかに清盛が福原に退いても、簒奪の汚名が消えるわけではないし、当然のことながら他者からの簒奪の危機が迫ることになる。結局、武力の担い手である清盛が、王権を擁護するために政治の表面に登場せざるを得なくなる。彼が政治の主導権を握り軍事独裁を開始するのは、高倉・安徳らの王権が軍事的脅威に直面した時ということになるのである。

また、政務の中枢を担うことになった三人は、余りに政治的経験が不足していた。院政を期待されたとはいえ、高倉は病弱な上にまだ十九歳で政治力は十分ではなかった。従来の院では、鳥羽院が二十七歳で院政を開始したのが最年少であるが、鳥羽は成人天皇として十年ほどの政務経験をもち、新院として白河院政を見習う期間を持っていた。これに対し、高倉はようやく成人を迎えたばかりで政治に携わる機会に乏しかったため、とうてい治天の君として政務を主導しうる権威も能力も有していなかったのである。

それを支援すべき基通も、参議・中納言・大納言といった議政官、すなわち公卿として政務に参加できる官職についた経験もなく、長く散位に止まっていただけに政務に未熟で、たびたび儀式で失策を犯しては、長年摂関家の家司を勤めた入道平信範から「日頃籠居《ろうきょ》の人、俄《にわ》かに重任に居し、ことごとに惘然《もうぜん》、すべなし」などと慨嘆される始末であった。こ

藤原基通
「天子摂関御影」(三の丸尚蔵館蔵)より

こで言う籠居とは、議政官の任を帯びない散位として、政務から離れている状態を言う。

さらに、清盛と後白河との間で板挟みとなり、何かと清盛に反発を示していた宗盛にも、強力な政務遂行の能力があったとは考えられない。彼は、室を喪《うしな》ってから無気力となり、治承三年二月に辞任した権大納言・右大将に復帰しようとしないなど、政務に対して消極的な姿勢を見せていた。このように、清盛が政権の中心として期待した三人は、いずれも政権の担い手としては、未熟で心もとない人々ばかりであった。その意味では、平氏政権が清盛独裁に移行するのは、時間の問題だったと言えよう。もちろん、清盛は他の公卿の協力も求めてはいた。

治承三年政変では、太政大臣師長や権大納言資賢などの公卿も解官されたが、政務の中心にいた左大臣経宗・右大臣兼実・内大臣実定ら、上流公卿の大半はそのままの地位に止まった。また、清盛は兼実の子息良通を宗盛辞退後の右大将に補任し、さらに翌年には清盛の外孫に当たる藤原兼雅の娘と良通の婚姻を実現させている。基房一族を排除するのと対照的に、他の摂関家一門との提携を深め、基通に対する支援を求めたのであろう。

しかし、清盛は彼らを重大事の決裁に参加させるつもりはなかったのではないか。すなわち、院政期においては、院は日常政務を摂関以下に委ねながら、重要政務は院と、藤原顕隆や信西といった実務官僚系院近臣の密議によって決裁していた。清盛もこれと同様に、公卿たちに伝統的儀式や日常政務などを委ね、重大政務については高倉院と平氏一門が最終的に決裁することにしたものと考えられる。

このほか、清盛と姻戚関係にある末茂流の中心隆季《たかすえ》は、通常公卿は権帥に任ぜられるという慣例を破って大宰帥に就任したほか、退位後の高倉院の院庁別当に就任し、議定では平氏の意見を代弁する役割を果たすことになる。また、一門の時忠や、村上源氏出身の才人で頭中将となった源通親らの能吏たちが、高倉の周辺を囲繞して政務決裁を補佐してゆく体制となったのである。

平宗盛
「天子摂関御影」(三の丸尚蔵館蔵)より

王権の掌握

治承三年政変を長期的視野で見るならば、外戚化や家格の安定を目指してきた清盛と、院近臣を基盤として院政を強化しようとした後白河との、政治構想をめぐる対立の激発であった。清盛は政変によって、後白河や院近臣、親院政派を政界から一掃するとともに、最終的には外孫安徳を天皇に、女婿で義理の甥高倉を治天の君に擁立し、さらに女婿藤原基通を摂政とすることで、王権の中枢を自己の近親で固めたのである。彼は自身の血統が皇位を継承する体制を成立させて、外戚・大臣家としての平氏の権威を確立するという悲願を達成したことになるのである。

むろん、この政変の意義は、それにとどまるものではない。武力による王権の攻撃、改変という事態は空前の出来事であった。ここでは、政治過程の分析を離れて、事件のもつ意味について検討を加えることにしたい。

清盛は、軋轢を生じた後白河の王権を打倒し、代わって自身と一体化し、また彼の意のままになる独自の王権を樹立したのである。平安時代の武士は、常に支配者の一員として王権に従属し、その命を受けて行動した。そして、王権によって自己の軍事行動を正当化し、地方武士を動員・組織してきたのである。

既存の王権と齟齬《そご》を生じた清盛は、それに屈伏するのではなく、逆に自身を正当化する王権を自ら樹立したことになる。王権によって自己の正当化を図るという点は、つねに王権と結合してきた、当時の武士のあり方の所産と言えるだろう。清盛は自在に操縦できる王権を擁立した結果、後白河に命ぜられた延暦寺攻撃のように、意志に反する軍事行動を強制されることもなくなった。その反面、王権は武力の保護下に置かれることになり、結果的に清盛を正当化する権威を失ってしまうことになる。

従来、外戚や父院によって強引に天皇の退位や擁立が行われるなど、天皇のミウチや親権によって王権は規定され、改変されてきた。ところが、この政変において初めて武力によって王権が改変されたのである。繰り返し述べたように、治承三年政変の背景には、清盛と高倉天皇との提携、清盛自身の皇胤という高い権威、そして後白河院の正当性に対する疑問も関係していたことは疑いない。しかし、最終的に武力によって王権が否定されたことの意義は、画期的なものであった。以後、軍事権門の前に王権は相対化され、武力による王権に対する恫喝、攻撃、そして改変が頻発することになる。

こうして、従来は王権に従属していた武力は、福原の清盛のもとに統率されて、一応貴族政権とは別個の組織となり、従来とは逆に王権を保護し、従属させるに至った。このことが、武士と貴族の区分を促したり、武力の統率者の政治的地位を向上させた面もあるだろう。しかし、後述するように清盛の武力は間もなく王権と強固に一体化する。

また、治承三年政変を武士による武士政権の樹立とみなすのは早計である。もちろん清盛は武士の出身ではあるが、この政変自体は大量の武士の組織化や、地方武士の台頭を背景としたわけではないし、まして政変の結果、何ら武士の利益を守る政策を取ったわけではないのである。保元・平治の乱という戦闘を経て武力を組織化し、王権の分有者となった清盛が高倉天皇と結び、権威が弱体だった後白河を幽閉し、新王権を樹立した事件が、治承三年政変であった。

したがって、清盛は貴族政権の改変を図ったに過ぎず、頼朝のように新たな政治組織を形成したわけではない。しかし、いわば頼朝が貴族政権との衝突を回避したのに対し、清盛が王権に対して正面から挑戦したことに注意しておく必要がある。こうした清盛の姿勢は、内乱の中で一層鮮明化してゆくことになる。

安徳の即位

治承三年政変からほぼ一月を経た十二月十六日、左京の中心閑院御所から西八条の清盛邸に至る京の街路には、騎兵による厳戒体制が敷かれていた。大路の交差点には二十余騎、小路の角には六〜七騎が配置され、その数は六百余騎に及んだという。彼らは、外祖父清盛の邸宅に赴く東宮言仁親王の警護に当たる武士たちであった。

未明に御所を出立した一行は早朝に西八条の清盛邸に到着した。清盛は終日東宮を膝《ひざ》に抱き続け、彼の教えた通り東宮が指を湿らせて明り障子に穴を開けると、清盛は感涙に咽《むせ》びながら、この障子を倉に保存するように命じたという。それは、新王朝の始祖ともなるべき皇子の、幼き日の記念品となるはずであった。そして、帰路につく東宮に対し、宋から献上された百科事典『太平御覧』を献じている。これは、まだ後朱雀《ごすざく》天皇が東宮だった万寿年間に、外祖父道長が摺本《すりほん》の『文選《もんぜん》』を献じた例に倣ったものとされた。

もちろん、清盛は単に道長の模倣をしたわけではあるまい。帝王となった皇子が宋に思

い を馳《は》せ、豊かな海外知識を背景として、日宋貿易を発展させることはもちろん、対外交流を基盤とした新たな国家を構築することを期待していたのであろう。あるいは、当時すでに未来の帝王のために、海に開かれた新首都を思い描いていたのかもしれない。東宮践《せん》祚《そ》の前日、清盛は国家的大事業として大輪田泊の修築を命ずることになる。

しかし、前にもふれたが、帝王・王権は本来すべての人々から讃《たた》え仰がれる存在でなければならず、手厚い武力の保護を受けて敵対者を排除するのは、王権として正しいあり方とは考えられなかったのである。重篤な武士の警護を必要とした東宮の行啓は、皇子の行く末に待ち構えている暗い結末を暗示していたのかもしれない。

運命の治承四年（一一八〇）。正月から新帝践祚に向けて準備が進められ、二十日には東宮の着袴《ちゃっこ》、魚味《まな》始めが行われた。そして、二月二十一日、高倉天皇の譲位を受けた東宮は、邦綱の五条の邸宅において践祚したのである。時に数えの三歳。先々代の六条天皇に次ぐ若年であった。高倉の関白だった基通が、摂政として政務を代行することになった。

退位した高倉には院庁が設置され、権大納言隆季・実国、権中納言時忠、参議長方・通親らが公卿別当に就任した。一門は時忠だけだが、親平氏派を中心とする有能な公卿たちが勢ぞろいしたことになる。彼らが高倉院を擁して政務を遂行する中心的な公卿たちであった。

高倉は、退位後初の社参として、清盛の意向に従って厳島神社に詣でることになった。従来、新上皇は八幡・春日・賀茂・日吉といった京周辺の神社に参詣しており、厳島は先

厳島神社

例を破るものであった。清盛は、白河院が熊野に参詣したことを持ち出して、畿外で、しかも先例のない神社への参詣を強行しようとしたのである。

厳島は安芸国の一宮で、鳥羽院政末期に清盛が安芸守に就任して以来、清盛や平氏一門が深く信仰し、長寛二年（一一六四）から仁安二年（一一六七）にかけて、一門の繁栄を願った、いわゆる「平家納経」を奉納したことなどは周知に属す。さらに後白河院の信仰も篤く、承安四年（一一七四）には建春門院とともに参詣している。また公卿たちの参詣も散見しており、厳島神社に対する尊崇が高まっていたのは事実である。

しかし、強引な措置は各神社と関係深い延暦寺、興福寺の激しい怒りを買った。すでに治承三年の二月、清盛は厳島に対し二十二社と同様に祈年穀奉幣を行おうとして失敗している。この二十二社とは、祈年穀奉幣などの重要な儀礼、あるいは重大事に際して朝廷が奉幣した主要神社で、伊勢・石清水、賀茂上下、日吉・春日をはじめとする畿内の名神で構成されていた。今回の社参は、祈年穀奉幣に代わる厳島の優遇措置だったのであろう。

再度の厳島に対する優遇だけに、権門寺社の反発はより鋭いものとならざるをえない。最初に蜂起したのは延暦寺の一部悪僧とも、園城寺の大衆ともされるが、いずれにしても延暦寺・園城寺・興福寺という日頃対立してきた三つの権門寺院の悪僧が提携・蜂起し、「天下不穏」という緊迫した事態が発生するに至ったのである。

彼らは、鳥羽に幽閉されている後白河、そして高倉院の奪取を企図した。蜂起に反対する延暦寺僧から情報を得た宗盛は、早速通盛・経正を鳥羽の後白河の御所へ、知盛を高倉の御所の警護に、各々派遣している。さすがの清盛もこれには動揺し、高倉の出立の予定を二日間延期せざるを得なかった。高倉・安徳の王権に反逆する、権門寺院の悪僧たちの不気味な蠢動《しゅんどう》が始まっていたのである。

その一月余り後の四月二十二日、安徳天皇は内裏の紫宸殿で即位した。大極殿が焼失していたため、便宜の措置が取られたのである。紫宸殿を用いた天皇の先例は、藤原基経《もとつね》に強引に退位させられた陽成《ようぜい》天皇、病弱でたちまち位を退いた冷泉《れいぜい》天皇など、あまり芳しいものではなかったが、右大臣兼実の上申によって決定された。

摂政以下、居並ぶ公卿の祝福の中、安徳は即位した。こうして高倉院政・安徳天皇という清盛の思い描いた王権は現実のものとなったのである。清盛は天皇の外戚の地位を得ることになった。むろん、先述のように、外戚が直ちに政権に繫がるわけではないし、摂関の地位が得られるわけでもない。王権の一権能である、軍事面の第一人者として、高倉・安徳の王権を擁護する地位に清盛は就いたのである。

しかし、即位の儀式が賑々《にぎにぎ》しく準備されている間に、以仁王の密命を受けた八条院蔵人源行家《ゆきいえ》が、ひそかに全国を駆けめぐっていた。

2　悲劇の皇子——以仁王の挙兵

以仁王と頼政

安徳即位を終えて浮き立つ平氏一門に、冷や水を浴びせるような情報が熊野から伝えられた。後白河の第二皇子で八条院の猶子となっている以仁王が、平氏打倒を企てているというのである。急を聞いた清盛は治承四年（一一八〇）五月十日に入京し、翌日には福原に帰っている。処置を決定して、実行は宗盛以下の一門に委ねたのであろう。

十五日、以仁王は皇族の地位を剝奪《はくだつ》され、源以光と改名された上で、土佐に配流が決定された。その夜、検非違使源光長と同兼綱が以仁王の邸宅を急襲したが、王はすでに物詣《ものもうで》を装って脱出した後であった。彼は、園城寺に向かっていたのである。

十六日、以仁王は園城寺に匿《かくま》われていることが明らかとなった。しかし、東国武士千葉常胤《つねたね》の子息である律上房日胤をはじめ、戦闘的な園城寺の悪僧たちは以仁王の引き渡しを拒み、平氏に通じた長吏円恵法親王の房を破却するに至った。しかも近江の源氏や興福寺との連繋も噂され、事態は容易ならざる方向に向かい始めた。

これを見た平氏一門は、二十一日、園城寺攻撃を決定する。ところが、大将の一人に選ばれた源頼政は、実は早くから以仁王と与同していた。その夜半には子息らを率いて園城寺に参入、以仁王と合流するに至ったのである。平氏は頼政と以仁王の連撃を全く知らなかった。十五日に以仁王追捕《ついぶ》に派遣された検非違使兼綱も頼政の養子で、追捕の情報をいち早く以仁王にもたらし、その脱出を幇助《ほうじょ》したものと考えられる。

平治の乱後における源氏の第一人者で、清盛とも親しいと考えられていた頼政の謀叛は、平氏や公卿に大きな衝撃を与えた。兼実は「すでに天下の大事か」と動揺を隠しきれないでいる。しかも、同日には延暦寺の悪僧三百余人が以仁王に味方したという通報があり、さらに興福寺悪僧の蜂起も事実となった。このように、以仁王の平氏打倒の陰謀に、広範な連繋が伏在していたことが明らかとなったのである。このころから、福原遷都の噂が流れ始めたのも、事態が切迫していたことを物語るものと言えよう。

挙兵の中心以仁王は、後白河の第二皇子として仁平元年（一一五一）に生まれた。母は、権大納言藤原季成の娘成子である。幼くして延暦寺の最雲法親王のもとに弟子入りし、出家する予定であったが、応保二年（一一六二）に最雲が死去したこともあって出家の機会を失った。永万元年（一一六五）十二月、二条没後の皇統をめぐる対立と混乱の中で元服を果たし、八条院の猶子として政治・経済的な支援を受けるとともに、平氏と結ぶ憲仁《のりひと》（高倉）や、幼少で母の身分に問題のある六条天皇に対抗する立場に押し立てられるのである。

以仁王は才能にも恵まれていたが、憲仁を脅かす存在として建春門院らから警戒され、親王の宣旨を受ける機会も失い、不遇のうちに日々を送ってきた。しかも、治承三年政変では父後白河を幽閉され、自身の所領まで没収されたのである。さらに安徳の即位で、平氏と結ぶ皇統が確立し、以仁王が天皇となる可能性はほとんどなくなった。

一方、以仁王を支援した源頼政は摂津源氏の武将で、摂津渡辺党を郎従の中核としていたことから、渡辺（現大阪市北区の中之島）付近を拠点とする軍事貴族と考えられる。よく多田源氏と誤解されるが、多田源氏は伯父明国の系統で、彼の父仲政の時に多田源氏から分離している。先述のように多田源氏が摂関家に接近したのに対し、仲政の系統は白河院に近づいており、政治的にも全く異なる道を歩んだ。

彼は、平治の乱の土壇場で義朝に敵対したことから、政治的地位を保つことができた。その後は内裏の警護に当たるほか、歌人として兼実以下の歌合に参入するなど、地味な活

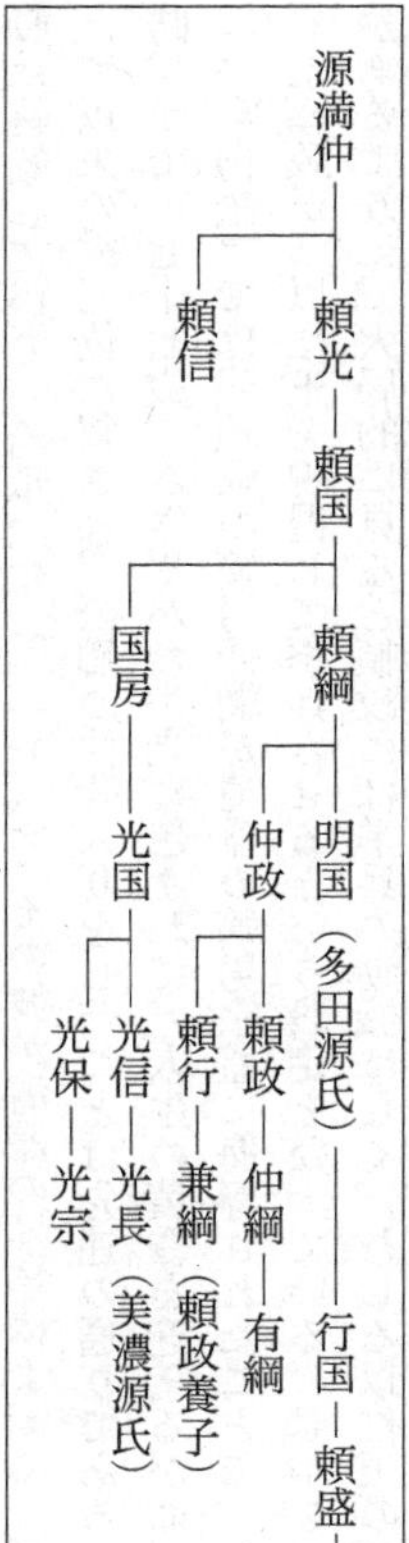

摂津源氏系図

動に終始している。治承二年（一一七八）、その彼が清盛の推挙によって、清和源氏始まって以来の従三位に叙され、公卿の仲間入りをしたことは先述の通りである。治承四年当時、すでに七十七歳、ささやかな栄光に包まれて、人生の黄昏《たそがれ》を迎えるかに思われた。『平家物語』では、頼政の嫡男仲綱が清盛の嫡男宗盛に侮辱されたことで、怒り心頭に発した頼政が、以仁王を説得して挙兵させるという設定となっている。しかし、すでに指摘があるように、大局的に見ると頼政には挙兵の動機はなく、むしろ以仁王の要請に応じて挙兵したと見るのが正鵠《せいこく》を得ていると考えられる。元来、頼政は美福門院、その娘八条院に政治的に従属しており、以仁王挙兵が計画された段階で、王を支援する八条院から挙兵参加を求められたのではないだろうか。

皇統をめぐる確執

この挙兵には、八条院周辺の武士たちが深く関与している。頼政一族はもちろん、八条院の蔵人たちのうち、先述のように源行家は以仁王の命令書である令旨《りょうじ》を配布したし、木曾義仲《よしなか》の兄にあたる仲家《なかいえ》が挙兵に参戦し、討ち死にしている。さらに、八条院の判官代源義清《よしきよ》や、八条院領の荘官下河辺《しもこうべ》行平《ゆきひら》などが挙兵に関係していた。こうしたことも、八条院が挙兵と深く関係していたことを裏付けるのである。

八条院は、鳥羽院と寵妃美福門院との間に生まれた皇子・皇女の唯一の生き残りであった。鳥羽は美福門院が生んだ皇子近衛天皇に皇位を継承させたように、美福門院の系統を正統と考えていた。それゆえに、久寿《きゅうじゅ》二年（一一五五）に近衛が死去した時には、八条院が女帝として即位するという噂もあった程である。もちろん、即位は実現しなかったものの、彼女は鳥羽・美福門院が集めた荘園の大半を継承することになる。一応の正統となっ

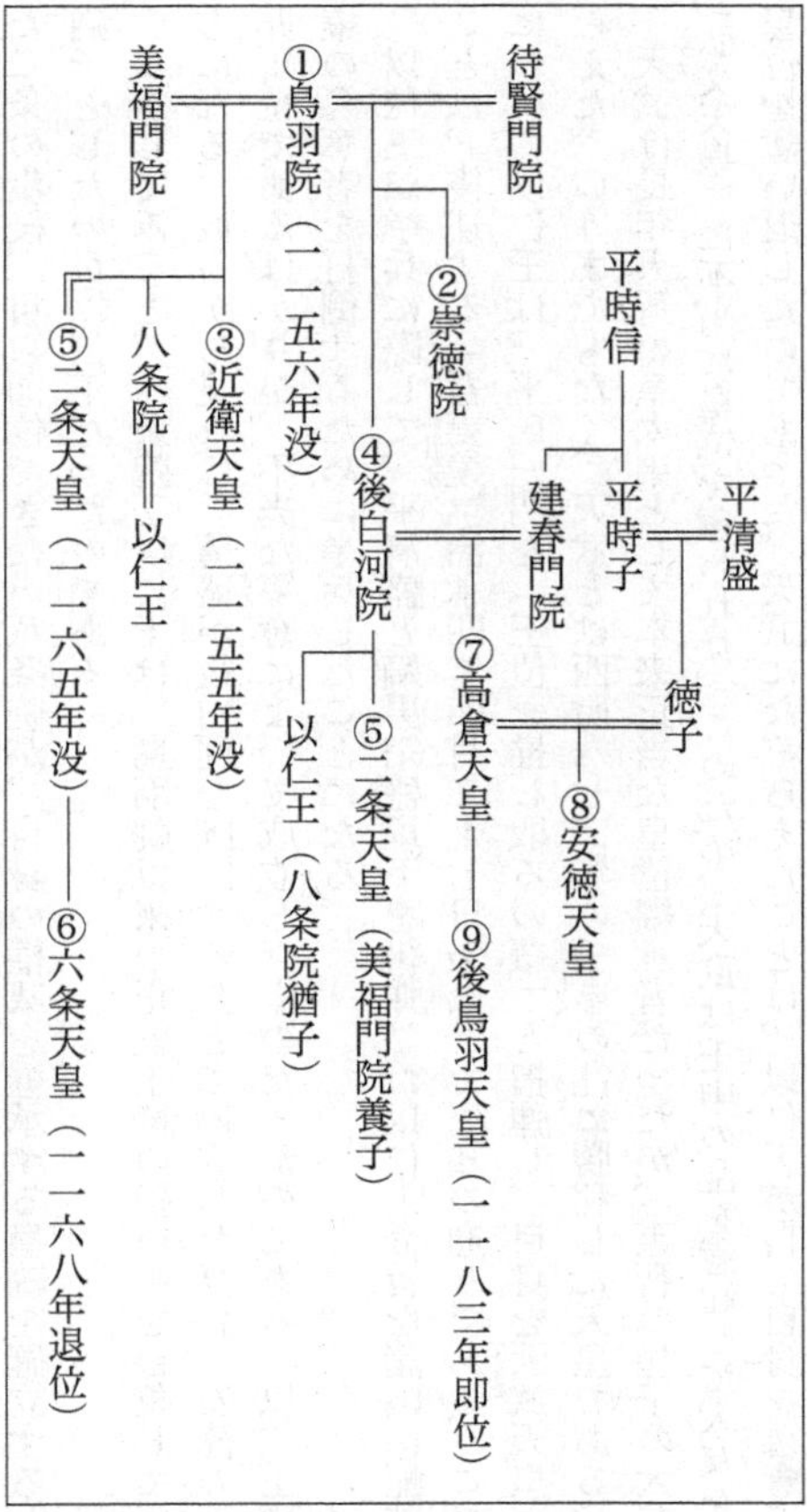

王家系図（数字は即位の順）

た二条の没後、自ら即位できない八条院が、自身の権威を継承する皇統を確立するために猶子としたのが以仁王だったのである。

こうしてみると、八条院と以仁王は、鳥羽院以来の正統王権の担い手を自負していたことになる。彼らから見れば、清盛が後白河を幽閉することで擁立した高倉・安徳の王権は、非正統であるばかりか、不当な簒奪《さんだつ》によって成立したものだったのである。以仁王は、王権の簒奪者を打倒するために挙兵したことになる。

以仁王が挙兵に際して、平清盛と嫡男宗盛以下を糾弾した以仁王令旨を諸国に配布したことは、後述する『吾妻鏡《あずまかがみ》』治承四年四月二十七日条などで周知の通りである。この令旨において以仁王は、平氏一門を「王位を推し取るの輩」と指弾し、自身を天武《てんむ》天皇になぞらえた。いうまでもなく、天武とは西暦六七二年の壬申《じんしん》の乱に勝利した天皇である。

天武は長年天智《てんじ》の皇太弟として本来正当な皇位継承者だったが、天智の皇子の大友皇子(弘文《こうぶん》天皇)に不当に皇位を奪われた。このため、天武は壬申の乱を惹起して大友を倒し、皇位を奪い返したのであった。天武になぞらえたことは、以仁王が自分自身を簒奪者を倒す正当な王権の担い手と認識していたことを物語る。

また、この令旨で以仁王は、自身を仏法を否定した物部守屋《もののべのもりや》を打倒した聖徳太子にも擬している。令旨では、清盛が高僧を処罰し、延暦寺領荘園の年貢を奪取したとあるが、これは明雲派に対する支援と、以仁王や反明雲派に対する弾圧を示唆していると考えられる。

しかし、この背景には単に具体的事実についての批判に止まらず、おそらくは当時定着していた王法仏法相依《おうほうぶっぽうそうえ》――王権は仏法に、そして仏法は正当な王権に支えられて繁栄するという思想――に基づいて、不当な高倉・安徳の王権を批判する意識が伏在していたものと見て相違ない。王法仏法相依の思想は、治承三年政変以後激化していた興福寺や園城寺の蜂起の基底を支えていたものと考えられる。

なお、この以仁王令旨については、古文書学で言う、皇族の発給する奉書としての令旨とは様式が異なることから、偽文書とする説も強かった。しかし、令旨とは名付けられているものの、追討などを命ずる「宣」という文書の様式に則《のっと》ったものと見なされるようになり、ほぼ真実を伝えるものと見なされている。

令旨は、安徳即位が間近に迫った四月九日、頼政の長子伊豆守仲綱《なかつな》を奉者として作成され、先述のように八条院蔵人となっていた源行家によって、諸国の武士のもとに散布されたのである。行家は、保元の乱で敗死した為義の十男で、乱の当時は熊野に潜伏していたらしい。もとは義盛と称したが、令旨の配布に際して行家と改名したという。おそらく平氏の通字でもある「盛」を嫌ったのであろう。

『吾妻鏡』によると、彼は四月二十七日に伊豆北条の配所にいる頼朝を訪れた。頼朝は水干を身につけて源氏が崇拝する石清水八幡宮の所在地、山城国の男山を遥拝し、この令旨を開いたという。令旨に関する話題が劈頭《へきとう》を飾っているように、『吾妻鏡』では令旨と頼朝挙兵との関係が強調されている。しかし、後述するように頼朝が兵を起こしたのは、以仁王挙兵から三ヵ月も経ってからであり、挙兵の直接的な原因としては令旨の影響よりも、平氏の圧力が重視されている。

　それはともかく、地方武士の去就も明らかにならないうちに、挙兵計画が露顕したため、以仁王は急遽園城寺に逃れたのである。

さながら八幡太郎のごとし

　以仁王が園城寺に逃れたのち、事態はしばらく膠着《こうちやく》状態となった。『平家物語』では、園城寺から六波羅への夜襲の計画があったが、親平氏派の悪僧の妨害で時機を失したという。園城寺悪僧の内紛、さらに延暦寺が平氏側に立ったことなどが理由となって、以仁王一行五十騎は園城寺を脱出、興福寺に向かうことになった。二十六日未明のことである。

　平氏にしてみれば、以仁王一行が園城寺外に出た時が追捕の絶好の好機であった。ただちに検非違使藤原景高《かげたか》、同忠綱以下三百余騎が追撃した。たまたま検非違使の任にあった二人が統率しているが、この軍勢は検非違使が発動したものではなく、平氏家人の軍勢である。彼らとならんで美濃源氏満政流の武将源重清が一方の将とされているし、従っていたのは下野の住人で秀郷流の足利忠綱《ただつな》などの家人たちだった。

　平氏の軍制は、家人と公的武力である駆り武者の二元構成であったが、まず派遣されるのは精強な家人の軍勢であった。家人で決着がつかない場合、もしくは敵が突き崩されて掃討戦となった時に、公的な軍隊が派遣されることになっていた。この時も、重衡・維盛らの大将軍が京に控えており、大番役で上洛していた三浦義澄《よしずみ》や千葉胤頼《たねより》を含む武士たちが「官兵」として、待機させられていたのである。

このように、精強とは言っても、わずかな家人を前衛部隊として派遣する軍制は、小規模な合戦を前提としたものであった。したがって、富士川合戦のように、平氏の予想を超える大規模な敵軍が襲来した場合、この軍制は適切に機能しえないことになる。

さて、奈良を目指した一行は宇治で平氏に追いつかれてしまった。兼実が得た情報によると、宇治川を強行渡河した平氏軍に対し、頼政一族は以仁王を南都に逃すために「死を顧みず、あへて生を乞ふの色なし」という決死の覚悟で立ち向かった。とくに頼政の甥で、その養子となっていた検非違使兼綱《かねつな》は抜群の射芸を示し、その前を通り過ぎる者だにない程で、「さながら八幡太郎《はちまんたろう》のごとし」という奮戦ぶりであったという。

「八幡太郎」が、河内源氏の武将源義家《よしいえ》を指していることは言うまでもないだろう。彼は、陸奥《むつ》で発生した前九年合戦の黄海の合戦において大敗を喫し、父頼義以下わずか七騎となって敵安倍軍数百騎に包囲されながらも、百発百中の腕前を示して安倍氏の重包囲を逃れたという伝承をもつ。それ以外にも、彼の武具が白河院の物の怪《もののけ》を追い払ったとか、彼の名前を聞いただけで盗人が降参したとか、超人的な存在を物語る挿話を多数残しており、当時は伝説化された武人だった。その義家に比されたことからも兼綱の勇猛さがわかるが、兼実があえてこの言葉を引用して兼綱を賞賛した背景には、平氏に対する反感があったのかもしれない。

しかし、衆寡《しゅうか》敵せず、ついに頼政軍は敗れ、頼政や仲綱をはじめとする主要な武将たちは相次いで自害していった。頼政の郎従だった渡辺党の面々や、王を支援してきた日胤らの悪僧たちも壮烈な最期を遂げた。そして彼らが身をもって守り抜こうとした以仁王も、奈良を目前にした光明山の鳥居前で平氏のために討ち取られたのである。

以仁王以下の敗北を聞いた兼実は、一応「王化なお地におちず」と官軍の勝利を喜んではいるが、同時に「ただに王化の空しからざるにあらず、またこれ入道相国（清盛）の運報なり」とも書き加えて、王権の権威が守られたのは清盛の運によるものと記した。ここから、高倉・安徳は清盛が擁立した王権である、という意識を窺知《きち》することができる。

一方、頼政の一族が生存を期待せず、全員が壮烈な戦死を遂げたことは、それまでの合戦ではほとんど見られなかったことである。従来の、東国における自力救済のための合戦では、生き延びることで敗北の雪辱を目指す目的もあり、自ら死を選ぶことはほとんどなかった。しかし、今回の合戦は、それらとは異なる王権の分裂抗争であった。

王権相互の抗争としては、保元の乱がある。敗北した武士たちは逃亡したが、結局数を尽くして処刑されるに至った。自身が正当と信じ、擁立しようとした王権の側が敗北した場合、武士たちを待ち構えているのは、敵対する王権による謀叛人としての処刑であった。王権の分裂が進行していた当時、正当と信ずる王権に殉ずることが、武士にとっての行動規範となろうとしていたのである。頼政一族の場合は、王を脱出させるための自己犠牲であったが、王権に殉ずる点では共通する行動原理であった。

むろん、この僅か五年後に、擁立した王権もろともに平氏一門が海の藻屑《もくず》となろうとは、誰一人予想だにしなかったことだろう。

かくして、以仁王の挙兵は短時間で鎮圧され、以仁王や頼政など、事件の首謀者たちも残らず命を落とした。しかし、挙兵の背景の複雑な広がりからもわかるように、この事件がもたらした影響は、きわめて大きなものがあったのである。

3　深まる矛盾――挙兵の波紋

権門寺院の参戦

以仁王の滅亡は、王家内における高倉・安徳の王権に対する敵対者の、最終的な消滅であった。その意味では、清盛は長年の懸案を解決したことになる。とはいえ、以仁王の挙兵に広範な連繫が見られたことは、清盛に強い衝撃を与えたことであろう。事件は小規模であったものの、その後に起きる数々の重大な事件の伏線となるのである。

まず、多くの悪僧を有して、強力な武力を誇る興福寺・園城寺の二大寺院が反平氏の立場を明確にしたことは、平氏に大きな脅威を与えることになった。後述するように、福原遷都が突然強行された一因も、さらに治承四年末に清盛の派遣した追討軍によって両寺が焼亡する遠因も、まさにここにあった。

すでにふれたように、院政期から南都北嶺による強訴は頻発してきた。しかし、それらはいずれも荘園の回復や、末寺・法会の僧侶の人事に対する抗議という、各寺院の既得権益の回復を目指すもので、世俗の政治問題とは無関係であった。それゆえに、強訴には宗教的権威による朝廷への威圧という性格が強く、武士も阻止を目的として出動していた。したがって、両者が激しく合戦することは、偶発的な例外を除いて、ほとんどなかったのである。ところが、今回の園城寺・興福寺の参戦は、全く意味を異にしていた。

両寺は、高倉・安徳の王権、そしてそれを支える平清盛の打倒という、あくまでも世俗の政治的な目的によって参戦したのである。それゆえに、武士との提携も見られたし、宗教的威圧ではなく、悪僧らの物理的暴力によって合戦を遂げている。もはや、清盛と彼が擁立した王権を全面否定する両寺の悪僧とは、和解不能の厳しい対立状態に突入したことになる。両者は、何故これほどまでに激しく対立したのだろうか。

まず、園城寺は、元来後白河院が出家を遂げた寺院で、さらに独自の戒壇の設置をも許可されて延暦寺の激しい蜂起を招いたように、院とはきわめて密接な関係を有していた。また、興福寺の場合は、後白河院政期における興福寺強訴の弾圧、基実没後の摂関家領押領事件、そして治承三年政変における氏長者基房の配流など、清盛による摂関家・興福寺抑圧に対する激しい反発があった。こうした、各寺院の個別の事情が強い反平氏意識を生んだことは疑いないだろう。

しかし、問題はそれだけではあるまい。清盛は、治天の君として種々の仏事を主催し、権門寺院を編成・統括していた後白河院を幽閉したばかりか、先述のように高倉退位後の初の社参に厳島神社を選び、自身と関係の深い神社の地位を強引に向上させようとした。すなわち、清盛は宗教界の秩序自体を急激に改変しようとしたことになる。こうした清盛の政策に対して、権門寺院が深刻な敵意を抱くのも当然であろう。

さらに、より根本的な問題としては、先にもふれたように王法仏法相依の立場から、依拠すべき王法の正当性に疑念を抱いた権門寺院の反発があったと考えられる。そうであったからこそ、平清盛と彼が擁立する安徳天皇・高倉院政を全面否定しようとする以仁王の挙兵に、園城・興福両寺の多くの大衆や延暦寺大衆の一部が参加したのである。したがって、以仁王挙兵に参加した時点で、清盛と権門寺院との政治的対立はとうてい妥協できない、一種の極限状況に陥っていたと考えられる。

清盛が権門寺院に包囲された平安京から福原へと脱出を決断したのは、まさにこうした緊迫した情勢下であった。清盛は、単に院政期に見られたような強訴を恐れたり、挙兵の一時的な衝撃のみによっていわゆる「福原遷都」を強行したのではない。

知行国と国内支配

以仁王の令旨は東国にももたらされ、頼朝以下の挙兵を促した。果たせるかな、この年の八月に頼朝が挙兵し、ついで甲斐源氏や木曾義仲などの源氏一門が相次いで平氏に反旗を翻すことになる。しかし、これを単純に以仁王令旨の結果と考えるのは疑問である。先述したように、頼朝の挙兵は以仁王挙兵から三ヵ月も経た八月のことであり、平氏による厳しい圧力を受けて仕方なく蜂起したと考えられている。

頼朝蜂起の原因が個人的事情であっても、多くの東国武士がともに蜂起したのは紛うことなき事実である。その理由は何か。「源氏譜代の主従関係」の影響ともされるが、源氏と縁のない武士も蜂起しているし、だいたい自身の所領保全以外にあまり関心をもたない東国武士が、すっかり没落した源氏に対する忠誠心など抱くとは考えられない。まして、中央で皇位を争う見ず知らずの以仁王の令旨を受けて、命懸けで戦うなどといったことは、とうてい考え難いことである。

このため、通説では、荘園・公領体制の下で、目代や預所に追い回されて、年貢・官物を取り立てられるという、荘園・公領体制の矛盾に憤った武士たちが各地で蜂起するに至ったとされる。しかし、本当にそうだろうか。内乱を通して成立した鎌倉幕府でも、将軍が知行国主であるし、地頭制は荘園・公領体制に依存していたのである。荘園・公領体制の矛盾が内乱の原因ならば、幕府がそれを容認することなど考え難いではないか。

そこで、武士たちが蜂起した背景について、内乱の嚆矢《こうし》となった頼朝挙兵の舞台、伊豆の情勢を考えてみよう。この国は、長年源頼政の知行国だった。ところが、以仁王の挙兵に参戦して頼政が敗死したあと、清盛の義弟時忠が知行国主となったのである。

この時、目代に起用されたのが、父平信兼《のぶかね》の訴えでたまたま伊豆に配流されていた平兼《かね》隆《たか》であった。彼の系統は伊勢平氏に属し、代々検非違使・北面などとして活躍してきた。信兼や祖父盛兼《もりかね》は保元の乱において清盛とは別個に行動しており、独自の政治的地位を保持していたが、この当時は清盛の一門にほぼ従属する立場にあった。

兼隆は惨めな流人の立場から、一転して伊豆国内に君臨する目代となったまでは良かったが、今度はそれが原因で真っ先に頼朝に殺される羽目になってしまった。「人間、万事塞翁《さいおう》が馬」とは、まさにこのことである。もっとも、頼朝挙兵の最初の犠牲者となったお陰で、今もって彼の名は多くの人口に膾炙《かいしゃ》されているのだが。

そういえば、一九七九年の大河ドラマ『草燃ゆる』ではわき役・殺され役に過ぎない兼隆役を演じた長塚京三氏が、性格俳優として名声を得て、一九九二年の大河ドラマ『炎立つ』においては、頼朝役に大出世したのも、印象的であった。

余談はさておき、兼隆起用の前提として、頼政家人だった前目代の更迭が行われたことは言うまでもない。後白河院政期に入ると、長期にわたり同じ知行国主が支配する傾向が見られ、有力な在庁官人と結んだ目代が国内支配に大きな力を振るうことが一般的であった。ところが、知行国主が交代すると、目代や在庁官人の顔ぶれにも変動を生じ、さらに荘園の取り消しなど、国内支配の方針も大きく変更される場合もあった。

平氏の場合、地方支配において家人・私郎従と称された地方武士に大きな権限が与えられた例が見られる。相模の大庭氏が頼朝挙兵に際して、相模から武蔵に至る諸国の武士を動員しているのである。同様に、伊豆国の伊東氏も平氏の家人として大きな権限を有していた。おそらく彼や、兼隆の後見と称された堤権守信遠《のぶとお》などが、従来の在庁官人に代わって国内支配に対する大きな権限を得たものと考えられる。

このことは、頼政の目代と、彼と結んで国内支配を担当していた在庁官人たちが没落したことを意味する。治承四年(一一八〇)八月、兼隆を攻撃する頼朝挙兵に際して、古くからの有力な在庁官人として介を称している工藤・狩野・北条氏の一門、そして近藤国平らが一斉に参加していることは、上の推測を裏付けるものである。

平氏は、すでに治承三年政変によって、後白河院やその近臣から多数の知行国を奪っていた。それらの国々では、おそらく伊豆と同様に平氏家人の目代、有力在庁官人などが進出し、従来の有力武士たちと軋轢《あつれき》を生じていたものと考えられる。地方武士相互の所領をめぐる激しい対立が展開してきた坂東諸国で、こうした秩序の急激な変化が起これば、重大な危機が招致されることは言うまでもない。

平氏による家人の優遇と、非家人の抑圧という現象が、東国を中心に大きな矛盾と対立を生じていたのである。以仁王挙兵の鎮圧後、清盛は頼政の一族や頼朝をはじめとする、諸国源氏の追討を命じた。そして、有力家人である大庭景親《おおばかげちか》を東国に下向させている。こうしたことは、大きな軍事権限を得た家人による非家人の抑圧を招くことになる。内乱勃発の導火線に点火されたのである。主従関係を通して形成される家人と非家人の軋轢が、内乱を惹起する原因となったことは、中世の始まりを雄弁に示すものと言えよう。

複合権門平氏政権

以上述べてきたように、以仁王の挙兵自体は短期間で鎮圧されはしたものの、この事件は大きな影響と歴史的意味をもっていたのである。

まず、この事件は長年続いてきた正統王権をめぐる対立の所産という意味を有した。元来、非正統とされながらも、しだいに正統の位置を占めつつあった後白河を中心とする王権は、治承三年政変によって、安徳を中心とする平氏一門に内包された王権に取って代わられた。このことは、正統王権の担い手を自負する以仁王や八条院の憤激を招き、ついに以仁王が挙兵に踏み切ることになったのである。

同時に、治承三年政変は、後白河の王権によって支えられ、正当な王権と相互に依存する関係にあった権門寺院にも動揺を与えた。しかも、清盛は自身と関係の深い厳島神社を重視して、宗教界の秩序を改変しようとしたのである。このことが、園城寺・興福寺といった権門寺院が、以仁王挙兵に参戦した大きな理由であった。

このように以仁王挙兵は、治承三年政変によってもたらされた、中央政界における王権の分裂、権門寺院と世俗権力の対立の所産として勃発したのである。清盛は、一応これを鎮圧したものの、幽閉された後白河を正当な王権の担い手とする意識は広く浸透していたし、権門寺院の勢力はそのまま温存されており、京周辺の情勢は不穏なままであった。

一方、地方武士は、以仁王の令旨で単純に蜂起したわけではない。しかし、治承三年政変によって平氏一門が大量の知行国を獲得した結果、諸国の支配秩序の混乱を生じていた。とくに、平氏家人の重視、平氏一門や家人の目代としての下向は、従来国内支配に関する大きな権限を有していた在庁官人を抑圧し、彼らの不満を高めたものと考えられる。かくして、東国を中心に不安定な動きが醸成されるさなか、以仁王の挙兵鎮圧後に諸国源氏追討が命ぜられ、家人と非家人の対立を激化させることになったのである。

こうしてみると、平氏は一門に内包される王権、宗教施設、そして主従関係にある家人を優遇し、それ以外の既存の勢力との対立・軋轢を惹起したものと言える。平氏は、王権を含む公家勢力、宗教勢力、そして武士を組織していたことになる。思い起こせば、鳥羽院政期の摂関家では、大殿忠実やその後継者頼長の下で、公家はもちろん、河内源氏源為義以下の武士、宗教権門である興福寺が一体となる複合権門が形成されており、保元の乱では国家権力に立ち向かうことになったのである。治承三年政変後の権門としての平氏は、まさしくこれと同様の性格を有していたと考えることができるだろう。

緊密な親族的結合や主従関係が貫徹した複合権門は、強力な政治勢力であった。しかし、摂関家の場合、強固に結合していたがゆえに、外部勢力と激しい軋轢を生じることになる。それは、まさに平氏の場合も同様だったと言えよう。後白河を幽閉するという非常手段まで講じて独自の王権を擁立したことは、以仁王以下の激しい反発を招いた。厳島神社の重視は、寺社勢力との対立を決定付けた。そして知行国支配における家人の重視は、他の武士団に対する圧力となり、反平氏の動きを全国に拡大する結果となった。

結局、複合権門摂関家は、強固であったがために保元の乱に巻き込まれ、敗北・解体の道を辿《たど》っていった。そして平氏政権も強大であるがために、多くの敵対勢力に対峙することを余儀なくされ、治承・寿永の内乱に突入していったのである。

ここで注意されることは、当時の社会の矛盾が単純に貴族と武士との対立で説明できないという点に他ならない。貴族と武士が一体化した勢力、複合権門が台頭し、その矛盾こそが大きな内乱をもたらしたのである。日本史上空前の規模をもつ内乱、いわゆる治承・寿永の内乱の意味は、ここにあった。

以仁王の挙兵によって、この内乱の口火が点火されたことになる。その激発は、もはや目前に迫っていたのである。

4　平氏の対応——対決と避難

議定の激論

治承四年五月二十七日、平氏の本拠に程近い八条坊門の高倉院御所に、多数の公卿たちが参集した。院の殿上において、以仁王の挙兵に味方した園城寺、日頃から以仁王に同意したとされ、王が逃げ込んだという噂のある興福寺の、両寺の謀叛に対する措置が議定されたのである。議題が議題だけに、公卿たちの関心も高く、左大臣藤原経宗をはじめ、何かと言えば病気を称して参加しなかった右大臣藤原兼実も珍しく顔を見せたほか、権大納言の藤原隆季《たかすえ》、同実房を始めとする十二名の公卿が参集している。

人々の多くは仁王会に続いて出仕したため束帯という正装で、先例通り直衣姿で参入した兼実が、親平氏派の隆季から「着座すべからず」などと嫌がらせをされる一幕もあった。それほど、議定は緊張し、刺々《とげとげ》しい雰囲気が漲《みなぎ》っていたのである。

議定開催の前には、高倉院の御前に前大将宗盛と、藤原隆季・邦綱、そして検非違使別当時忠ら、平氏一門と親平氏派公卿が集まり、「内議」が行われていた。当時、やや形骸《けいがい》化《か》していたとは言え、議定は国政上の重大事を論ずる場所として大きな権威を持っており、そこに出席できるのは「有識」とされる、有能な公卿に限定されていた。したがって、武骨で政務経験の乏しい平氏一門にはとうてい出席する資格がない。そこで、内議を開いて、高倉院や議定に出席して一門の代弁者となる隆季に一門の意向が伝えられたのであろう。

そして議定が開始された。まず慣例に従って、末席にあたる参議源通親《みちちか》が発言の口火を切った。彼は、園城寺について、「すでに衆徒は退散しているので、師主や縁者を通して張本人を捕らえよ」という寛大な措置を唱えたのと対照的に、興福寺に対しては「謀叛の賊と同意した罪は軽くない。まして以仁王が逃亡したとすればなおさらのこと、早く官軍を派遣して攻撃し、さらに末寺荘園を没収するべきだ」という、強硬な意見を吐いた。

続く参議藤原実宗は、園城寺については同意見であったが、興福寺については慎重な意見を述べた。すなわち、「官軍を派遣すべきではあるが、一宗を磨滅（滅亡）させることを考慮し、まず張本人を差し出すように要求して、拒否された場合に官軍を派遣すべきである」としたのである。氏寺興福寺に対する追討を回避したい藤原氏の公卿たちは、相次いでこの慎重論に同調し、議定の大勢を占めつつあった。

ところが、より強硬に興福寺攻撃を主張する公卿が出現した。内議に参加していた隆季である。彼は、園城寺については大勢に同意しながら、興福寺については、「興福寺は日頃から再三沙汰《さた》をしているが、すでに氏長者の使者である氏院別当を暴行するなど、謀叛は一回だけではない。現在では、全く制止を聞こうとしない。こうなったからには、法に任せて処置するしかないと別当・権別当ともに言っている。かの寺は強い武力を有しており、日が経てば兵力はたちまち万倍に及ぶだろう。一刻も早く攻撃すべきである」と、強硬論をまくしたてた。

これに厳しく反論したのは右大臣兼実であった。彼は追討使派遣を理であるとしながらも、「一宗の磨滅は回避するべきで、まず使者を送り子細を尋ねるべきだ」と主張した。さらに、「以仁王が逃げ込んだか否かも不明確だし、興福寺の衆徒のすべてが以仁王に同意していたわけではない」として、追討使派遣について慎重な意見を述べた。左大臣経宗もこれに同意している。

源通親
「天子摂関御影」(三の丸尚蔵館蔵)より

これに対し隆季は、奈良への通路は封鎖されていて使者の派遣は困難であるし、謀叛と決まったからにはとにかく追討使を派遣するべきだなどと、強硬な主張を繰り返した。これを聞いた兼実は、彼自身の言葉によると「色をなして」反論し、「昨日以後に衆徒の心が変わらないはずはないし、以仁王が匿《かくま》われているか否かも調べず、強引に追討して一宗を磨滅させて何の益があるのか」などと激しい口調で反駁《はんばく》した。

そこに、以仁王が討たれたとする奈良からの連絡が入り、結局高倉院の決定も左・右大臣の意見を容れることになり、興福寺即時追討論は斥《しりぞ》けられるに至った。激論の末、経宗・兼実の意見が、平氏の代弁者である隆季・通親を打ち破ったことになる。強硬な意見を述べた隆季・通親に対し、兼実は日記において、「恥を知らずといふべし」「権門の素意を察し、朝家の巨害をしらず」などと罵倒《ばとう》している。

先述のように、隆季は平氏一門とともに高倉院御前での内議に参加しており、そこでは「左右《そう》なく南都を責められるべき」ことが決められていた。したがって、彼は高倉院も含む内議の決定を議定で代弁する役割を果たしていたのである。

では、どうして高倉や宗盛らは隆季を通して強硬な興福寺追討の主張を展開したのであろうか。つぎにこの点を検討してみることにしよう。

平氏政権の亀裂

以仁王に協力した園城寺では、急進派の悪僧が以仁王とともに壊滅しており、もはやさほど危険な存在ではなくなった。しかし、興福寺には急進派がそのまま残っており、平氏政権にとっては依然大きな脅威であった。興福寺は、いわば京近郊における最大の反平氏勢力だったのである。興福寺追討を平氏側が主張した原因は、ここにあった。

謀叛は「一度だけではない」と隆季が主張したように、氏長者基房を配流した平氏と、これに憤激した興福寺大衆との軋轢は厳しいものであり、両者の関係は緊迫の度を深めていた。そして、平氏政権打倒を主張した以仁王に与同した以上、平氏が討伐を加えようとするのも当然だったと言えよう。それは内議に集まった高倉院・宗盛・時忠以下も同様の意見を有していたと考えられる。

先述のように、議定は国政の重大事を議論する場所として大きな権威を持っており、それだけに出席者は優れた才知をもった公卿に限定されていた。したがって、平氏一門は自ら議定に出席することはできず、公卿平氏の時忠か、親平氏派の公卿を通して代弁してもらうしかなかった。なお、この議定に時忠が出席しなかった理由は不明である。

この時、平氏の代弁者となった藤原隆季は、白河院の乳母子顕季の子孫に当たる大国受領系の代表的院近臣家末茂流の嫡流で、鳥羽院第一の寵臣家成の嫡男であった。和歌の才能にも恵まれた彼は、大国受領家の出身でありながら、「当世の有識」（『吉記』）として評価され、仁安三年（一一六八）には、末茂流で最初の権大納言に昇進している。

異母弟成親が、後白河院に接近して清盛と対立したのとは対照的に、隆季は清盛と密接に提携していた。嫡男隆房と清盛の娘の婚姻を実現したほか、承安二年（一一七二）には立后した徳子の中宮大夫に就任、さらに先述のように、高倉上皇の院庁の公卿別当にも任じられており、まさに平氏の代弁者としてうってつけの存在であった。

一方、参議源通親は、のちに源頼朝や九条兼実を手玉に取って建久七年（一一九六）の政変を惹起し、ついで義理の外孫土御門天皇の即位に成功した、朝廷きっての策士として知られている。しかし単なる裏業師ではなく、高倉院の側近として『高倉院厳島御幸記』や『高倉院昇霞記』などを記した才人でもあった。

彼は名門村上源氏の嫡流に属している。かつては摂関家との姻戚関係や、堀河天皇の外戚として栄華を誇った村上源氏も、しだいに政治的地位を下降させ、大臣の地位を保つことに汲々としていた。通親の父雅通《まさみち》は建春門院滋子に接近し、彼女の皇太后冊立《さくりつ》に際して大夫に就任、平氏一門と密接な関係を築いて、ようやく内大臣に昇進している。こうした関係から通親も平氏一門に接近し、院庁別当として高倉院の深い信頼を得たのである。

それにしても、である。先述した明雲の配流の際には、寛宥を求めた公卿の議定は後白河院に簡単に踏みにじられてしまった。だいいち、興福寺を謀叛と断定したのなら、強引に攻め込むことも出来たはずである。現に清盛はこの直後の福原遷幸も、年末の興福寺焼打ちも、独断で強行したではないか。それなのに、どうして議定を開催し、その議論に足を取られたかのように、平氏政権は興福寺追討を断念したのであろうか。

その原因は、清盛と一門の意志の相違にあったと考えられる。すでに福原遷幸の噂は以仁王挙兵の最中から流れていたし、この直後に福原遷幸が強行されたように、すでに清盛は福原遷都の構想を固めていたのではないだろうか。しかし、その後の経緯からも明らかなように、内議の主要出仕者高倉院や宗盛以下の平氏一門は、福原遷都に対して強い反感を抱いていた。そして彼らは何とかそれを阻止したいと考えていたのである。

一方、興福寺は、先述のように京近郊における最大の軍事的脅威であった。もし、福原に政権が移ってしまえば、興福寺は何ら脅威とすべきものではなく、追討の必要は消滅する。したがって、興福寺即時追討論は、政権の在京を前提とした議論だったのである。

こうして見ると、平氏政権内部は福原遷都を企図する清盛と、これを阻止しようとする高倉・宗盛以下の在京派に二分されていたと考えられる。在京派は、清盛の強い意志を抑え、彼が有する武力を動員するために、議定を通した朝廷の総意という形をとって興福寺追討を実現しようとしたと考えられる。そして、興福寺の脅威を取り除くことによって、

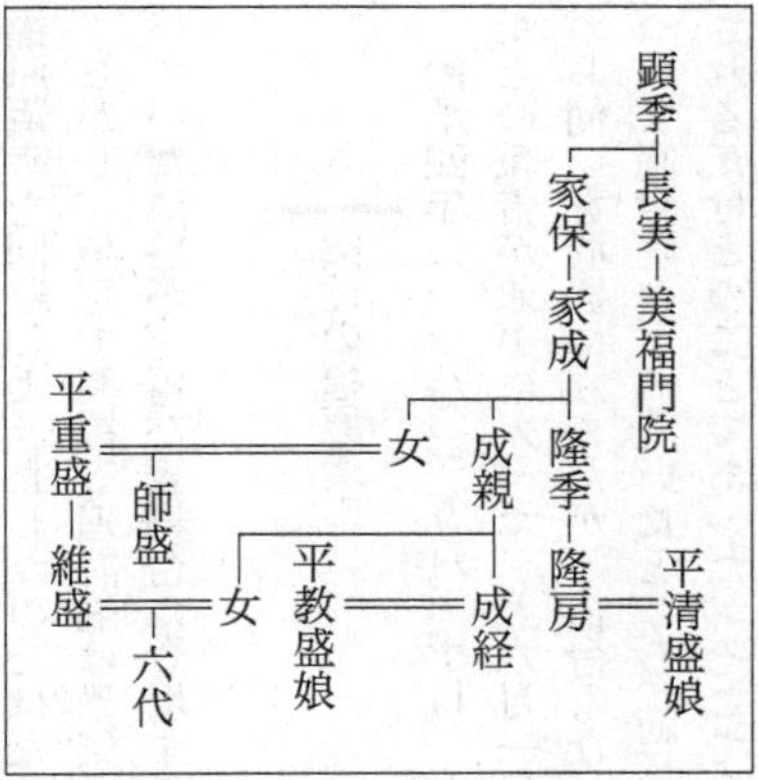

藤原氏末茂流系図

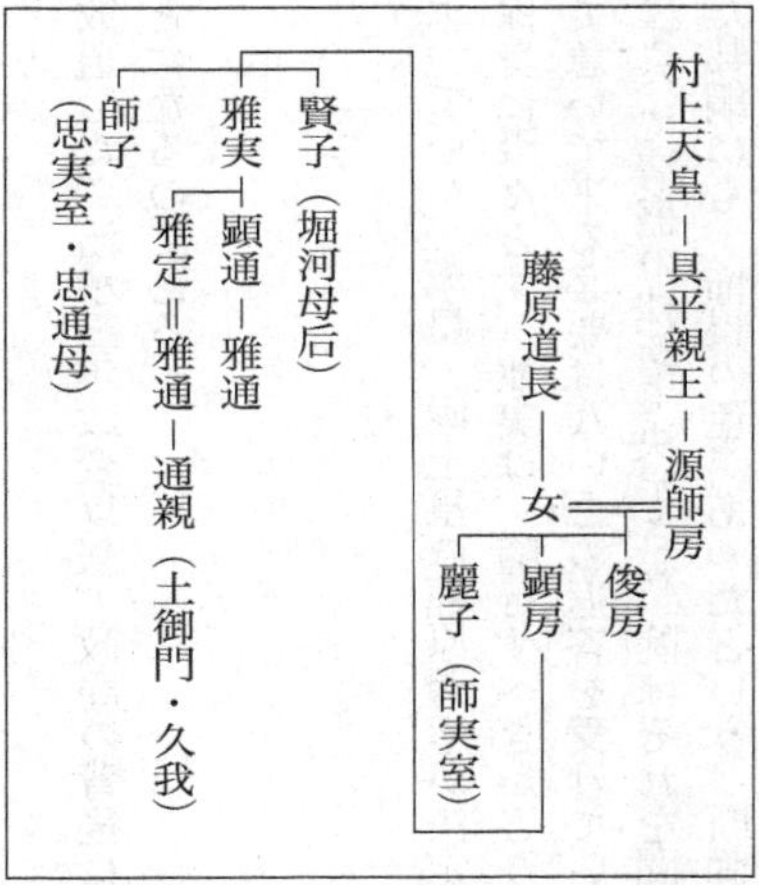

村上源氏系図

福原遷幸を回避しようとしたのではないだろうか。

しかし、議定で興福寺追討論は呆気《あっけ》なく敗退した。治承三年政変以来、政局の背後に退いていた清盛が、再び表舞台に登場することになるのである。

突然の福原遷幸

治承四年（一一八〇）五月三十日。噂に上っていた、天皇・両上皇の福原遷幸が決定したとの報告が兼実に入った。翌六月一日、保身に汲々とする兼実は、随行すべきかどうかのお伺いを清盛に立てたが、宿舎もないので急いで来る必要はないとの返答を受けている。ついで高倉院の下に赴いたところ、随行者はすべて清盛の独断で決定され、院はそれを聞かされるだけとのことであった。そこで会った邦綱にも、怖畏《ふい》の色があったという。断固として反対を許さず、福原遷幸を強行しようとする清盛の態度に恐怖を感じたのではないか。

翌二日。ついに福原遷幸は現実のものとなった。『玉葉』によると、京外の行宮《あんぐう》への行幸は延暦以来、つまり平安遷都以来初めてで、南都攻撃のための一時的な避難、あるいは興福寺の上洛を恐れた措置とする観測もあったが、遷都とする噂もあった。兼実は、たとえ遷都だとしても急な行幸は如何なものか、遷都ならその徴候があるはずだと記している。おそらく、遷都を信じたくないために、自身の希望的観測を記したのであろう。

彼は「緇素貴賤《しそきせん》、仰天をもって事となす。ただ天魔、朝家を滅ぼさんと謀る。悲しむべし、悲しむべし」と締め括ったが、これは貴族たちに共通する感慨だったに相違ない。恒久的な宮都であり、ケガレを排除する聖なる空間であった京を捨てることなど、想像だにできなかったことだろう。しかも、皇胤とはいえ、一介の臣下に過ぎない清盛によって実行されたことは、とうてい容認できなかったのである。

一行は卯刻（午前六時）に京を出立した。数千騎に及ぶ武士が、二列に分かれて一行を挟む形でものものしく警護していたという。先頭は清盛、そして女車や女房の輿《こし》に続いて行幸があった。神鏡を収めた内侍所や竃神《かまどがみ》も伴われており、このことは、行幸が一時的なものではないことを物語っていた。ついで、隆季・邦綱らを従えて高倉院の御幸が続いた。後白河院も、福原に連行されていったのである。その日は摂津国大物《だいもつ》（現尼崎市）の邦綱の別荘に宿泊し、翌日福原に到着する予定となっていた。

このように、鳥羽から淀川《よどがわ》を船で下り、河口付近で一泊して、陸路または海路を用いて福原に赴くというのが、当時の貴族の交通路として一般的なものだった。軍勢などの通行には、北摂の山麓や昆陽野《こやの》（現伊丹市）を通って一直線に福原に向かう街道も用いられたが、虚弱な貴族たちはなるべく楽な水運を利用していたのである。その意味で、邦綱の寺江（現尼崎市）の別荘は交通の結節点を押さえたものだったと言える。『高倉院厳島御幸記』によると、この別荘には船のまま邸内に入ることができる、豪華な設備があったとされる。

しかし、突然の遷幸であったため、福原における宿所の準備も十分ではなかった。内裏には頼盛の邸宅が、高倉上皇の御所には清盛の別荘が、後白河院の御所には教盛邸が、そして摂政の宿所には大宰府にある安楽寺の別当安能の房舎がそれぞれ当てられたが、随行した多くの人々には宿所がなく、路上に座す有様だったという。

清盛は、以仁王の挙兵による混乱を契機として、高倉・宗盛を始めとする平氏政権内部の在京派を押し切るかたちで、強引に遷幸を断行したのである。このように、反対派を圧伏するために急遽福原に下向したことが、準備の不足や、その後の混乱の原因となったのであろう。

また、在京論では興福寺追討という強硬な方策が検討されていたにもかかわらず、福原遷幸はそれを回避する結果となった。したがって、遷幸は権門寺院との対決を避けて、逃避・避難するという、消極的な意味合いをも有していたことになる。いわゆる福原遷都の性格を、単純に積極的なものとみなすことには疑問が持たれるのである。

しかし、ここで注目されるのは、遷幸が清盛の独断で決定、実行されたことに他ならない。清盛は政務の表舞台に再登場しただけではなく、国政の最重要事を独裁することになったのである。軍事面の最高実力者清盛は、以仁王の挙兵という軍事的な危機に際して、軍事独裁を開始したことになる。

以後、彼に残された時間は、翌年の閏二月の死去に至るまでのわずか九ヵ月程でしかなかった。しかし、この間、清盛は強大な権力をふるって、大胆に貴族政権を改革し、国政を推進してゆくことになる。

かくして、名実ともに清盛の軍事独裁政権が出現するに至ったのである。

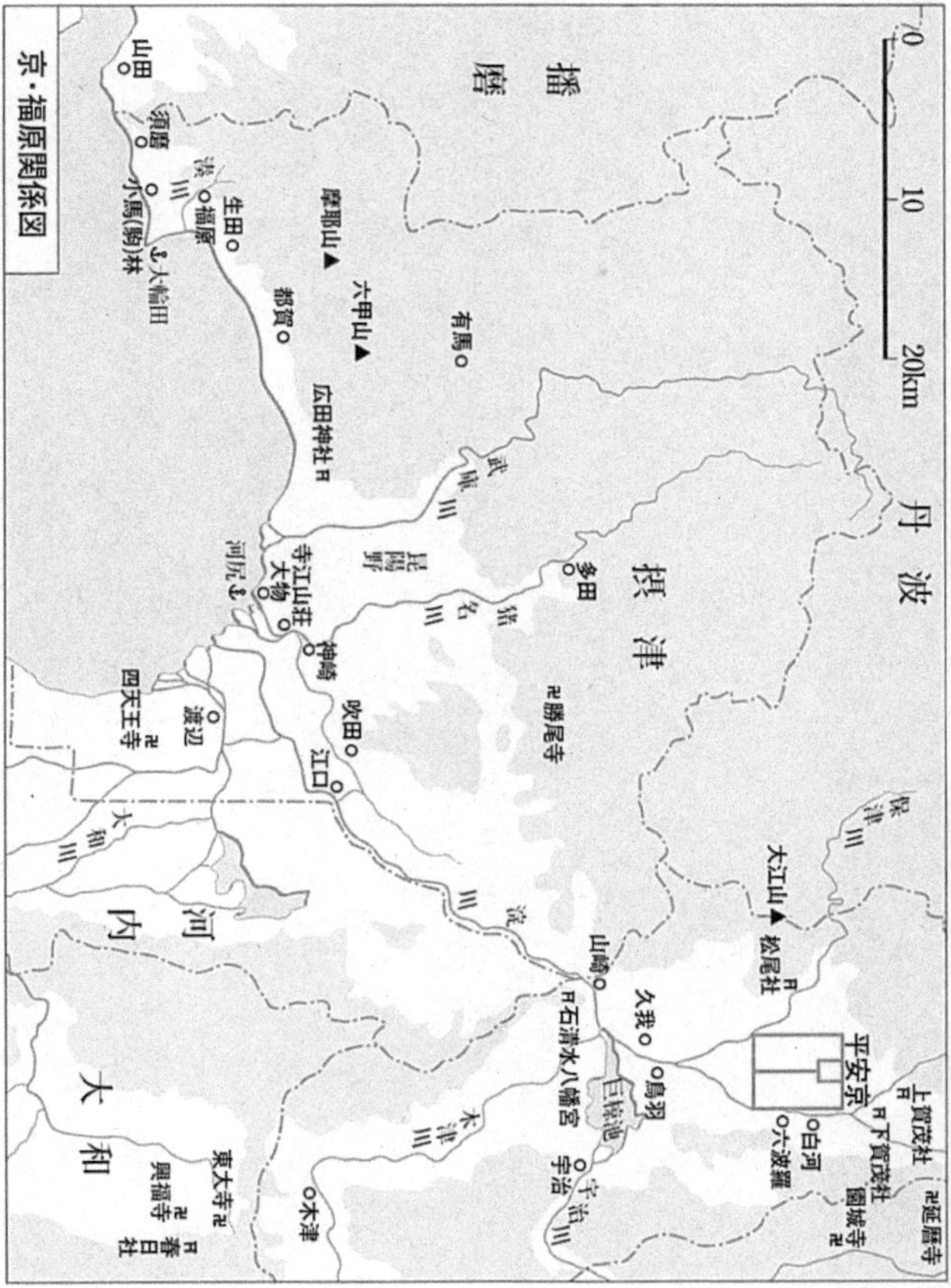
丹波
摂津
播磨
河内
大和
0　10　20km
平安京
上賀茂社
下賀茂社
延暦寺
園城寺
白河
六波羅
鳥羽
宇治
宇治川
巨椋池
石清水八幡宮
久我
山崎
松尾社
大江山
保津川
淀川
木津川
木津
東大寺
興福寺
春日社
勝尾寺
吹田
江口
神崎
寺江山荘
大物
河尻
多田
猪名川
昆陽野
武庫川
広田神社
有馬
六甲山
摩耶山
都賀
生田
福原
湊川
須磨
山田
小馬(駒)林
大輪田
渡辺
四天王寺
大和川

京・福原関係図

第5章

遷都と還都

1　新たな首都を求めて——新京と福原離宮

変転する首都構想

清盛は遷幸を強行すると、ただちに新都造営の計画を立案することになる。もはや遷都は現実の問題となった。右大臣兼実らの心配は決して杞憂《きゆう》ではなかったのである。

清盛は宮都の造営に関する貴族たちの知識や意見を求めた。内心平氏政権を嫌悪し、何かにつけて政務に距離を置いたはずの兼実も福原に呼びつけられ、宮都造営について高倉院から諮問を受けた。彼は治承四年（一一八〇）六月十三日に京を出て水不足の淀川を下り、邦綱の摂津寺江の邸宅に一泊、翌十四日に輿で福原近辺の湊川《みなとがわ》に至り、そこから牛車で福原に赴いている。後でも触れるように、福原までの道路は砂地のため車の走行には支障があった。

この時、兼実が諮問を受けたのは、まず左京の条里が不足しているため、宮城、すなわち内裏を平安京より縮小するか否かという点、つぎに右京の予定地に平地がわずかしかない点、そして本来なら今秋に行われる大嘗祭《だいじょうさい》の開催場所と、遷都と平行した場合に過重となる費用負担をどうするかという三点であった。

これによると、造営が計画された新京は、左京は南が五条まで、東が朱雀《すざく》大路から洞院《とういん》西《にし》大路までしか設定できないとされた。平安京に比べれば、およそ四分の一の規模ということになる。このため、兼実は宮城の縮小も止むなしと返答している。左京が最初に問題となるのは、いうまでもなく平安京において左京のみが首都として機能していたことの反映であった。また、王権を象徴する宮城に関しても、すでに平安京でも閑院内裏が通常化するなど、本来の規模は問題ではなくなっていたのである。

これに対し、右京は山・谷が入り組んだ地形で、宮都として用いることは困難だったが、兼実は大山・深谷ではないので、必要に応じて工事を進めてゆけばよいと述べている。こうした右京に関する対応は、平安京において、右京がすっかり衰退しており、宮都にとってとくに必要な区域ではなくなっていたことと無関係ではない。

ここで想定された条坊は、『玉葉』に「条里」によって規定されると見えることから、かつては摂津国の条里に沿う形で設定され、北東から南西に走る山陽道を朱雀大路としたものと考えられた。しかし、平城京の指図が参照されていること、天子南面が原則であることなどから見て、実際には平城・平安京と同じく南北に真っ直ぐの宮都が想定されたものと考えられるようになった。

新京の区域については和田岬の西側、現在の兵庫区付近に推定されているが、現在の神戸の地形からも明らかなように、東西に細長い地形では、正方形に近い条坊を設定することは根本的に困難であった。そのためか、突然和田新京案は撤回されてしまう。

十五日、高倉院御所を訪れた兼実の目前に登場した時忠は、蔵人頭藤原経房に対し和田に代えて小屋野を京とし、早速木工寮の役人を派遣するように命じた。和田は町数が少ないので便宜のある小屋野を選定したという。小屋野は現在「昆陽野」と記し、兵庫県伊丹市に属する。武庫川《むこがわ》流域の平野部で、京と福原を結ぶ西国街道（今日の国道一七一号線）沿いの場所であった。

このやりとりを聞いた兼実は、和田であろうと小屋野であろうと、とにかく「遷都なきにしかず」と日記に憤懣を記している。院御所の女房たちも、故郷の京を思って嘆かない者などなく、涙を流す者もいたという。

兼実はその日の午後、寺江に向かった。往路と同様、福原を出ると輿を用いたが、二里半も輿に乗ったために腰痛に見舞われ、広田神社（現西宮市）の前で馬、さらに手輿に乗り換えて、まさに這々《ほうほう》の体で寺江の邦綱の別荘にたどり着いた。猛暑の六月だけに、本来は心地よいはずの浜風も、遷都騒ぎに動転する彼には「心神悩乱」を招いただけだった。

ところが、帰京した兼実の耳に届いたのは、今度は厳島内侍の託宣とやらによる、播磨印南野《いなみの》への遷都計画であった。印南野は現在の兵庫県加古川市から明石市にかけての播磨平野の地であるが、結局は「水なきにより叶《かな》ひがたし」という結論に達して却下されてしまった。この付近は台地状に平地が広がる地形で、条坊の設定には困難がないものの、現在でも多数の溜《た》め池が利用されていることからわかるように、飲料水の確保に大きな問題

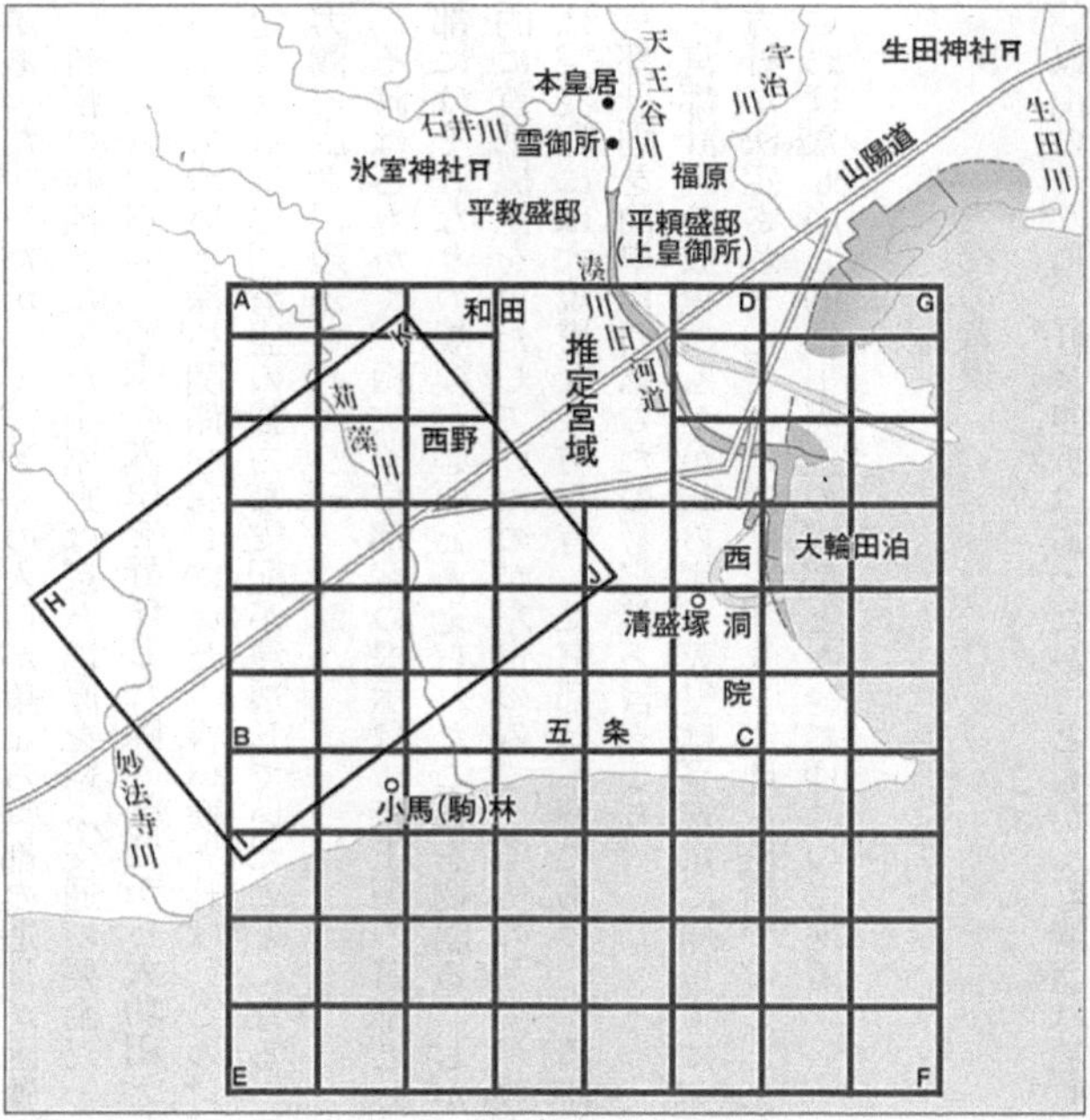

福原京地図

かつては、和田京の条坊が山陽道を中心とした北東から南西向きに（H–K）設定されたと考えられた。これに対して、足利健亮氏が想定したのが、南北にまっすぐな正方位の宮都（A–D）である。なおA–E–F–Gは平安京の条坊をあてはめたもの。海岸線はおおむね江戸時代のものである。

（『週刊朝日百科　日本の歴史１　源氏と平氏』より）

があった。したがって、多くの人口が集まる宮都の造営が困難とされるのも当然であった。

新都の候補となった小屋野は京と福原を結ぶ交通の要衝だったし、印南野は清盛が仁安二年（一一六七）に太政大臣を辞任した際、朝廷から大功田として与えられた地の一つで、いずれも清盛と深い関係を有していた。言い換えれば、この付近は自由に宮都の土地が設定できるほど、清盛の強力な支配が浸透していたことになる。摂津・播磨に及ぶ平氏の勢力圏の広さが窺知されよう。

それはともかく、相次ぐ宮都案の提示は、新王朝の首都として権威を示すためにも、宮都にはそれなりの規模が必要と考えられたことを物語る。しかし、平安京にしても、実質的に首都機能を果たしていたのが左京のみで、条坊の大半が放棄されていたことを考えれば、実際には大規模な条坊を有した宮都は不要であった。清盛が、旧来の形態を踏襲した宮都計画を簡単に断念したのも当然と言えよう。

宮都計画の放棄にもかかわらず、天皇は平安京に帰らずに、福原の離宮に長期滞在する方針が決定され、七月には道路を開き、宅地を班給することになった。こうして福原は、いわばなし崩し的に事実上の宮都となってゆくのである。

遷都の背景

以上のように、紆余曲折《うよきょくせつ》はあったが、ともかくも清盛は福原に事実上遷都するに至ったのである。ここで問題となるのは、どうして清盛が平氏政権内部の強い反対を押し切ってまで、強引に福原への遷都を断行したのか、という点に他ならない。

その直接的な理由は、軍事的見地から求められよう。すなわち、興福寺・園城寺や延暦寺の一部など、権門寺院の悪僧の多くが以仁王挙兵に与同しており、彼らに包囲された平安京はきわめて危険な宮都となっていたのである。

すでに述べてきたように、以仁王挙兵以前にも再三の延暦寺強訴が京中を席巻したほか、高倉上皇の厳島御幸《いつくしまごこう》に際して、これに反対した延暦寺以下三寺の悪僧が結束して蜂起し、高倉・後白河両上皇の奪取を計画したこともあった。延暦寺は以仁王挙兵では一応平氏方に立ったが、一部には以仁王に同調する動きもあったし、下級僧侶堂衆《どうしゅう》の学侶に対する蜂起に手を焼いているだけに、いつ平氏に全面的な反旗を翻すか、わかったものではない。

これとは対照的に、福原周辺は平氏の勢力に固められていた。平治の乱からまもない応保二年（一一六二）、清盛は家司藤原能盛《よしもり》に命じて、福原の所在地摂津国八部《やたべ》郡を検注させたのを手初めに、福原近辺の播磨・摂津国内に平氏の所領を多数獲得していた。また、後背地の播磨や対岸の淡路は長らく平氏の知行国であった。このように、福原周辺は平氏一門や家人の勢力によって囲繞《いにょう》されていたのである。もちろん、瀬戸内海を通して、山陽・四国・九州諸国の家人の動員も容易だったと考えられる。

また、地形的な面から見ても、福原は背後は急峻な山塊で、前は海である上に、東西からの侵入路も狭隘であった。こうした地形は鎌倉と同様で、防禦に容易な難攻不落の要害の地と言えよう。このことは、寿永三年（一一八四）二月の一ノ谷合戦において、福原付近が平氏側の拠点とされ、源義経によるいわゆる「鵯越《ひよどりごえ》の逆落《さかおと》し」と称される奇襲を受けるまでは、容易に源氏軍の侵攻を許さなかったことからも明らかである。

しかし、遷都の理由は単に軍事的な問題に限定されるわけではない。かつて桓武天皇が平城京から長岡京、そして平安京に遷都した背景には、天武系に代わる天智系の皇統の成立に伴う、新宮都の造営という要素があったと考えられている。すなわち、平城京は、中継ぎの女帝を挟みながら、文武《もんむ》・聖武《しょうむ》・称徳《しょうとく》と続いた天武直系皇統の宮都であった。その天武直系皇統は、独身の女帝称徳を最後に断絶し、女帝在位中からの皇位をめぐる激しい政争を経て、天智天皇の皇子志貴皇子《しきのみこ》を父とする光仁《こうにん》天皇が即位するに至った。そして、その皇子で皇位を継承した桓武天皇は、新皇統の宮都として新たに長岡、ついで平安京を造営したのである。

奈良時代末の光仁・桓武朝の成立と同様に、安徳の即位による高倉・安徳の王権の成立こそは、清盛にとって、保元の乱以来長らく継続してきた皇統をめぐる対立と抗争の止揚を意味していた。清盛は桓武の例にならって、新王朝の宮都の新規造営を目指したのである。その候補地は、清盛の長年の根拠地として、そして軍事拠点であるとともに、日宋貿易の舞台として宋にもつながる国際都市福原以外に考えられない。ここに強引な福原遷都を計画した原因があったと考えられる。

一方、王権は本質的にケガレを忌避するものであった。したがって、王権の所在地たる京——とくに左京——は、ケガレを排除した清浄な空間でなければならなかった。ところが、平治の乱以後、京では戦乱や強訴による混乱、盗賊の跳梁《ちょうりょう》が続いていた。しかも、安元三年（一一七七）四月における、延暦寺強訴とその後の盗賊の横行、そして朝堂院以下の大内裏や貴族の邸宅を焼き尽くした「太郎焼亡」と称される大火災の発生は、まさに京の荒廃を痛感させるものであった。さらに、翌年には七条東洞院から朱雀大路までの人口密集地を焼失する「次郎焼亡」も発生している。

左京では、政治紛争の激化や人口の過密化に伴う治安の悪化で流血が相次ぎ、さらに密集地に大規模な火災が頻発して多数の焼死者を出すに至ったのである。都市問題の深刻化も、清浄に保たれるべき王権の所在地として、左京が適性を欠いていたことを物語るものである。こうした問題も、清盛に遷都を決断させた背景と考えられる。

今日的な感覚で言えば、神戸は六甲颪《おろし》が厳しいものの、海洋性の温暖な気候に恵まれた上に、風光明媚で開放的である。盆地ゆえに寒暖の差が激しく、大勢の観光客でごった返す京都などよりも、よほど住みやすいと感じる人も多いことだろう。実はかく申す私も、京都に職を奉じてはいるものの、そう感じる一人なのだが。

しかし、八百年余り前の貴族たち——高倉院や宗盛以下の平氏一門、そしてほとんどの貴族たち——にしてみれば、京は多数の年中行事の舞台となり、王権を荘厳する寺社の所在地であり、しかも四季の変化に富んだ、たおやかな自然と風土に恵まれた地であった。その京を離れ、厳寒期には「山嵐、浜風が面を払ひ、骨に入る」（『吉記』）ような有様の、しかも畿内の端っこにある福原に遷都することなど、想像もできなかったのである。

都市福原の繁栄

福原の様子が『平家物語』巻七「福原落」に見える。福原の景観を示す数少ない描写である。それには「故入道相国の作りおき給し所々を見給ふに、春は花見の岡の御所、秋は月見の浜の御所、泉殿、松陰殿、馬場殿、二階の桟敷殿、雪見の御所、萱《かや》の御所、人々の館共、五条大納言邦綱卿の承って造進せられし里内裏、鴦《おし》の瓦、玉の石畳」とある。

これは、題名の通り、寿永二年（一一八三）七月、木曾義仲に京を追われて西走した平氏一門が福原に立ち寄った時の描写で、全盛期のものではない。それでも、立ち並ぶ御所、邸宅が豪奢《ごうしゃ》を競った様が彷彿《ほうふつ》とされるであろう。雪御所（雪見御所）は記録に見えるし、石畳も発掘から実在が確認されている。もっとも、他の御所・邸宅については『平家物語』の諸本によって名称も異なっており、文学的な修辞も免れない。そこで他の記録の中から、当時の福原の光景を検討することにしたい。

福原遷都が行われる前年、治承三年（一一七九）における遷都直前の福原の町並みなどを詳細に伝えているのが、権中納言・春宮大夫藤原忠親の日記『山槐記』の治承三年六月二十二日条である。この記事は、忠親の兄で前太政大臣である藤原忠雅の厳島参詣について、同道した忠雅の共侍民部大夫政清から聞いて書き記したものであった。

藤原忠雅は清華家の一つ花山院家の祖にあたり、白河・堀河天皇の摂関を勤めた師実の次男左大臣家忠の孫で、父は権中納言忠宗である。母が院近臣末茂流の家保の娘、そして室も母の姪《めい》で、鳥羽院の寵臣家成の娘というように、家成一族と密接な婚姻関係を結んで花山院家発展の基礎を築いた。ついで、嫡男兼雅と清盛の娘を結婚させ、今度は清盛に接近して官位を上昇させた。

そして、仁安三年（一一六八）八月には、四十五歳で清盛辞任後空席となっていた太政大臣に就任し、嘉応二年（一一七〇）まで在任している。忠雅が厳島に出掛けた原因は不明だが、厳島が平氏の尊崇する神社であること、また福原で歓待されていることから見ても、姻戚関係にある清盛の招待・勧誘があったことは疑いない。

忠雅は同月七日に京を発ち、この二十二日に帰京している。京を出立した忠雅一行は、

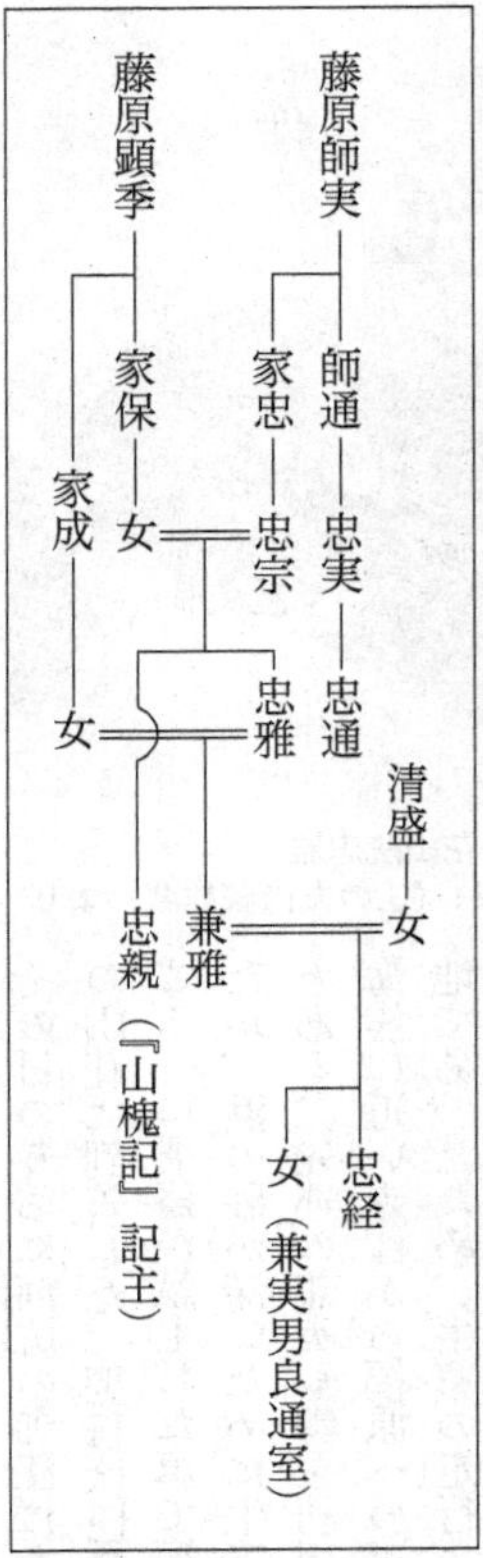

花山院流系図

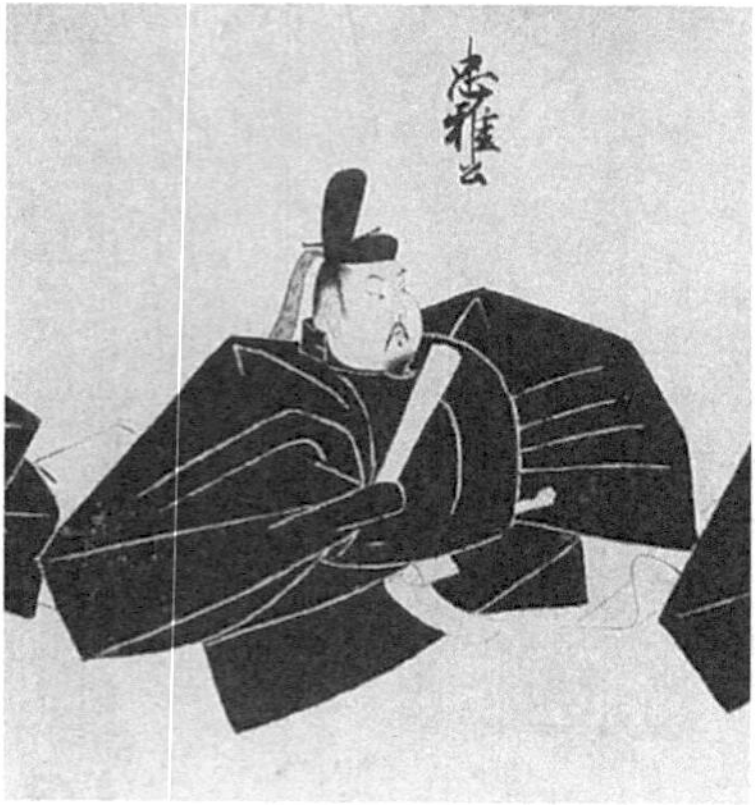

花山院忠雅
「天子摂関御影」（三の丸尚蔵館蔵）より

その日のうちに河尻《かわじり》の寺江にある山城法眼の山荘に到着した。翌日は巳刻（午前十時ごろ）に清盛が献上した車で福原に向かったが、浜の砂が深いために牛三頭を連ねたとある。先述の兼実も輿を利用したように、海岸に近い寺江から福原への道路は深い砂地であったため、牛車の走行に不便だったことが窺われる。

忠雅は申刻（午後四時ごろ）に福原に到着した。宿所となった平頼盛の別荘は荒田（現神戸市兵庫区）にあり、清盛の邸宅から四～五町の距離に位置していたと記されており、平野の雪御所（雪見御所）の北にあった清盛邸との地図上の距離に合致している。この邸宅では、前兵衛尉行員という者を行事として、清盛が歓迎の準備をしていたらしい。後述する高倉院の厳島御幸でも頼盛邸が宿所となっており、清盛の邸宅に劣らぬ豪壮なものだったことを偲ばせる。

ついで忠雅は、清盛の勧めで、その居から一町ばかりの距離にある湯屋に出掛けて、旅の疲れを癒し、清盛邸での歓迎の宴に出席している。清盛は弟経盛とともにその場に臨み、内侍と称する厳島神社の巫女《みこ》による女田楽で忠雅をもてなしている。これは、唐風の舞楽で、翌年の高倉院御幸の場合にも盛大に催されている。

その晩、忠雅は清盛に誘われて船に乗ったが、荒天のためか、結局船は出されなかった。ここで注目されるのは、この時清盛が「唐船」を用いようとした点である。これは福原に居住する宋人の船と考えられる。福原に唐人街があったとする史料はないが、貿易の活発化とともに多数の宋商人や宋船の乗組員が常住していたに相違ない。貿易を通して彼らと密接な関係にあった清盛は、宋船を自由に利用できたのである。

港湾に面し、異国人が居住する宮都など、異国をケガレの対象と見なす王朝貴族には、想像もつかないことである。おそらく、清盛は南宋の首都臨安《りんあん》が海に面する大貿易港として、繁栄を謳歌《おうか》していたことを宋人から知らされていたことだろう。そして、将来の宮都福原の姿と重ねあわせていたのではないだろうか。

翌九日未明、忠雅らは改めて乗船した。清盛の鼓に応じて船は一斉に出立し、和田岬を巡って日の出を迎え、辰の刻（午前八時頃）に経島から二十町を隔てた「小馬林《こまばやし》」に到着した。「小馬林」は和田岬の西にあたる景勝の地で、現在の須磨区から長田区に相当する。海上に出て、景勝の地を眺めるのは、今日の海上遊覧と同じ発想である。もっとも、この時清盛はどうしたことか「今日の体《てい》不快」と称したという。翌日も海路に難があったとあるから、海が荒れて思いどおりの航海ができなかったのかも知れない。なお、残念ながら『山槐記』の欠失のために、帰路における福原の様子は知ることができない。

忠雅の参詣の翌治承四年三月、高倉院が退位後初の社参として厳島に参詣した様子を記

雪見御所跡の石碑

した『高倉院厳島御幸記』からも、福原の有様は窺える。著者の通親は、同地における清盛の歓待ぶりを「御まうけども、心言葉も及ばず」としているが、建物や町並みなどの具体的な様相は窺うことができない。また、忠雅の場合と同様に、唐風の衣装を纏《まと》った厳島内侍たちの舞が催され、天人の降り立ったようであったという。

このほか、福原より少し手前の都賀の山坂（現神戸市灘区）、福原西郊の山田（現神戸市垂水区）などに御所が設営され、食事などが供されているのは、たびたびの御幸や一門の下向などに備えて、交通路が整備されていたことを物語る。

福原の華麗な側面にふれてきたが、同時に福原は軍事面の最高実力者清盛の居住地であり、軍都という一面も有していた。治承三年政変や富士川合戦の軍勢は、福原に招集されたのである。一門の広壮な邸宅の一隅には軍隊の駐屯に備えた施設などもあったと考えられるが、文献や出土品からはまだ十分確認することはできない。

2　首都福原——遷都と還都の間で

還都論との戦い

遷都計画が相次いで挫折《ざせつ》した結果、治承四年（一一八〇）七月半ばに清盛は「福原、しばらく皇居となすべし。道路を開通し、宅地を人々にたまふべし」という方針を打ち出し、福原に天皇を長期的に滞在させることにした。この時は、八省・大内の移転には及ばず、平安京も捨て去ることはないという見方が示されている。

しかし、所詮それは希望的観測に過ぎなかった。いったん本格的な遷都を計画した清盛が、まだ反乱にも遭遇していないこの時点で、計画を簡単に後退させるはずもない。この後の清盛の行動からも明らかなように、既成事実を積み上げて福原をなし崩し的に宮都化し、最終的には首都機能の大半を移転させる方針だったと考えられる。

福原への遷都の可能性が高まってくると、あるいは清盛を恐れ、あるいは遷都など頓挫《とんざ》すると見越して傍観していた貴族たちも、座視しているわけにはゆかなくなった。かくして、首都を京に返そうという考え方——以下還都論と称す——も顕在化することになる。

このの ち、福原遷都が失敗に終わって、還都が実現した際、兼実は『玉葉』に還都の原因四点を列記している。まず、平氏の専横に反発した関東の反乱の激化、ついで第二に延暦寺からの還都の要請、第三に重病の中で帰京を切望した高倉院の意向、そして最後に清盛が「積悪の重き」を深く悔いたためであったとする。このうち、高倉院や延暦寺の要求などは、今日でも還都の原因として重視されている。以下では、高倉や延暦寺の還都論と、清盛の対応について検討してみることにしたい。

　最初に還都論の口火を切ったのは、この当時しだいに病状を悪化させていた高倉院であった。『山槐記』によると、七月末ごろの高倉は「御温気、いまだ散らず。日を逐って御憔悴《しょうすい》」という状態であった。二十八日には、従来の院御所頼盛邸を陰陽師らが悪所としたため、蔵人頭重衡の邸に移っている。さらに、翌二十九日には兵仗《ひょうじょう》・封戸《ふこ》・尊号を辞退するに至り、政務も困難となったのである。

『玉葉』の八月四日条によると、高倉院の夢中に生母建春門院が現れ、墓所のある京を離れたことに激怒したという噂が伝えられている。高倉は夢想に事寄せて、福原遷都に対する反感を露《あら》わにしたのである。さらに、同じ日の記事によると、同様の夢想がすでに中宮徳子や、院の執事別当権大納言藤原隆季にもあったことが記されており、高倉やその周辺に還都論が広まりつつあったことを窺い知ることができる。したがって、この時期に高倉が尊号を辞退した背景には、単に健康状態の悪化という問題だけではなく、強引な遷都を進める清盛に対する抗議の意志表示という意味もあったものと考えられる。

先述のように、以仁王挙兵鎮圧後の園城寺・興福寺の処罰を定める五月二十七日の議定において、高倉や宗盛を代弁して強硬な興福寺即時追討論を主張した隆季は、このころから還都論の中心的存在となる。隆季は「遷都のこと、およそなほ叶ふべからざるものを。よんどころなき沙汰《さた》かな。今、始終みるべし」などと、清盛に対する皮肉をこめた批判を述べた。ひそかに語ったはずのこの言葉は清盛に伝わり、彼を激怒させるとともに、意地でも遷都を実現させたいという「励心」を起こさせたという。

ついで、隆季は同じく院別当である平時忠とともに、高倉院の意向という形をとって、清盛に対し還都を命ずるに至ったのである。ところが、清盛は「それは結構なことだ。しかし、この老法師はお供するつもりはない」と、手厳しくはねつけた。これを聞いた隆季・時忠たちはたちまち悄然《しょうぜん》となり、以後は全く還都を口にする者もなくなったという。

このように、高倉院以下による還都論は清盛に対して大きな動揺や影響を与えるには至らなかった。清盛は、たとえ高倉の意志であろうとも、還都に応ずるつもりがないことを、強烈に示したことになる。高倉院近臣たちにしてみれば、高倉の意志さえも否定する清盛の強い態度は、予想外だったのではないか。清盛は高倉の権威を利用して後白河を幽閉し、安徳の即位を実現してきた。しかし、独裁を開始した清盛は、もはや高倉との齟齬《そご》をも辞さないようになった。父院の権力をも超克するに至ったのである。

その直後、高倉や還都派の願いを逆撫《さかな》でにするごとく、清盛は延期が噂されていた大嘗祭を福原で開催する意向を明らかにするのである。一応、清盛の私邸の形をとって里内裏を造営するが、大嘗祭の舞台とすることで、実質的な内裏とするつもりだったと考えられる。そればかりか、公卿たちに給地も班給され、さらに八月下旬には明後年の八省造営も決定している。もはや、福原遷都の方針は決定的になったのである。

延暦寺との対立

『平家物語』は言う。「旧都はあはれめでたかりつる都ぞかし。王城守護の鎮守は、四方に光をやはらげ、霊験殊勝の寺々は、上下に甍《いらか》をならべ給ひ、百姓万民わづらひなく、五畿七道《きしちどう》もたよりあり」と。また、福原滞在の長期化が確実となったころ、平安京を擁護する根拠として用いられた「嵯峨隠君子」の勘文にも「東に厳神あり（賀茂をいう）、西に猛霊あり（松尾をいう）。南に開き、北塞《ふさ》ぐ」とある。平安京の捨てがたいところは、その優れた地形と、何よりも朝廷に尊崇された寺社が存在していたことにあった。

福原に天皇が居住した場合、寺社に関する行事の遂行に重大な支障が生ずることになり、その解決が不可欠とならざるをえない。神祇官《じんぎかん》が在京していたため、諸祭礼の実施に種々の支障を来しており、祈年穀奉幣も八月以来、延期を重ねて十月に行われる有様であった。平安京と不可分である宗教施設と、王権を荘厳する儀式の遂行という問題は、福原への遷都を推進する清盛にとって、頭を悩まさざるをえない問題だったと考えられる。

また、王権と結合して存在してきた寺社の多くも、困難に逢着《ほうちゃく》するに至った。遷都の一因ともなった興福寺では内紛が発生し、七月には春日の正体を盗んで福原に赴こうとする者を大衆が捕らえるという事件まで発生している。実は、興福寺別当玄縁と春日社司が同意してことを起こしたと噂された。反平氏の中心勢力だった興福寺にとっても、福原遷都は大きな脅威だったのである。また、熊野社でも九月に内紛が勃発しているが、これも平氏政権に対する対応をめぐる内部対立の結果だったと考えられる。

本来、親平氏派の延暦寺も当初は沈黙を守ったが、後述するように九月に入って東国の反乱が激化すると、ついに大衆が蜂起し強硬に還都を要求するようになるのである。すでに、座主明雲以下親平氏派の僧綱の主導権が失われていた延暦寺では、大衆の蜂起はしだいに激化していったものと考えられる。そして、十月下旬には、遷都停止の裁許がなければ「山城・近江両国を押領すべきの由、支度をなす」という有名な奏状が蔵人を通して奏上されることになる。しかし、こうした延暦寺の動きに対する清盛の反応や対策は、全く確認することができない。

この一因は、当時の平氏政権が坂東における反乱追討に追われていたことや、肝心の清盛が十月六日から一ヵ月近くにわたって厳島・宇佐に下向するなど、たびたび福原を留守にしていたことにもあったと考えられる。しかし、そもそも福原遷都がなぜ行われたのかということを考えてみるならば、清盛が延暦寺の動向に対して関心を示さないのも当然であった。なぜならば、権門寺院の政治介入、それによる軍事衝突を回避するために遷都は断行されたのである。したがって、遷都が断行された時点で、宮都と密着して政治的地位を築いてきた延暦寺との提携は事実上断絶していたことになる。

　このため、延暦寺における還都論の発生は当初から予想されたことで、清盛にとってさほどの衝撃であったとは考えられないのである。また、延暦寺は内乱の激化に乗じて声高になった面もあるが、本質を考えれば、王権と分断され、経済的にも困窮したための懇願に他ならない。したがって、延暦寺が還都論を唱えたからといって、清盛が大きく動揺したり、還都を決意したりすることはなかったのである。

　このころ清盛は頻繁に厳島・宇佐に下向している。両所には、先述した十月のほか、八月下旬にも出掛けているし、厳島には九月下旬に高倉院の御幸に随行して参詣している。この背景には、新宮都福原に直結する瀬戸内海を通して、各地の有力武士団との結合を強化しようとする意図があったと考えられる。しかし、この二地域が重要な宗教施設の所在地であったことも忘れてはならない。

　清盛は、厳島・宇佐八幡の信仰と結合した、新しい宗教秩序の形成を目的としていたのではないか。それは、平安京に存在する寺社に代わるものであったに相違ない。新王朝と、その拠点となる新首都には、それらに相応しい新たな祭祀《さいし》体系が必要だった。清盛は、旧都の寺社権門には背を向けて、瀬戸内海を囲む宗教体系の確立を目論んでいたのである。

　通常、高倉院や延暦寺による還都の要求は、還都の原因として重視されてきた。しかし、これらは、基本的に清盛に対して大きな影響を与えてはいないのである。この間、大嘗祭にかわって開催されることになった新嘗祭では、平安京の神祇官で祭の神事を行い、五節・豊明節会《とよのあかりのせちえ》を福原で行うことが決められている。皇居としてその舞台となる予定の邸宅も、清盛の私邸として建設が進められていた。また『山槐記』によると忠親は福原の給地で邸宅の棟上げをしており、一般の公卿たちの邸宅も次第に立ち並び始めていた。

ところが、十一月初旬、優柔不断な性格の嫡男宗盛が、還都を要求して父清盛と激論に及んだのである。あたかもこれを契機とするように、清盛も急速に還都に傾いてゆくことになる。次に、その経緯についてふれることにしたい。

清盛の挫折

前右大将宗盛が「還都あるべし」と父清盛に要求して口論に及び、人々を驚かせたという福原からの伝聞を、兼実が『玉葉』に記したのは十一月五日であった。ここでいう「還都」とは、おそらく当時の事実上の京、福原から平安京への還都、すなわち還都のことと考えられる。いつもは言いなりになる宗盛が、頭の上がらない父清盛に対し激論を挑んだのは珍しいことであった。

これによって、去る五月二十七日の高倉院御所における内議で、興福寺追討を申し合わせた人々のうち、邦綱を除く全員、すなわち高倉院、藤原隆季、平時忠、そして宗盛が清盛に対して還都論を唱えたことになる。もはや還都論の火の手は平氏政権の中枢に燃え広がっており、逆に遷都に固執する清盛一人が孤立する状態となったのである。

はたせるかな、それから間もない十一月七日、「還都あるべき由」が延暦寺に伝えられたという噂を兼実は聞きつけた。彼はこれを山僧を宥《なだ》める方便だろうと思っていたが、十日には「帰都の事、すこぶる沙汰あり」という情報があり、さらに翌日には、蔵人頭平重衡が「還都事」を人々に問わしめたという連絡も届いている。

そのころ、福原はどうなっていたのか。この治承四年十一月の時期は、安徳天皇の蔵人頭として福原に随行した藤原経房の日記『吉記』が残っている。経房は、院政期の実務官僚系院近臣を代表する為房流の出身で、吉田家の祖となった人物である。日記の名称もその吉田から来ている。政務に精励する彼の日記は、福原にあった宮廷の動向を子細に伝えてくれる。もっとも、煩雑な儀式の連続には、閉口させられることも度々ではあるが。

その『吉記』によると、兼実が還都の噂にそわそわしていた十一月十二日、高倉院御所に召喚された蔵人頭藤原経房は、帥隆季から「帰都の議あり」と告げられた。そして、院のもとより邦綱が使者として、清盛のもとに派遣されたという。しかし、事はなかなか結論がでず、ようやく深夜になって蔵人弁藤原行隆を通して「帰都一定」との報告が経房にあった。にわかに信じられない彼は、摂政基通にも確認したところ「平京（ママ）に還御あるべし。早く申し沙汰すべし」との命を受けている。

還都決定が公然と語られたのはこの時が最初であった。そして翌十三日には、早くも京に還都決定の情報が伝わっている。この報に接した忠親は、「さだめて訛言《かげん》か」と信じようとしていない程である。清盛の還都への執着を考えれば、当然の感想であろう。一方、兼実は「悦となすこと、少なからず」と素直に喜んでいる。

これ以後、若干の曲折はあったものの、還都の方針は変更されることはなく、福原における豊明節会の儀式が終わるのを待って、二十三日に安徳天皇以下が福原を出立、京に向かうのである。この間、かつては還都派であったはずの時忠が難色を示したという噂も兼実のもとに届いたりしているが、さしもの清盛も、もはや目立った反対を示すことはなかった。治承三年政変で後白河を幽閉し、安徳の即位を実現、独裁をも確立した清盛にとって、初めての挫折であった。

さて、こうして見ると、十一月初頭こそが清盛に深刻な動揺を与え、還都を決断させた画期であった。この時期に清盛に大きな影響を与え、還都を決断させた出来事といえば、東国の反乱以外に考えられない。清盛・宗盛両者の口論の噂を伝えた『玉葉』の同日条に、富士川合戦における官軍惨敗の詳報が記されているように、追討使の惨敗、そして反乱の急速な拡大は清盛の遷都構想を根底から打ち砕いたのである。しかし、これが清盛の単なる譲歩や後退だったのかどうか。それはあとで検証してみたい。

『山槐記』によれば、富士川合戦敗北の情報は、すでに十月二十八日頃には福原に到達しており、平氏政権に強い衝撃を与えていたと考えられる。この頼朝挙兵と富士川合戦の敗北こそ、平氏政権の運命を大きく変える事件であった。そこで、少し福原遷都の問題を離れて、頼朝挙兵の実態と平氏敗北の原因について考えてみよう。

3　追討使惨敗——内乱の勃発

頼朝の義兵

治承四年（一一八〇）八月十七日夜、源頼朝は伊豆国北条に挙兵した。狙うは、伊豆目代平兼隆の首である。その夜は、伊豆国一宮三島神社の祭礼で、兼隆の家人たちが出払っているのを見越しての蜂起であった。不意をうたれた兼隆と、その後見人堤権守信遠は、頼朝が派遣した武士たちによって討ち取られたのである。受領の代官として派遣されている目代の殺害が、朝廷に対する公然たる反乱を意味したことは言うまでもない。

挙兵に参加した者たちには、頼朝の縁者のほかに、旧来の伊豆国在庁官人なども含まれていた。新知行国主平時忠の目代として起用された兼隆と、その下で勢力を拡大した平氏家人らに対する不満が国内に蔓延《まんえん》していたことを示す。このことは、治承三年政変で没収され、平氏の支配下となった院や院近臣の知行国でも同様の事態があったことを物語る。内乱に向けて、事態は大きく転回してゆこうとしていたのである。

京の兼実は、『玉葉』の九月三日条にこの事件を記しているが、彼には頼朝などという名前だに記憶がなく、「謀叛の賊義朝の子」が伊豆で蜂起したとあるに過ぎない。しかし、事件についての認識はかなり深刻で、義朝の子が目代を凌轢《りょうれき》して伊豆・駿河を押領し、さらに為義の子息（行家）がこれに加わっており、あたかも将門《まさかど》の乱のようだと記している。同時に起こった熊野の内紛と関係させながら、治承三年政変以後の清盛の暴虐が各地の蜂起を生み出したとして、清盛に対する批判で結んでいる。

ほぼ同時に頼朝蜂起の報に接した忠親は、「故義朝男兵衛佐頼朝、義兵を起つと云々。伊豆国を虜掠《りょりゃく》し、坂東騒動す」と記している。頼朝の蜂起を「義兵」とするのは、平治の乱における父の仇討《あだう》ちという意味もあるのかもしれないが、それだけではなく、やはり後白河救援が含意され、清盛の横暴に対する批判の意味を込めているのであろう。

五日には東国追討の宣旨が下され、平維盛《これもり》・忠度《ただのり》・知度《とものり》が追討使に任ぜられた。維盛は亡き小松殿重盛の嫡男である。本来なら一門の嫡流に当たるはずだが、父の早世もあってすでに宗盛の息ではるか若年の清宗にその座を奪われていた。また、忠度は清盛の末弟、知度も清盛の末子であり、一門の傍流が追討使として最前線に投入されたことになる。遠く東国における追討を、ややもすれば軽視する平氏一門の思いが窺知《きち》される。

この宣旨の対象は頼朝のみで、甲斐源氏の蜂起には触れていないが、前太政大臣藤原忠雅あての新田義重《にったよししげ》の書状には、甲斐が武田太郎信義《のぶよし》に押領されたとある。武田一門は、義家の弟義光の系統で、甲斐各地に蟠踞《ばんきょ》するとともに、信義の息有義が重盛に、甥《おい》秋山太郎光朝・加賀美二郎長清が知盛に仕えるなど、多くの者が京で平氏に伺候していた。富士川合戦では、頼朝を凌《しの》いで源氏側の軍事的中心ともなる存在であった。

一方、義重は源義国の子息で、八幡太郎義家の孫に当たり、上野国新田荘を拠点として いた。彼は、右大将宗盛が坂東の家人に対し頼朝追討を命じたことを受けて坂東に下向し ていることから、宗盛の家人だったことになる。このほか、常陸の佐竹氏など、源氏一門 の平氏家人は少なくなかった。また、源氏一門のほかにも下野の藤原姓足利氏、武蔵の畠 山氏、そして相模の大庭氏をはじめ、多数の平氏家人が坂東に存在していたのである。

精強な家人が前衛部隊として賊軍を追討する。この平氏軍制の原則は、今回も機能して いた。頼朝の挙兵を聞きつけた相模の大庭景親、伊豆の伊東祐親《すけちか》、武蔵の畠山重忠《しげただ》らが一 斉に挙兵したのである。そして、三千余騎を率いた景親が、八月二十三日に箱根石橋山に おいて頼朝軍を打ち破り、ついで重忠は三浦一族の衣笠城を攻略するに至った。

敗北した頼朝が箱根の山中に逃げ込み、その舅《しゅうと》北条次郎(実は義兄宗時)、工藤介茂光 などが討ち取られたという情報は九月六日には福原に届いている。これによって、京や福 原には安堵《あんど》の空気が流れた。『玉葉』の九日条のように、「大将軍らの発向、もしくは事に 後《おく》るること有るか」という見方もあったのである。この情報が、出立しようとしていた追 討使たちの緊張を弛緩《しかん》させた面は否定できないだろう。しかし、坂東の情勢はそんな生易 しいものではなかった。

反乱の坩堝

頼朝の蜂起と前後して、坂東各地で戦乱の火蓋《ひぶた》が切って落とされた。先述のように、相模国で旧来の在庁官人三浦一族が蜂起し、畠山・大庭らと合戦していたのを始め、房総半島でも平氏の抑圧に反抗した上総介広常《かずさのすけひろつね》、千葉常胤《ちばつねたね》一族らが蜂起を目指していたのである。さらに、甲斐源氏の動きも信濃に広がり、その信濃南部の木曽では以仁王挙兵で殺害された仲家の弟義仲《よしなか》が地元の武士団に擁立されて挙兵しようとしていた。

こうした事態の背景には治承三年政変による知行国主・受領の交代という問題があった。先述したように、以仁王挙兵で頼政が討たれ時忠が知行国主となった伊豆では、一門の目代のもとで平氏家人が台頭し、旧来の在庁官人を抑圧したことが、彼らを頼朝挙兵に与同させる原因となっている。相模でも、国守が後白河近習の平業房から、信西の孫藤原範能に代っており、知行国主も後白河から親平氏派の公卿に交代したと見られる。おそらく、これを期に従来の在庁官人三浦・中村一族に代って、平氏家人大庭景親が台頭したのであろう。

景親は、清盛から私的に派遣される側近の武士だった。彼は、源頼政の孫有綱を追討するために下向して、頼朝挙兵に遭遇したのである。平氏の威光を背景に、頼朝追討に際して相模国内はもとより、武蔵国も含む多くの平氏家人を動員する大きな軍事的権限を有していた。彼の立場が、三浦以下の武士団に圧力を加えたことは言うまでもない。

上総でも、政変によって受領が院の近習藤原為保から、平氏の中心的家人藤原（伊藤）忠清《ただきよ》に移っており、知行国主も後白河院から平氏一門のものとなった。当然、有力な在庁官人として院と提携してきた広常は忠清の圧迫を受け、立場を悪化させていた。この忠清は坂東八ヵ国の侍奉行に任ぜられており、平氏家人の組織化に努めていたが、こうした行動は非家人となった者に対する圧力を強めたものと考えられる。

また、下総では受領・知行国主の交代は確認されないが、千葉氏の挙兵直後に平氏方の目代がまず追討されているし、元同国の受領で平氏と結んで国内に大きな勢力を有していた藤原親政一族と、常胤以下千葉一門の対立が激化している。知行国の大量獲得、家人に対する権限拡大が、近隣の非家人との対立を深刻化させていたのである。

元来、坂東では所領をめぐって、近隣武士団が相互に自力救済による戦闘を繰り広げていた。そこに平氏家人と非家人の対立という要因が加わったために、対立は一層深刻化し、頼朝蜂起をきっかけとして、反平氏の蜂起が続発したのである。そうした武士団相互の矛盾と一触即発の情勢は、けっして東国に限った問題ではなく、平氏が知行国を奪ったり、有力な平氏家人が存在する諸国に共通する事態だったのである。

周知の通り、辛くも房総半島に脱出した頼朝は、広常・常胤に擁立されて数万の軍勢を率いるようになる。頼朝軍が強大化し、広常や下野《しもつけ》の足利俊綱《としつな》の協力を得て、逆に景親以下に圧力を加え始めたとする情報が、八日ごろ福原に届いていた。『玉葉』の二十二日条には、東国の反乱軍が数万に及び、七～八ヵ国を掠領《りやくりよう》したという噂が記されている。重盛の家人だった俊綱の参戦については疑問もあるが、房総半島を中心として東国情勢が劇的に変化していたことに相違はない。もはや坂東は反乱の坩堝《るつぼ》と化していたのである。

なお、『吾妻鏡』によると、頼朝と広常・常胤らとの合流は、九月半ば以後となっており、この情報とは齟齬《そご》がある。しかし、野口実氏によると、広常の参戦に関する『吾妻鏡』の記述については、広常を日和見《ひよりみ》的な立場に描こうとした作為の可能性があったとされる。おそらく実際の両者の合流はかなり早い段階だったのであろう。

いずれにせよ、坂東の情勢はまさに風雲急を告げるものであった。しかし、いったん弛緩した平氏一門の緊張感も簡単には改まらなかった。こうした中で、維盛以下の平氏の追討軍は東国に向けて出立することになる。

戦争を知らない公達たち

事態は急速に悪化していたのに、追討使となった一門には事態の深刻さが十分に理解されていなかったらしい。『平家物語』には、遷都騒ぎに飽き飽きした平氏の公達《きんだち》が頼朝の蜂起を聞いて「あはれ、とく事のいでこよかし。打手にむかはう」と称したとあり、彼らの軽率さが強調されている。平氏敗北の伏線の一つとなっているが、おそらく一定の事実を反映しているものと考えられる。

実際、追討使は至ってのんびりしていた。彼らは二十一日に福原を出立したが、昆陽野に一泊し、二十三日に入京、そして二十九日に出立していった。侍大将の上総介伊藤忠清が京で十死一生日を忌むことを主張し、維盛らと対立したという。もっとも、当初から京には二十七〜八日まで滞在する予定で、かなりゆっくりした行軍だった。出立も吉日を選び、京に一週間も滞在した背景には、大庭景親から送られた石橋山の勝報が念頭にあり、東国情勢の急激な悪化を十分に認識していなかった面もあったのかも知れない。

しかし、先述のように忠清は治承三年政変で上総介に就任し、東国の侍奉行として平氏家人を統括する立場にあり、東国情勢に通じていた。彼が随行した原因はここにある。その老練な忠清が、敢えて出立を遅延させた原因は、単なる油断だけではあるまい。おそらく、追討使率いる寄せ集めの官軍が乗り込む前に、精強な平氏家人の前衛部隊に一定の戦果を挙げさせ、官軍の士気を高めようとしたのではないだろうか。

追討使一行は十月十六日に駿河国高橋宿に到着した。ところが、その時すでに平氏家人たちは、路頭に梟首《きょうしゅ》されていたのである。その二日前の十四日、宗盛の知行国駿河の目代橘遠茂、長田入道以下の平氏家人による前衛部隊二〜三千騎は、駿河・甲斐の国境に近い鉢田において武田信義・忠頼・安田義定以下の甲斐源氏と衝突した。しかし、平氏側は大敗を喫し、長田入道父子は殺され、遠茂は捕らえられ処刑されたのである。この前後に、相模における平氏方の波多野義常は自殺、大庭景親も没落していた。かくして、初動段階で敵を討伐し、平氏に勝利をもたらすはずの前衛部隊は逆に殲滅《せんめつ》され、官軍を驚愕《きょうがく》と恐怖の底に陥れることになった。

前衛部隊と追討使とが合流していれば、事態は変化したはずだという見方もできる。しかし、遠茂以下は追討使の到着直前に敢えて出立しており、追討使との合流は想定していなかったようである。追討使到着以前に家人が敵を討伐するという、平氏軍制の本来の形態が発動したものと見るべきであろう。すなわち、平氏の予想を超えて大規模に膨れ上がった反乱軍は、少数精鋭で討伐するという平氏の軍制では対応できなくなっていたのである。

追討使一行は人数でも反乱軍に大きく劣っていた。ただでさえ士気のあがらない駆り武者らが、戦意を喪失するのも当然と言えよう。『平家物語』には、斎藤実盛《さねもり》が坂東武士の勇猛さを強調し、平氏一門を怖じ気づかせたという有名な逸話がある。坂東では強弓を用いる者は多数あり、親や子供が討たれても西国のように供養することなく、屍《しかばね》を乗り越えて戦い続け、夏の暑さや冬の寒さを厭《いと》うことなく、食料確保のための農作業などに手間をとられることもない、と。源氏の勝利から遡及《そきゅう》させた作り話ではあろうが、平氏一門が坂東武士の勇猛さ、あるいは実戦の厳しさを知らないのは事実である。

平治の乱から二十年も経過しており、参戦している公達たちもその時の戦闘をほとんど経験していない。九州や地方の反乱も家人が討伐しており、公達が戦場に臨むことはなかった。敵からの攻撃を受けない流鏑馬《やぶさめ》や笠懸《かさがけ》などの射芸に通じていても、実戦は全く次元の異なるものである。この逸話も、東国と西国の比較というより、自力救済による実戦の中で錬磨された東国の武士と、戦争を知らない平氏の公達を対比したものと考えることができる。

源氏の大軍と対峙した際、侍大将の忠清は甲斐源氏からの軍使を捕らえ、拷問した上に殺害した。合戦では、軍使の安全は保証されることになっていたが、忠清はこの慣習を私合戦の時のものとして否定し、賊徒である反乱軍は全て討伐の対象であるとして殺害に及んだのである。しかし、こうした強硬な態度も、かえって軍勢の動揺を生んだ。

最初から人数で劣る平氏軍にはとうてい勝ち目はないと見られたが、合戦準備の最中に数百騎が源氏側に降伏する有様で、残る官軍は僅か一～二千騎となってしまった。それでも追討使として強引に合戦を行うべきと主張した維盛に対して、東国情勢や戦闘に通じた忠清は撤退を説得し、将兵の多くも賛同した。

その最中、甲斐源氏の動きに驚いて多数の水鳥が富士川から飛び立った。その万雷の如き羽音を敵襲と錯覚した平氏軍は、文字通り一目散に潰走《かいそう》する。天皇の命により賊の討伐に赴いた追討使が、まさしく屈辱的な敗北を喫したのである。この事件がもたらした影響は、計り知れないものがあった。では富士川合戦の敗北と、それに続く内乱の拡大は、どのように還都に影響を与えたのであろうか。

4　還都の真相――清盛の決断

燎原の火のごとく

　朝廷が派遣した追討使は、つねに勝利を収めてきた。平将門《まさかど》は追討使が到着する前に討ち取られてしまったし、藤原純友《すみとも》も博多津における追討使との決戦に敗北して没落した。追討使が惨敗した先例としては、天喜《てんぎ》五年（一〇五七）、前九年合戦の黄海合戦において、安倍貞任《さだとう》を追討に向かった源頼義の軍勢が大敗を喫したものがある。もっとも、これは辺境の事件であり、貴族たちも追討に固執しなかったように、関心も低かった。それに最終的に頼義は再起して安倍氏を討ったから、朝廷の威信にさほどの影響があったわけではない。

　しかし、今回は違う。反乱は「義兵」とも称されたように、平氏政権の正当性とも関係した蜂起だったのである。貴族たちは追討使に関する情報にきわめて強い関心を抱いていた。このため、追討使惨敗の報はたちまちのうちに朝廷に広まったのである。当時福原にいた蔵人頭経房によると、追討使の敗報は、十一月二日には福原に伝わり「嘆息の気」があったという。これは、威信を失った平氏一門の落胆を示唆するものであろう。

ただでさえ正当性に疑問のあった平氏政権は、これによって権威を崩壊させるに至った。そして、各地で地方武士が蜂起し、内乱の火の手は全国に一気に拡大してゆくことになる。

『玉葉』には、これを聞いた清盛の次のような憤怒《ふんぬ》の言葉が記されている。「追討使を承るの日、命を君に奉りをはんぬ。たとひ骸《むくろ》を敵軍にさらすといへども、あに恥となさんや。いまだ、追討使を承るの勇士、いたづらに帰路に赴くことを聞かず。もし京洛に入りて誰人眼を合はすべけんや。不覚の恥を家に残し、尾籠《びろう》の名を世にとどむるか。早く路よりあとをくらますべきなり。更に京に入るべからず」。戦うこともなく逃げ帰ったことは、武門としての平氏に大きな恥辱を与え、さらに平氏政権そのものの権威を崩壊させたのである。清盛の憤怒の深さ、受けた衝撃の大きさは想像を絶するものがある。

しかし、清盛には密かに逃げ帰った一門に対する処罰を考える暇もなかった。各地で相次ぐ蜂起と、還都の沙汰《さた》で精一杯となったのである。『玉葉』の十一月八日条では、一門の主力である宗盛・教盛らが自ら追討に赴くという説がある一方、遠江以東十五ヵ国が反乱に与同し、草木に至るまで靡《なび》かないものはないとまで噂された。

先述のように、清盛が還都を決断したと見られるのは十一月十二日で、再度の追討使派遣が検討されたのはまさにこの段階である。清盛は、追討と還都の両立を困難と判断し、還都を決断したものと考えられる。したがって、還都は追討の遂行と不可分の行動だったのである。このことは、還都後における清盛の施策と、密接な関係を有することになる。

還都の準備が進む間にも反乱の火の手は広がった。『玉葉』の十二日条では、反乱が美濃に及んだとされ、清盛が「私郎従」を派遣し、ついで追討使を派遣するという情報が流れている。これは、還都後の近江征討で実行されることになる。富士川合戦で失敗しても、前衛に精鋭を投入し、ついで官軍を派遣するという軍制自体は変化していないようである。寄せ集めの官軍は信頼できなかったのだろう。

ついで同書の十七日条によると、ともに頼朝挙兵とほぼ同時に蜂起していた熊野権別当湛増《たんぞう》父子と、肥後の豪族菊池隆直《たかなお》が許されている。前者は息子を人質に差し出した結果であるが、後者の場合は恩赦されるさしたる理由もなかった。結局、東国の反乱対策に忙殺された結果であろう。兼実は「関東の者、これらの子細を聞かば、いよいよ武勇の柔弱を察するか」と慨嘆している。

二十一日条には、反乱が近江にも及び、伊勢に向かった宗盛の郎従が殺害されたとある。平氏一門の拠点である伊勢との交通まで遮断されたのである。二十三日条では、近江の反乱軍は琵琶湖の交通を支配して、北陸から京への運上物を奪取するとともに、園城寺と提携し京に乱入する動きさえも示したという。京は物資の欠乏と、軍事面の双方からの脅威にさらされることになった。さらに、還都の行幸が行われている最中の二十五日条には、北陸にも反乱の気配が漂い始めたとある。

また、二十三日には、福原にいた大和源氏一門の武士手島（豊島）蔵人が、平氏の追撃を振り切って近江に逃れるという事件が起こっている。畿内周辺には、源氏庶流出身の軍事貴族が多数存在しており、彼らは拠点と京を往復しながら朝廷に仕え、軍事的には平氏に従属していた。そうした武士団が、相次いで平氏に反旗を翻すに至ったのである。

世情騒然とする中、還都の準備は進められ、隣国近江で反乱の炎が燃え盛る最中の十一月二十六日、平氏一門は福原から京に還都することになる。もちろん「敵軍すでに充満の刻、たちまちもって還都す。あに物議にかなはんや」（『玉葉』二十一日条）という批判もあり、還都延期の噂も流れた。しかし、逆に清盛は還都の予定を繰り上げて、二十三日には福原において安徳天皇の出門の儀式を行うのである。

還都の実現

十一月二十三日、還都の出門の儀式を行うために、安徳天皇は藤原邦綱の新邸に移った。この邸宅は清盛や頼盛の邸宅に近い宇治（現神戸市兵庫区）にあり、遷幸後に造営を始めたが、結局還都までに出来上がらず、この儀式のために大急ぎで沙汰をしたという。

行幸の上卿《しょうけい》は花山院《かざんいん》中納言兼雅《かねまさ》で、彼は竈神《かまどがみ》に、内侍所には左少将平時実が随行し、別当時忠、右宰相中将実守、藤宰相定能、そして源宰相中将通親が供奉《ぐぶ》した。供奉の人員には欠員も多く、蔵人頭経房の下知を受けても人々は驚いて参入することはなかった。経房は「末代といふべし。これ遷都のゆゑなり」として、遷都による人心の荒廃を嘆いている。彼は日記の続きに「遷都のこと世もって奇異を称す。しかれども口は鼻のごとし。申し出るの人なし」と清盛の強引な遷都を批判し、還都を「偏に社稷宗廟《しやしよくそうびよう》の結構のよし、天下貴賤これを悦喜すと云々」と、能吏らしく本心の一端を慎重な筆致で記している。

安徳天皇の一行は翌二十四日宇治の邦綱邸を出立した。左大将徳大寺実定や時忠以下が供奉したが、貴族の数はわずかであったのに対し、武士は雲の如くに列なっていたという。前右大将宗盛は数千の兵を率いて天皇の御後にあり、知盛もこれに従った。やはり、安徳は多くの武力に囲繞されていたのである。賊徒が近江にまで及んでいるだけに、警護はきわめて厳重なものとならざるを得なかった。高倉には藤原隆季以下の近臣が、そして後白河には重盛の次男資盛一人が従っていた。彼らは往路と同様、寺江の邦綱の別荘で一泊している。

翌日、大風の吹きすさぶなか、一行は木津殿まで淀川を遡《さかのぼ》って一泊し、翌二十六日に京に入った。約半年ぶりに天皇・上皇は京にもどり、京は名実ともに首都の座に復帰したのである。『玉葉』によると、安徳は五条の邦綱邸に入ったが、供奉したのは平時忠と藤原成範のみという有様であった。高倉は頼盛の池殿、後白河は故重盛の泉殿（『山槐記』は泉殿を清盛邸とする）と、それぞれ平氏一門の六波羅の邸宅に入った。『吉記』によると、行幸に供奉する貴族は少なかったが、多数の武士が随行する様は壮観であった。京中の雑人たちは群がってこの行列を眺め、あるいは合掌し、あるいは悦びの色を表したという。

兼実も還都の模様を記しながら、遷都以後、神は福を与えず、さらに天変地異や旱天・風水害、虫害、神社の相次ぐ怪異、そして東国の反乱が勃発したと罵倒し、還都の実現は神明三宝の冥助とした。先述のように、兼実は東国の反乱、延暦寺の反対、重病の高倉院の帰京要請、そして清盛自身の反省を還都の原因としている。

清盛の反省、すなわち貴族・寺社に対する譲歩・妥協という見方は、兼実に限らず多くの貴族に共通していたものと考えられる。その最後に、こうした災害は単に遷都によるものではなく、清盛の悪逆こそが原因で、もしなお政務を「公」、すなわち後白河に返さないのならば、還都の甲斐もないだろうと厳しい意見を吐いている。

たしかに福原からの還都は、治承三年政変以来試行錯誤を経ながらも、独自の政治構想を実現してきた清盛にとって、初めての挫折であった。還都には、たしかに貴族や寺社の要請に応じた側面があり、外見上は妥協と言えるかもしれない。しかし、清盛は単純に寺社や貴族に妥協したのであろうか。還都後の清盛が、南都の焼打ちなど徹底した畿内の討伐を遂行し、強力な軍事政権を樹立したことを考えれば、還都を単純に妥協・譲歩と見なすのは疑問である。清盛には、還都を通して内乱と対峙しようとする断固たる意志が秘められていた。

還都が行われている間、肝心の清盛自身がどのような動きを示したのかについての、確実な記録がない。ただ、『玉葉』の十一月二十四日条には、彼も後白河とともに京に帰ること、そして「一人として福原に残るべからず」という清盛の方針が記されている。この方針は、福原遷都の完全な断念を意味するものであるが、それだけではない。従来本拠としてきた福原を離れ、自身も京に移ろうとする清盛の意志が込められている。ここから、還都とその後の政局に対する清盛の強い決意が窺われるだろう。

清盛は、二十四～六日の行幸・御幸には同道せず、三日後の二十九日になって入京している。おそらく、ひそかに構想を練っていたのであろう。その間にも事態は急速に深刻化していた。園城寺を含む近江の反乱は激化し、二十七日には摂政基通が派遣した日吉祭《ひえまつり》の乗尻《のりじり》が追い返されている。そして同日には、経盛の知行国だった若狭国でも有勢在庁が蜂起し、近江の武士との連繫が伝えられたのである。

兼実の仰天

清盛があれほど執着した福原遷都を断念し、還都を決断した直接の原因は、富士川合戦の敗北以後における内乱の激化に他ならない。すなわち、清盛の最大の目標は内乱鎮圧にあり、その政策や行動は内乱鎮圧を前提としたものであった。

近江における蜂起が激化している最中に、あえて日程を繰り上げて決行されたように、還都自体も内乱鎮圧と密接な関係を有していた。そこには、天皇とともに平氏一門が帰京することによって、近江にまで迫った内乱の鎮圧に積極的に対処しようとする意図があったと考えられる。還都を終えた清盛は、早速賊徒追討に乗り出すことになる。

まず十二月一日には、清盛の命を受けた伊賀国鞆田荘の武士平田入道家継《いえつぐ》が、近江に攻め込んだ。彼は、福原を逃れて近江源氏に身を投じた手島冠者を討ち取り、近江源氏の中心の一人、甲賀入道義兼の城を攻め落とすという戦果を挙げたのである。この平田入道は忠盛の股肱《ここう》の臣家貞の息子で、弟貞能《さだよし》は一門の侍大将の立場にあった。伝統的な平氏の本領を支配するとともに、重代相伝の郎従という立場にあり、まさに平氏軍制の中心とも言うべき武士であった。すなわち、私郎従の中でも最精鋭部隊だったと言える。

翌二日には、知盛・資盛以下を大将軍とする追討使が派遣された。知盛は清盛と時子の子息で、先述のように清盛の最愛の息とされた一門の中心的武将であるし、資盛は兄維盛を凌《しの》いで小松殿一門の中でも中心的な立場にあった。私郎従と言い、追討使の大将軍と言い、富士川合戦の轍を避けて、平氏が精鋭部隊を派遣していることがわかる。

知盛は、平信兼・同盛澄らを率いて近江から、資盛は平貞能を伴って伊賀から、また伊勢守藤原清綱が伊勢から、それぞれ進撃した。この攻撃は、先述のように福原からの還都以前に決定されていたものであった。ここでも、まず私郎従、ついで追討使を派遣するという平氏軍制の基本形態が継承されたのである。今回は富士川合戦の場合と異なり、前衛部隊である家継の先勝もあって、追討軍は順調に近江を進撃してゆくことになる。

むろん、清盛が還都を決断した原因は、単に近江征討の便宜のためだけではなかった。十二月十日、突如として公卿・受領・荘園領主に対し、内裏警護のために兵士を進上することが命ぜられ、また諸国に「兵乱米」の徴収が課せられるに至った。後者は平氏一門の知行国が主たる対象だったようだが、前者は公卿たちにも容赦なく命ぜられたのである。

当初、左右大臣は武士徴発の対象外だったが、それでも兼実は「朝廷の軽骨、かくの如きことを以て察すべきか」と憤りを隠せない。さらに皇嘉門院《こうかもんいん》・兼実の荘園に対し、武士の徴発が命じられると、「およそ近日行はるるのこと、一つとして国家を亡ぼさざるのことなし」と仰天するに至った。ちなみに当時従五位上の侍従にすぎない藤原定家にも命令は下された。彼は、史大夫盛資の従者といぅ白丁（一般庶民）を雇い、甲冑を着せた上に駄馬に乗せて送りだしたといぅ。

定家の例は極端としても、こうした「武士」が如何ほどの役に立ったのかは疑わしい。自ら武装して戦場に臨んだ頼長の時代からわずか四半世紀、公卿たちはすっかり軍事から乖離してしまった。平治の乱以後、平氏が国家的軍事・警察権を独占した結果、院も含めて貴族層は文字通り武装解除されるに至ったのである。軍事を担当する武士と、それから遠ざかった貴族との分離が、急激に進行していった様が窺える。

しかし、これは単なる茶番ではない。ここには荘園領主層を内乱鎮圧に向けて組織しようとした清盛の意図が込められているのである。すでに、還都直前の十一月二十二日には、福原の高倉院殿上の議定において、近江国の日吉・延暦寺領荘園に対し、天台座主明雲を通して賊徒の防禦・討伐を命ずることが決定されている。このことは、還都派の急先鋒《きゅうせんぽう》延暦寺に対し、還都と引き換えに内乱鎮圧の負担・協力をも要求していたことを意味していた。この方針は、しだいに強化され、翌年の総官・総下司制度へと発展してゆくことになる。

清盛は荘園領主層を組織するとともに、その物的・人的資源を徴発して、内乱鎮圧に協力させようとしていたのである。それを実現するためには、彼らの本拠であり、物流・交通の中心でもあった京に乗り込む必要があった。だからこそ還都は不可欠だったのである。外見上の妥協の姿勢とは裏腹に、清盛は荘園領主の組織化、従属化を図ったことになる。還都の真の目的は、まさにこの点にこそ存したと考えられる。

清盛に諸荘園領主の組織化を決意させた原因は、いうまでもなく内乱の激化にあった。元来、以仁王・頼政の挙兵をはじめ、各地で相次いだ局地的な反乱に際して、清盛は「私郎従」や「私に遣はす所」の武士たちに追討を命じていた。富士川合戦の追討使の場合でも、兵士・兵糧米《ひょうろうまい》を徴収した下向経路の東海道の諸国の大半は平氏の知行国だったのである。したがって、富士川合戦までの追討活動は、平氏が独占的に担当するものであり、同時に平氏のみに義務づけられた任務でもあったと言えよう。

これと対照的に、他の荘園領主は追討に対する傍観者に過ぎなかった。『玉葉』の十一月二十九日条によると、東国の逆乱に関する院御所議定の招集を病気と称して断った兼実は、「ただ早々に追討使を遣はさるべきなり」と記して、追討使派遣の遅滞を厳しく批判していた。ところが、その兼実は公卿以下に対する兵士調進の命を耳にして、文字通り仰天している。突然追討体制に組み込まれた貴族の驚きを如実に物語る。

富士川合戦の敗北に伴う内乱の激化によって、もはや平氏は単独で内乱に対処することが困難となった。ここに、平氏が諸荘園領主を組織し、兵士・兵糧を徴収するために還都した原因が存した。清盛はかつて寺院勢力との軋轢・衝突を恐れて京を脱出したが、内乱の激化に伴って彼らを組織化する必要に迫られて還都に踏み切ったことになる。そして、内乱を全荘園領主の課題として、寺社や公卿にも突きつけたのである。

もちろん荘園領主の組織化は決して譲歩・妥協によってなされたのではなく、公卿らに対する高圧的な兵士調進命令、そして興福寺・園城寺の焼打ちに見られるような強硬な姿勢のもとで進められたのである。内乱は武人の権威と地位を上昇させる。今や清盛は、それまでの誰もが得たことのない、強大な権力を獲得しつつあったのである。

第6章

最後の闘い　猛き者清盛

1 南都焼尽――敵対勢力の打倒

「公人」藤原長方

還都こそは、荘園領主をも巻き込んだ内乱鎮圧体制構築の一環であり、けっして妥協や譲歩ではなかった。清盛は強大な権力をもって荘園領主を従属させ、内乱鎮圧に立ち向かうことになる。すなわち、燃え盛る反乱の火の手と、抵抗する寺社・貴族勢力という、二つの敵と清盛は戦わねばならなかったのである。

還都後間もない治承四年（一一八〇）十一月三十日、高倉院殿上において「東国逆乱」に関する議定が行われた。出仕の公卿たちがいずれも追討使の即時下向を唱えた中で、ただ一人左大弁藤原長方《ながかた》のみは追討と同時に「徳政」を行うことを力説して人々の注目を浴びている。徳政とは、すなわち「法皇政を執り給ふべし。松殿（基房）、召帰さるべきの由」であった。徳政は優れた政治という意味だが、同時に古き良き時代への回帰をも意味する。長方は、治承三年政変以前の政治体制への復帰を主張したことになる。

この長方は、実務官僚系院近臣の名門為房流の出身で、祖父は「夜の関白」として白河院政を陰で支えた顕隆、父は権中納言顕長であった。長方は蔵人・蔵人頭を経て安元二年（一一七六）に参議に列している。彼は、福原遷都に反対して京に留まったり（『源平盛衰記』）、清盛に向かって新都を批判した（『続古事談』）などという説話を残している。これらは事実とは思われないが、権力者に媚《こ》びず、正論を曲げない直言居士だったことは疑いない。のちには、法住寺合戦の直前にも後白河に諫言を呈している。

さて、清盛を恐れたためか、その場の公卿たちは「更にもってこれに同ぜず」という状態であったが、これを聞いた兼実は「長方、なお公人なり。時勢に諛《へつら》はず、直言を吐く。感じて余りあり。誠にこれ諫諍《かんそう》の臣なり」と、最大級の賛辞を『玉葉』に綴《つづ》っている。公人とは、権門などに追従せずに公に忠義を尽くす人物の意味と考えられる。この兼実の感慨は、おそらく当時の貴族、さらに権門寺院の僧侶にも共通したものに相違ない。

先述したように、右大臣兼実も、還都だけではなく、政務を後白河に返還しなければ無

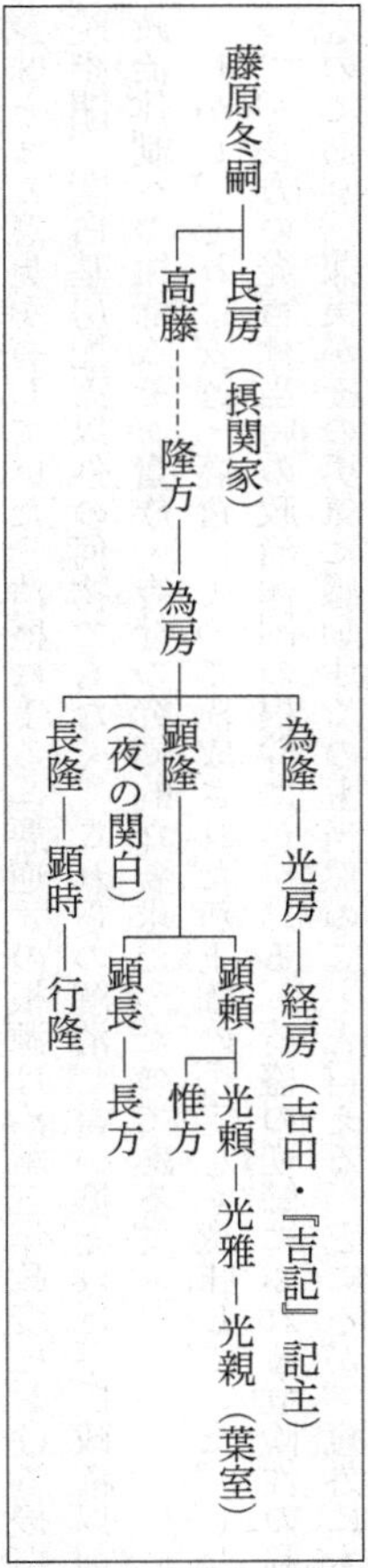

為房流系図

意味とする意見を有していた。清盛による「悪逆」の根源は治承三年政変における後白河院幽閉、関白基房配流以外の何物でもなく、これらの解消、言い換えれば平氏政権以前の政治体制への復帰こそが貴族・寺社の究極的な要求だったのである。

しかし、それは安徳・高倉によって構成された新王権の否定をも意味していた。したがって、長方の発言は当時の政治体制の根幹にかかわる、清盛の逆鱗《げきりん》にふれる危険性の高いものであり、兼実がその勇気に感動するのも当然のことと言える。ところが、意外にも清盛は簡単にこれに応じたかのような措置をとるのである。

十二月四日、権中納言藤原忠親は時忠から次のような情報を得た。「法皇・上皇一所におはしますべし。松殿備前より、帰らしめ給ふべ」きことが命ぜられたのである。別の情報によると、この命はすでに二日前に出されたという。すなわち、長方が熱弁を振るった殿上議定の直後に、実施が決まったことになる。

続いて八日には、後白河が六波羅泉殿から高倉の院御所池殿に移り、両者は同宿するようになった。さらに大宰大弐藤原親信、参議藤原定能、前少将源資時らが参入を許され、信西の子息で、かつては清盛の娘との結婚も取り沙汰された権中納言藤原成範が、院庁を統括する執事院司に任命されている。院司の数はわずかではあるが、曲がりなりにも、後白河の院庁が再開されることになったのである。

また、十六日には備前の配流先から藤原基房も帰京し、母の三位俊子の中御門北・油小路東の邸宅に居住したのである。あたかも、還都に続いて清盛は貴族政権側の要求に応え、大幅に譲歩したかのように思われる。しかし、これらは決して清盛の単なる譲歩ではなかった。一方で、彼は強硬な姿勢を決して崩そうとはしなかったのである。

寺門の焼亡

十二月十八日、兼実は次のような噂を聞いた。「法皇、天下の政を知らしめすべきのよし、禅門再三申さる。はじめ、辞遁のお詞ありといへども、ついにもってご承諾。また讃岐・美濃両国、法皇の御分国となすべし」と。しかし、平氏に近い藤原忠親はこうした噂を聞いておらず、どうも兼実の希望的観測による誤解だったらしい。

事実、後白河が一応院政を再開するのは高倉院死去後のことであったし、しかも重要政務の決裁といった本格的な院政の再開は、清盛の死を待たねばならなかった。また後白河の幽閉を解除したことには、貴族・寺社に対して譲歩の姿勢を示すという側面もあったのかも知れないが、本来の目的は別にあった。

当時、福原滞在中から体調を崩した高倉院がすっかり衰弱し、もはや「日を待つがごとし」という重態に陥っていた。院の死去とともに、代替の院が必要となる。おそらく清盛は、高倉に万一のことがあった場合、後白河をその代わりとして考えていたのではないか。したがって、後白河に対する柔軟な姿勢は、妥協・譲歩といったものではなく、重病の高倉の死去に備えるための止むを得ない措置だったのである。

清盛は、後白河の幽閉解除が、決して貴族たちが望む過去への回帰ではないことを見せつけた。それは十二月十一日の園城寺攻撃である。かねて近江追討を進めていた平氏は、近江源氏や延暦寺僧の一部が園城寺に立てこもったことから、十日に追討軍を園城寺に派遣した。そして十一日、平清房率いる平氏軍が園城寺を追討し、金堂を残して堂塔・房舎が「底を払って」焼き払われた（『百練抄』）。金堂が焼け残った原因は、平氏の武将平盛俊が金堂の火の手を消したためという。あるいは仏敵となることを恐れたのであろうか。

それはともかく、この事件は京近郊における最大の後白河支持勢力園城寺が、平氏の軍兵によって壊滅させられたことを意味する。五月の以仁王・頼政の挙兵鎮圧の段階では、先述した五月二十七日の議定の内容からもわかるように、平氏政権も張本人の逮捕を目指していただけで、園城寺の追討を企図してはいなかった。それにもかかわらず、この時点で園城寺焼打ちが敢行されたことに注目する必要がある。

もちろん、園城寺が近江源氏と連繋し、その拠点となっていたことが、平氏による園城寺追討の直接の原因であった。しかし、ことさらに焼打ちという厳しい手段が取られたことは、幽閉の解除に際して、後白河の軍事的な支持勢力を粉砕しようとした意図があったことを物語るものである。

そして、翌治承五年正月には後白河の近習（近臣より下層の存在）平知康、大江公友らが解官・禁固されており、治承三年政変以後も僅かに残った近習も政界から放逐されたのである。こうして清盛は後白河の政治的基盤を相次いで破砕していったことになる。

このように、後白河の幽閉解除は、決して単純な治承三年政変以前への復帰を意味するものではなかったのである。清盛は後白河を擁立することで、貴族・寺社に一応の譲歩の姿勢を示しながらも、後白河の支持基盤を粉砕して傀儡《かいらい》化し、高倉没後に高倉同様の存在として院政を行わせようとしていたと考えられる。

一方の基房についても同様で、帰京は許されたものの、それ以後も一切政治的な活動を行った形跡はない。そして、彼の帰京から十日余りを経た十二月二十八日、重衡率いる平氏の追討軍によって、基房配流批判の中心興福寺を始めとする南都寺院が焼打ちを受けて壊滅することになる。むろん、京近郊における最大の反平氏武装勢力である興福寺に対する攻撃は、平氏政権の在京にとって不可欠という側面もあった。しかし、それと同時に、興福寺焼打ち事件は、基房の帰京が単なる譲歩や政変以前への回帰ではないことを、強烈に物語っているのである。むしろ、清盛にとって、宿敵ともいうべき興福寺追討が不可避となっていたことを考えるならば、基房の帰京は興福寺追討に対する藤原氏の反感を多少とも和らげるために実現したと考えるべきであろう。

こうしてみると、後白河の幽閉解除、基房の帰京によって、清盛は外見上の譲歩を示したものの、実際には彼らの立場を形骸化・無力化して、平氏政権による荘園領主層の組織化の象徴として利用しようとしたのである。還都が、一応妥協の様相を示しながらも、一方で内乱に対処するために荘園領主層を組織化しようとする行動であったこととと、共通する性格をもっていたと言えよう。

次に、その基房復帰と深い関係を有すると見られる、興福寺追討、そして南都炎上という朝廷を震撼させた大事件について、詳しくふれることにしたい。

南都壊滅

近江平定が進行している最中の十二月半ば、法相宗抑圧を図る平氏政権の姿勢に反発した興福寺悪僧が蜂起した。兼実は、悪僧が十八日に上洛して、延暦寺とともに六波羅を挟み打ちするという噂を耳にしている。平氏嫌いの兼実は、清盛・宗盛の気力はすっかり失せ、郎従も逃亡したという情報を日記に記している。あるいは、興福寺と平氏の衝突が回避されることを祈った希望的観測だったのかもしれない。

『平家物語』諸本は、南都の不穏な情勢を察知した清盛が、腹心瀬尾《せのお》兼康《かねやす》を大和の検非違所に任じて南都に派遣したところ、悪僧の襲撃を受けて郎等の多くが殺害されたため、これに激怒して南都追討を決定したとする。しかし、これを裏付ける確実な記録はない。かりに、家人を反平氏機運漲《みなぎ》る南都に派遣したとすれば、闘乱が起こるのは自明であり、追討の口実を得るための挑発ではなかったか。

二十一日には、除目が行われている。病気の高倉上皇が政務をとれない上に、後白河法皇も謙遜《けんそん》して、あるいは清盛を恐れて政務に関与しようとせず、清盛も介入しなかった。結局、摂政基通が主催する形となったという（『山槐記』）。一般政務は摂政に委ねるという原則を清盛は堅持していたようである。

この除目で、河内守に任じられた藤原隆親《たかちか》は、院近臣家である藤原道隆流の隆教（信頼の兄）の子であるが、忠盛の外孫に当たり、長らく平氏一門を知行国主とする播磨国守の地位にあったように、平氏の一門と同様の立場にあった。河内は南都攻撃の官軍の通路となる国だけに、一門同然の国司を任じて、強固に把握しようとしたのであろう。

翌日、兼実は追討使が二十五日に派遣されるという情報を得た。追討使は悪徒を捕らえるだけではなく、房舎への放火も行い、一宗が「磨滅」（滅亡）するだろうと噂された。園城寺の例と考え併せても明らかなように、寺院に対する放火は既定の方針だったのである。そして、大和とともに河内の国人が動員され、官兵の通路の守護が命じられている。

そして二十五日、重衡を大将軍とする追討軍は、南都に向かって進発していった。いくつかの小競り合いを経て、迎えた運命の十二月二十八日。

京にいた藤原忠親は、未刻（午後二時）ごろ、南方に立ちのぼる煙を見つけた。京から奈良の間には視界を遮るような高い山はない。今日と違って空気も澄んでいた当時、三十キロばかり離れた奈良における火災の火の手や煙も、京から望むことができたのである。夜になると、その火炎の光はより鮮明に輝くようになった。当初、それは木津川付近の在家が放火されたものとされ、忠親は、衆徒は意気盛んであると記している。しかし、実はその炎こそ、大仏を、そして南都を焼き滅ぼした地獄の劫火《ごうか》だったのである。

平氏軍を迎え撃った悪僧の人数については諸説がある。しかし、たとえ多人数だったにせよ、宗教的な示威を基本とする強訴に明け暮れてきた悪僧と、殺戮をこととする合戦を目的としてきた武士とが、まともに戦っては勝負にならない。抵抗も空しく悪僧の防禦はたちまちに突破され、追討軍は南都に侵入、放火した。興福寺・東大寺を中心に、付近の諸寺は文字通り壊滅的な被害を受けたのである。

『平家物語』は、夜の戦となったために明かりが必要となり、重衡の命で福井庄司俊方が在家に火を放ったところ、折からの北風に煽られ燃え広がったとして、偶発的な火災とする。一方、『延慶本平家物語』では、重衡は「次第ニ南都ヲ焼払」ったとし、福井庄司は、悪僧の籠《こ》もる城はもちろん、寺内にある「敵ノ籠リタル堂舎、坊中ニ火ヲカケテ、是ヲ焼」くとあるように、意図的に堂舎を焼き払ったとしている。先述した兼実の述懐のように、当初から放火が予想されていたし、追討には興福寺内の悪僧の拠点を一掃する意図があったと考えられることから、後者が真相に近いのだろう。南都は阿鼻叫喚《あびきょうかん》に包まれた。

興福寺では、三基の塔、金堂、講堂、東西の金堂、南円堂、北円堂、御塔、鐘楼、経蔵、宝蔵、回廊、僧坊、南大門、中門、諸院家など、堂舎三十八ヵ所が焼失し、残ったのは小房二宇だったとある。堂舎とともに仏像、経典の多くも焼失し、修学の僧侶の命も多数奪われた。まさに法相宗は、一宗「磨滅」となったのである。

東大寺も大仏殿以下大半の堂舎を失い、正倉院などの倉や少々の在家が焼け残ったに過ぎない。聖武天皇の建立以来、四世紀半の間、日本における仏教信仰の中心だった大仏の焼亡は、末法思想と相まって貴族たちに激しい衝撃を与えることになる。

『平家物語』は、悪僧の討ち死に千余人、非戦闘員を含む焼死者総勢三千五百余人に上ったとする。もっとも、『玉葉』によると、梟首されたのは三十余人というし、『山槐記』でも追討使が帰京の際に持参した悪僧の首は四十九だったとしており、『平家物語』の記述は例によって過大だったようである。いずれにせよ、追討を逃れた悪僧たちも各地に散りに逃亡し、興福寺悪僧の蜂起と平氏政権に対する抵抗は、事実上消滅する。

清盛は園城寺に続いて興福寺をも壊滅に追い込んだ。彼は、諸権門との衝突を回避しようとした遷都の段階と正反対に、諸権門との対立・軋轢を恐れることなく、反抗する者を打倒したのである。もはや京の周辺において、平氏政権に対する組織的な反抗を行いうる勢力は消滅するに至った。こうした武力による恫喝を背景としながら、清盛はその他の荘園領主権門を平氏政権のもとに強力に組織してゆくことになる。

2　軍事政権の構築——平氏総官の創設

大和と近江の平定

南都壊滅という衝撃的な情報とともに、治承四年（一一八〇）は暮れた。明くる五年の正月、さすがに東大寺・興福寺の炎上によって、小朝拝や所々の拝礼、天皇の出御もなく、舞楽・国栖奏《くずのそう》も中止された。兼実は、「そもそも南京諸寺焼失のこと、悲嘆の至り。たとへをとるに物なし」と悲しみに暮れている。ところが、これだけの事態が発生したのだから、当然なされるべき廃朝がなかったことを不審とし、清盛の権勢を恐れたためかと述べている。

その清盛にしてみれば、大仏の焼失は予想外だったかもしれないが、興福寺が灰燼《かいじん》に帰したことは予定通りだったのである。興福寺は、長年抗争を続けた仇敵であるとともに、宗教的権威と禁忌を背景に、理不尽な強訴を繰り返した悪僧の拠点であった。おそらく清盛には、宿敵を討伐した達成感が横溢《おういつ》していたのではないか。そうした空気を反映したのか、清盛の女婿でもある摂政基通は、氏長者であるにもかかわらず、氏寺興福寺の焼失にも平然として元三（正月三が日）の儀式に出仕しており、兼実を憤激させている。

しかし、貴族たちの狼狽《ろうばい》とは裏腹に、清盛は興福寺・東大寺に対してさらなる圧迫を加えた。正月四日には南都僧の公請停止、所職解却、所領没官が命ぜられ、七日には清盛の私郎従が所領没収に赴いている。抑圧は武力侵攻だけで終わったわけではなかったのである。南都、とくに興福寺に対する攻撃・抑圧は、まさに仮借ないものであった。これを見るかぎり、清盛には一宗を「磨滅」させた罪障の意識などはない。

南京三会《さんえ》の一つで、正月に宮中で開催される御斎会《ごさいえ》（「みさいえ」とも読む）でも、当初は慣例を破って講師に天台僧を起用するという噂もあったが、結局は東大寺僧が起用されている。しかし、これは慣例を重視したあくまでも例外的な措置に過ぎず、清盛の存命中に南都の僧に対する公請の停止が解除されることはなかったのである。かくして、畿内《きない》最大の反平氏の拠点南都は、軍事・政治・経済の諸側面から完膚なきまでに叩きのめされるに至った。

この結果、平氏にとって当面の課題は、園城寺壊滅後も抵抗を続ける近江・美濃の源氏となったのである。先述のように治承四年の十二月十一日に園城寺を焼き払った追討軍は、その後も近江で相次いで反乱軍の拠点を攻略していった。

近江における反乱の中心は、源義光の子孫新羅源氏《しんらげんじ》一族の山下義経と、先にもふれた甲賀入道を称する柏木義兼であった。義兼は義経の弟とも息子とも伝えられる。彼らは各地で平氏に抵抗したが、園城寺が炎上したのに続いて、十三日には現在の近江八幡市とされる重要拠点馬淵城も攻め落とされ、二百余人が斬首された。最後に義経らは山本城に拠って頑強に抵抗したが、結局は敗退し、義経は頼朝を頼って鎌倉に逃亡したらしい。なお、この山本城については湖北とする説が有力だが、湖東付近とする説などもあり、所在地はまだ確定されていない。

この山下義経について、かつては頼朝の弟の九郎義経と同一視する説もあったが、彼は安元二年（一一七六）に延暦寺僧殺害の罪で佐渡に配流されているし、すでに兵衛尉に就任した経験もあり、源九郎とは明らかに別人である。それでも神出鬼没だったのは事実で、鎌倉の頼朝を頼ったかと思うと、今度は平氏都落ちに際して義仲とともに入京、若狭や伊賀の国守となったという記録が残っている。義仲没落後の動向は不明である。

追討軍は治承四年の段階でほぼ近江を平定し、美濃に攻め込んだ。『玉葉』の治承五年正月十八日条によると、追討軍は激戦の末に美濃源氏の光長を下した。光長は、かつて検非違使であった時、以仁王の逮捕に出掛けた武将である。この時、光長は討たれたとも噂されたが生き残っていた。寿永二年（一一八三）平氏西走後に後白河に近侍して伯耆《ほうき》守に就任、法住寺合戦では最後まで義仲に抵抗したが敗北し、息子とともに斬首される運命にあった。ちなみに彼の兄光基は、室町時代の美濃などの守護大名土岐氏の祖に当たる。

さらに、追討軍は正月二十日、反乱軍の籠《こ》もる蒲倉城を陥落させ、ほぼ美濃全域の平定に成功していた。二月十二日に追討使の平知盛たちは美濃で討ち取った源氏の武将の首十余りを携えていったん帰京することになる。

このように、治承五年の二月段階で近江・美濃は平氏の手で平定され、三月の墨俣川《すのまたがわ》合戦でも平氏は圧勝することになる。以後、寿永二年の木曽義仲上洛まで、近江・美濃には目立った事件は発生していない。

高倉院の死去

すでに前年から体調を崩していた高倉院の病状は、年が明けて益々悪化していた。治承五年正月九日には顔も時々腫《は》れ、腹部も膨張し、下痢の症状も見られた。熱もあったらしく、寒い時期にもかかわらず薄着を好む有様で、声も変わってしまったという。十三日には危篤の噂が流れ、兼実も見舞いに出掛けている。容体は絶望的であったが、院は生きることに対する強い執念を見せ、数十ヵ所の灸治《きゅうじ》にも堪えたという。

しかし、それも虚しかった。高倉院は十四日、六波羅泉殿において、わずか二十一年の生涯を閉じることになるのである。治承三年政変の頃には清盛と深く提携していたものの、父院後白河の幽閉や兄以仁王の挙兵と死去、そして遷都や還都、南都の焼打ちといった清盛の強引な施策は、院の心労を募らせたと考えられる。治承四年十月、病をおして再度の厳島御幸を行ったことは、病状の悪化を決定的にしたに相違ない。

兼実は病気と称して家にこもり、息子の良通を代わりに派遣している。良通の報告によると、葬送は最略儀が用いられ、奉行は院別当の藤原隆季と、同じく藤原兼光が担当した。

葬儀が簡単だったのは、おそらく内乱の最中ということが関係したのであろう。

清盛にとって高倉は女婿である上に、後白河院政を停止してまで擁立した院であっただけに、その病状の悪化は悲嘆すべきものだったと考えられる。しかし、清盛はすでに軍事独裁を確立するとともに、政務の実質的な主導権を掌握しており、福原遷都問題でもわかるように、院の意向さえも無視するようになっていた。もはや高倉の後ろ楯は必ずしも必要ではなかった。さらに外孫安徳が即位している以上、名目上後白河院政を復活させても、清盛の政治主導権が大きく動揺することは考え難かったのである。

その清盛に関する、忌まわしい情報が兼実の下に流れたのは、高倉院の死去前日であった。それは、高倉が死去した場合、何と中宮徳子を後白河のもとに入侍させようという計画があり、驚くべきことに清盛も時子もそれに承知したというのである。しかし、さすがに徳子は出家するとまで言い切って断ったと伝えられた。そこで、清盛は徳子の身代わりとして、彼が厳島内侍に生ませた女子を入侍させることになり、後白河が辞退したにもかかわらず、清盛の意向で入侍がほぼ決定したとされたのである。

兼実も、「夢か、夢にあらざるか。およそ言語の及ぶところに非ず」と仰天している。清盛と厳島内侍との娘は安芸御子姫君と称された女性で、二十五日に入侍が実現し、冷泉局を称した。このできごとは、通説的には清盛が後白河を懐柔、迎合するものと理解されている。清盛は、貴族や寺社の協力を得るために、後白河を復活させ、その権威を利用して政務を進めようとしたと見なされることが一般的であろう。

しかし、一応院政を復活させたとは言え、清盛は後白河の政治活動を厳しく制約していたし、貴族や寺社に対する態度も決して妥協的ではなかった。したがって、この入侍を単に迎合と見なすのは誤っている。『保暦間記《ほうりやくかんき》』には、姫君に「上臈女房はなはだ多く侍りて、公卿・殿上人供奉」していたとあるように、むしろ清盛はこの女子の入侍を機に、院御所に平氏側の人間を送り込んだり、頻繁に出入りさせようとしたのである。これによって、後白河の動向を規制するとともに、院周辺の情報収集を目指したのではないか。同時に流れた徳子入侍の噂は、冷泉局入侍の情報が、誤解、あるいは意図的に曲解されて、広まったものであろう。

さて、先述のように美濃にあった追討軍は、高倉の死去にも動揺することなく各地で反乱軍を破り、ほぼ美濃全域を支配下に入れることに成功したのである。これに立ち向かう動きを見せたのが、尾張国にあって付近の武士団を糾合しつつあった行家であった。彼は、いったんは頼った甥頼朝の下を離れ、東海地方で独自の行動をとってきた。

もちろん平氏側は行家の立場など知る由もない。当然、これを源氏側の前線とみて、源氏軍との決戦の機運を高めていたのである。畿内とその周辺を制圧し、源氏との再度の決戦を控えた平氏政権は、新たな軍事制度を導入することになる。

天平の先例――総官の設置

高倉院の死去から二日目の正月十六日、兼実のもとを蔵人左少弁兼山城守藤原行隆《ゆきたか》が訪れた。彼は実務官僚を輩出した為房流の権中納言顕時の息で、永万二年（一一六六）にいったん左少弁を解任されたが、治承三年政変で右中弁平親宗が解官されたことから復職した人物である。その時の喜ぶ様が『平家物語』に喜劇的に描かれていることは有名だが、彼は平氏没落後も弁官の地位に止まっているように、単なる平氏与党だったわけではない。

行隆は、高倉院の遺詔によって設置される新制度の可否を兼実に諮問するために訪れたのである。その遺詔とは、諸国の反乱に対処するために、五畿内と近江・伊賀・伊勢・丹波諸国司に武士を補任せよというものであったが、諮問の内容は、この諸国に武士の国司を補任するかわりに、これら諸国を統括する総官を設置するというものであった。

むろん、畿内やその周辺に平穏が続いた平安時代に、こうした官職の先例など存在しない。しかし何よりも先例を重視する貴族たちは、太政官の記録や文書を管理する外記に命じて先例を探索させた。外記が勘申したのは何と四百五十年前の事例だった。すなわち、聖武天皇の天平三年（七三一）に設置された畿内惣管・諸道鎮撫《ちんぶ》使が先例として引っ張りだされたのである。

兼実は例によって病気と称して行隆に対面せず、故院の遺詔なら異論があるはずもないと述べている。そして日記には「近日のこと、善悪左右するあたはず。ただ計らひ行はるをもって、是となすべし」と、投げやりな感想を記すとともに、ちょうど大宰府が九国二島を管領するようなものだという見方を記して、半ば自分を納得させている。安定した悠長な時代に定着した先例重視という感覚から抜けきれない貴族たちには、眼前で次々と展開している事態は、とうてい理解できないものであった。

総官設置の動きは、すでに高倉院の生前からあったらしい。『百練抄《ひゃくれんしょう》』などは八日の宣下とするが、十六日に諮問が行われていることから、それ以後の宣下と考えるべきであろう。十九日に兼実を訪ねた大外記頼業は、この総官が天平宝字《ほうじ》八年（七六四）の恵美押勝《えみのおしかつ》（藤原仲麻呂）の不吉な先例に通じるとして、宣下の猶予を求める一幕もあったという。

この先例とは、「都督四畿内・三関・近江・丹波・播磨等国兵事使」という役職である。たしかに頼業の言うとおり、今回の総官とは管轄地域・職掌など、共通する性格が強い。この「兵事使」は、淳仁《じゅんにん》天皇を擁立していた押勝が、道鏡と結ぶ孝謙《こうけん》上皇と対立を深めたため、京周辺の軍事力を掌握するために設置したものであったが、この直後に勃発した「恵美押勝の乱」において、彼は一族もろともに無惨に敗亡したのである。

結局、総官は十九日ごろに宣下され、清盛の嫡男宗盛がその任についた。この総官こそは、次いで丹波に設置された総下司とともに、平氏独自の総力戦体制を目指した軍制として重視されている。対象となった範囲がおおむね畿内とその東側の最前線に当たることから、主として内乱に備える軍事基盤を整備する目的で設置されたことは疑いない。平氏の重要な基盤である山陽・四国などが除外されていること、また清盛が最後まで「東国帰往」の思いを持っていたことも、このことを裏付けるだろう。

　各国の国守に武士を任ずることなく、総官を設置するという形態をとったのは、大規模な反乱に対処するために、広範な地域の武力を自在に動員する体制を構築しようとしたためと考えられる。総官の設置は、従来の国衙《こくが》を単位とした軍制、あるいは知行国主の枠を乗り越えた新たな軍制の創設を意味した。これによって、平氏の軍制は私郎従などの前衛部隊を中軸としたものから、大規模な官軍主体の軍制に脱皮したと見ることができる。

　なお、この総官の設置対象となった地域の多くは貴族が国守となっており、丹波を除いて平氏の一門・家人は補任されていない。これを貴族の反対、あるいは権門寺院との係争地域ゆえに平氏が回避したとする理解もある。しかし、興福寺攻撃の直前、河内守に一門同様の隆親が任ぜられたように、軍事的に必要な場合は平氏の国守も補任されている。本来、国守は国の格式・富裕さに応じて任ぜられていたのであり、五畿内諸国の国としての格式が低かったために、平氏一門が補任されていなかったに過ぎない。

　一方、総官の職掌については、武力の動員のみとする考え方と、兵糧米も含む軍事的に必要な物資の徴収も担当したとする説に分かれる。それは、二月七日に設置された丹波国諸荘園総下司の問題と深い関係があると言えよう。

　総下司に補任されたのは平氏一門で家人である前越中守平盛俊《もりとし》であった。これを大夫史小槻隆職《おづきのたかもと》から聞いた兼実は、荘園の下司が宣旨で補任された先例があったかどうかを質問し、隆職も「未曾有」と答えている。兵糧米の重要性に思い至らない公卿の目から見れば、下級の荘官に過ぎない下司を、宣旨で任ずることなど想像もつかなかったと言えよう。かつて石母田正《いしもだしょう》氏は、この総下司を文治元年（一一八五）に義経・行家追討の目的で設置された国地頭の原型として注目され、荘園・公領の枠組みを越えた兵糧米徴収を目的とした役職と考えられている。設置範囲を『玉葉』の記載通り丹波一国と見るか、あるいは総官の統括下の諸国すべてと見るかで見解が分かれている。後者とすれば、総官が武力を、総下司が兵糧米を徴収するという分掌関係が成立していたことになる。

しかし、ことさら丹波国のみが記され、総官設置から二十日余りも経過していることなどから、総官とは必ずしも関係なく丹波国のみに設置されたとみるべきであろう。戦乱を免れ、無傷で富裕な丹波を強力に把握し、兵糧米の徴収を企図したものと考えられる。いずれにせよ、平氏政権は総官の設置によって、荘園・公領や知行国の枠を越えた、広範な領域から兵士や兵糧米を一括して徴収することになり、分立していた荘園領主権門を大きく超克する動きを示したのである。

こうして畿内全域を制圧すると、清盛の目は追討と平行する形で、再度の新首都構築に向けられることになるのである。

3　京の改造——新首都の構想

新たな拠点——八条と九条

治承五年（一一八一）正月二十七日のこと。九条の邸宅にいた兼実は突然、付近の人家などを武士の宿舎として強制的に没収するという連絡を受けた。清盛が、九条大路の東端から鴨川を渡った対岸にあたる宗盛の堂に居住しているため、その近辺に対してこうした措置がなされたという。憤慨した兼実は「こと甚だ狼藉なり」とはねつけたが、酉刻（夕方六時ごろ）になって、兼実の家司藤原頼輔のもとに宗盛から再度連絡があった。

これによると、清盛と宗盛は東岸の堂に居住することになったので、近隣の地を重視し、九条家領のうち河原付近の一部を頂いて郎従に与えたいという所存だという。近隣に居住する皇嘉門院も同意したため、兼実は譲渡する地域の地図を作成して送る旨を返答している。今度は邸宅や所領の一部を平氏に奪われることになった兼実は、「およそ日本国の中、立錐《りっすい》の地も、安穏あるべからざるか」と例によって慨嘆を日記に書き残すことになる。

平氏一門は、郎従の居住地設定という軍事的目的のために、荘園領主権門との軋轢を恐れずに、権門の所領を強引に奪い取ったことになる。この方法は、内乱鎮圧に向けた平氏の軍事体制下における、権門からの兵士や兵糧米の徴収と共通するものと言えよう。

それはともかく、兼実と宗盛のやり取りからわかるように、清盛以下の平氏一門の首脳部は、九条対岸の宗盛堂付近に居住するとともに、その周辺に郎従の居住地を設定しようとしていたのである。この宗盛の堂は、治承三年（一一七九）六月三日、前年死去した室を悼んで供養したものであった。本来の仏教施設が、急遽平氏一門の拠点として利用されたことになる。しかし、清盛が、閏二月に九条河原口の盛国邸で死去しているように、清盛はこの付近に腰を落ちつけるつもりだったのである。

この付近に移ってきたのは、平氏一門だけではない。正月二十九日には、高倉院の諒闇《りようあん》中における安徳天皇の八条御所への遷幸の可否が議せられ、貴族たちの反対にもかかわらず、二月十七日には頼盛の八条邸に行幸が行われた。これより先の二月二日には、六波羅にいた後白河院も、八条にほど近い法住寺殿の一郭にあった最勝光院御所に移っている。なお、この最勝光院御所は、承安三年（一一七三）に建春門院が建立した御願寺最勝光院に付随した建築で、南御所と称されたものである。法皇にとっては、亡き建春門院との思い出の纏わる御所であり、六波羅における厳しい監視から解放されたようにも見えるが、実際には平氏一門の移転に伴って移動させられた面が強いように思われる。

こうして、清盛は八条から九条にかけての鴨川を挟む両岸に、後白河院、安徳天皇の御所を設けるとともに、清盛自身も含む平氏一門の居所を構えたのである。国家権力の中枢が、左京の東南の隅に当たる地域に集中したと言えよう。

この付近は、ちょうど一門の旧来の拠点である六波羅と西八条に挟まれている。清盛自身も言うように、世情騒然とした時期に天皇が一門と離れた御所にいることは、警備上不都合があった。その意味で、八条の里内裏は天皇の警護には便利な場所と言えよう。しかし、すでに近江も制圧され、園城寺・興福寺の抵抗も鎮圧されて、京周辺の平穏が回復された段階に、軍事的な課題のみで大規模な移転が行われたのであろうか。

かつて上横手雅敬氏が指摘されたように、この八条・九条付近への移転は、一時的なものではなく平氏の新拠点造りであったと考えられる。さらに言うならば、福原に代わる新たな首都の形成だったのではないだろうか。

すでにふれたように、福原遷都構想の背景には、単に悪僧の強訴を防ぐという当面の課題もさることながら、新王朝の首都の造営という遠大な計画が含まれていた。しかし、内乱の勃発と深刻化のために、清盛は荘園領主権門の拠点平安京に還都を余儀なくされたのである。還都に際して、福原遷都計画は事実上全面放棄されるに至った。

たしかに清盛は福原遷都を断念した。しかし、彼は新王朝の首都造営という目標までも捨て去ったわけではない。焦眉《しょうび》の課題だった近江・南都の蜂起が鎮圧された今、清盛は旧来の左京を中心とした平安京を改造し、軍事拠点と一体化した新首都の造営を計画したのではないだろうか。その意味で、八条・九条地域は、福原に代わる新王朝の宮都となる場所だったのである。

京の変容

京という都市は、北に山がそびえ、南に開けた地形であった。したがって、北部の標高が高く、南に行くほど下がる構造となっている。内裏が京の北端にあったことが示すように、天皇・公卿の住居として重視されたのは北部の一条・二条付近で、それが当然政治の中心ともなっていたのである。治水が十分ではない平安時代、鴨川の氾濫《はんらん》による水害の危険が高く、また東西の市が設定された南部には、庶民の住居が多く存在する傾向があった。

しかし、京南部における商業流通の発展もあって、南部にも公卿が居住するようになった。八条に美福門院の出た末茂流の邸宅が設置されたことから、美福門院を母とする近衛天皇などが度々行幸するようになり、また美福門院の皇女八条院が邸宅を構えた。また、摂関家でも皇嘉門院や九条家一門が、この付近に住居を建設し、平氏も西八条に大邸宅を造営したのは言うまでもない。八条・九条の重視は、単に平氏の従来の拠点に近いというだけではなく、こうした京の都市構造の変化の趨勢《すうせい》とも一致することだったと言えよう。

院政期の京は、大きな都市構造の変化を迎えていた。周知の通り、政務の空間はほぼ左京に限定されるが、その左京と鴨川を挟んだ東側の白河、そして南方の巨椋池《おぐらのいけ》に面した鳥羽という、郊外の離宮と寺院の空間が成立していた。当初、これらは院の仏事と保養の場所として用いられており、白河院は政務の度に出先の鳥羽・白河から左京に戻っていた。

しかし、鳥羽院政期に入るとこうした区分は次第に曖昧《あいまい》となり、白河や鳥羽でも院の重要政務が見られるようになった。そして後白河院は、京外である七条末・鴨川東岸の法住寺殿を常住の御所とし、事実上常時政務を行うに至ったのである。この結果、院の政務は京外で行われることが当然となった。反面、天皇は京中にあることを当然とし、両者の政務空間に乖離《かいり》が見られるようになっていったのである。

こうした乖離を劇的な形で統一しようとしたのが、前年の福原遷都構想だったと言うこともできる。今回の左京の南東部への首都機能集中も、福原遷都ほどの大胆さはないものの、院と天皇の政務空間の統一という側面が存したと考えることができるだろう。

一方、平氏政権の京に対する改造・介入は、新拠点作りだけではない。総下司補任が宣下されたのと同じ二月七日には、左右京職の官人・官使の検非違使などに命じて、京中の在家の調査が行われている。これは、京中の富裕な家を把握して兵糧米を徴収する手段であったという。京中の在家も、平氏政権による強力な支配と収奪の対象となったのである。あるいは、進行しつつあった首都改造に関連した調査という意味もあったのかもしれない。

ここで注目されるのは、京中の在家や諸権門を把握し、兵糧米や飢饉《ききん》救援の米の供出を命じた点である。京中を強固に把握し、収奪の対象としたことは初めてではないだろうか。権門の邸宅、あるいは荘園領主権門に連なる有力な都市民の住宅をも徴収の対象としている点は、権門に対する清盛の一貫した姿勢の延長上の出来事とみることができよう。

こうした京中に対する支配の中心となったのが、当時検非違使別当の任にあった時忠で

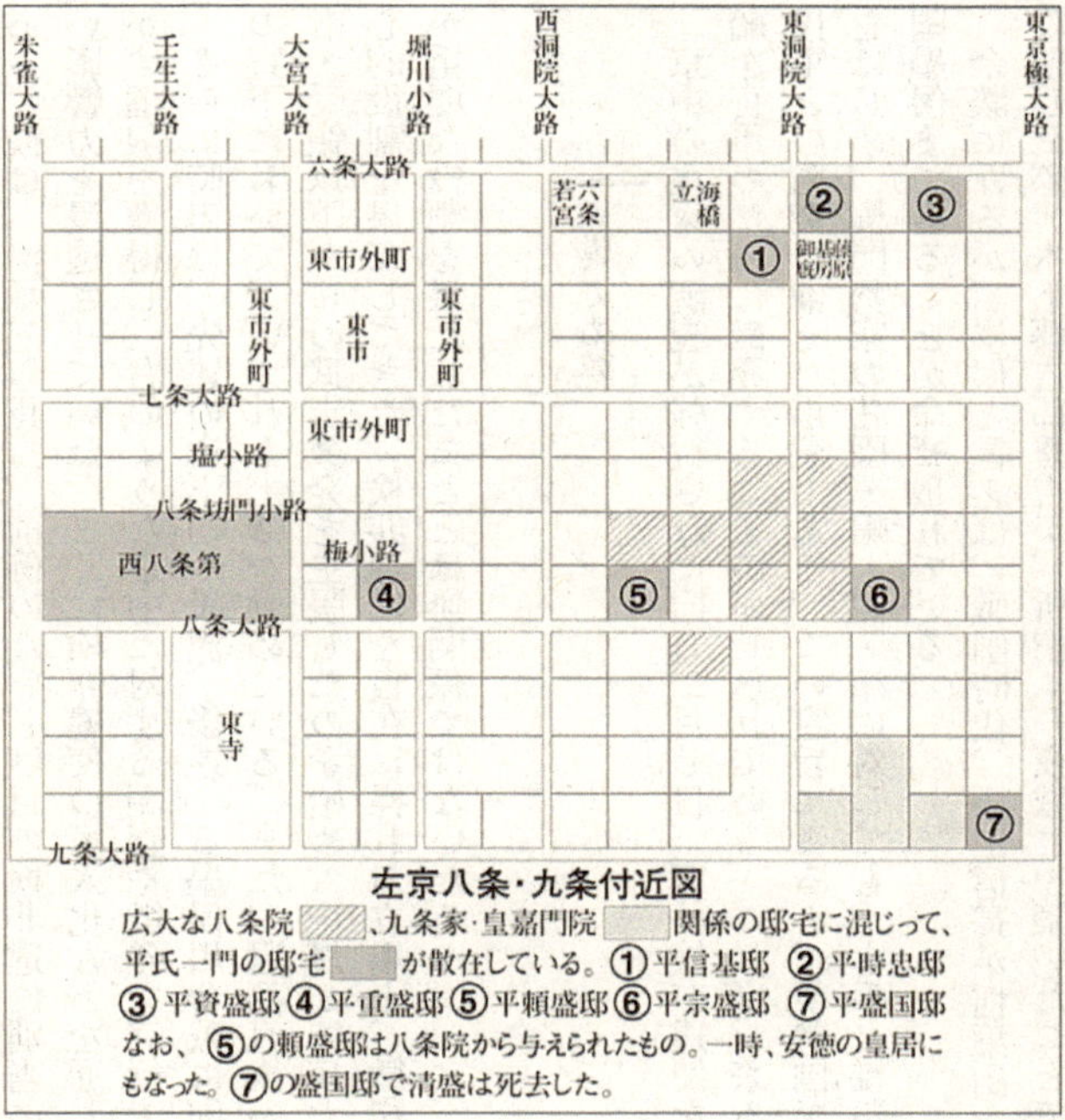

左京八条・九条付近図

広大な八条院［斜線］、九条家・皇嘉門院［薄い網］関係の邸宅に混じって、平氏一門の邸宅［濃い網］が散在している。①平信基邸　②平時忠邸　③平資盛邸　④平重盛邸　⑤平頼盛邸　⑥平宗盛邸　⑦平盛国邸
なお、⑤の頼盛邸は八条院から与えられたもの。一時、安徳の皇居にもなった。⑦の盛国邸で清盛は死去した。

ある。彼は、治承三年正月、前例のない三度目の検非違使別当に就任し、検非違使庁に強い影響力を浸透させていた。とくに検非違使の家人化などを通して、検非違使を自在に動かす権限を獲得し、右のような京中に対する調査や徴発を実行できたのである。

さらに時忠は、先述の総下司の設置、後述する墨俣川合戦に備えた船や水手《かこ》の徴発などの宣下において、いずれも上卿を勤めている。また、還都直後の前年十二月に、大臣・公卿・受領以下からの武士徴発を主張したのを始め、一貫して兵士・兵糧米徴収について中心的役割を果たしてきた。検非違使を自在に操れる立場と、徴税・物資徴発において、彼が重要な役割を果たしたこととは無関係ではないだろう。

見果てぬ夢

京中の在家の調査が強行された同じ二月七日、官使検非違使を美濃国に派遣して、渡し船を官軍のために徴発することが命ぜられている。これは、来るべき墨俣付近における源氏軍との衝突に備えた措置である。この宣旨によると、伊勢国では大神宮領の御厨《みくりや》・御園をはじめ、権門勢家の荘園・嶋・浦・津に対しても、水手と雑船を強制的に徴発して尾張国墨俣まで送ることが命ぜられている。

余談になるが、墨俣と言えば、戦国時代、織田信長が稲葉山（岐阜）の大名斎藤竜興を攻撃した際、木下藤吉郎秀吉が、所謂「一夜城」を築いたことで知られる。すなわち、この地は美濃・尾張の境界に当たり、今日の木曾川・長良川に当たる大河墨俣川の渡河地点であった。したがって、西上を目指す軍勢は必ずこの地を通過するだけに、古今を通じて攻防・合戦が展開されてきた場所である。そして、源平争乱においても清盛死去後の治承五年三月、この地で行家率いる源氏軍と、平氏追討軍が大規模な合戦を展開し、平氏側が圧勝を収めることになる。

この墨俣川合戦の勝利の背景に、総官制施行に伴う強力な兵士・物資の徴発が関係していたことは疑いない。総官の支配下では広範な地域で荘園・公領の枠を越えて、物資・兵士の徴発が行われていた。抵抗する諸勢力を徹底的に粉砕するとともに、貴族・寺社といった荘園領主諸権門を従属させ、内乱追討体制に組み込むという方針は、還都以来の清盛に一貫したものであった。清盛は戦乱という危機的状況を利用しながら、荘園領主権門を従属させ、それらを強固に組織して軍事独裁体制を構築していったのである。

本文中にたびたび右大臣兼実の日記『玉葉』を引用してきた。それは、もちろん同書が当時の政情、事件を伝える第一級の史料であるためでもあるが、同時にそこから窺える貴族政権の頂点に立つ公卿の考え方を提示するためでもあった。反発を感じ、愚痴をこぼしながらも、結局兼実が清盛に追随したように、独自の武力を持たず、反乱に際しては平氏の保護下に置かれていた荘園領主権門は、事実上清盛のなすがままとなっていたのである。

荘園・公領の年貢・官物のかなりの部分は、兵糧米という名目で平氏政権に吸収されようとしていた。これによって荘園領主の自立性と経済基盤は解体され、清盛の軍事独裁に従属する体制が創出されつつあったのである。

また、荘園・公領に居住する武士も、総官の下に長期にわたって組織されることになる。従来の追討行為では、強制徴発によって一時的に組織されたに過ぎないが、今回のような長期的な軍事編成は、平氏政権と武士たちの関係を緊密にせざるを得ないだろう。荘園・公領の枠組みを越えて畿内およびその周辺諸国の武士たちが、平氏政権のもとに強力に組織される体制が成立しようとしていたのである。

一方、福原遷都構想は頓挫したものの、より現実的な平安京南部の新首都構想が実現しつつあった。今回の構想ならば、福原の場合と異なって、王権と結ぶ祭祀・宗教的権威の問題も容易に超克できる。また、鴨川から淀川水系を通して、瀬戸内海、さらには宋とも連なることが可能な場所であった。王朝貴族の禁忌が支配してきた左京の中心部と異なって、王権を平氏一門の武力が保護するなど、武力と王権とが一体化した新たな首都が構築されることになったのである。

こうした種々の様相を通して、清盛の武力が王権を保護し、荘園領主を従属させる新たな体制――公武が一体化した、幻に終わった中世国家――の成立を想像することは、決して困難ではないだろう。戦乱は武人の政治的地位を大幅に向上させる。戦争遂行を背景として、清盛は貴族政権を解体・従属させて、強力な一元的支配を確立しようとしていたのである。

むろん、単なる想像は、実証を伴わずに先験的な理念で歴史を解釈するのと同様、歴史学において何ら意味をもたない。清盛の独裁的な権力も、大規模な反乱との対峙を余儀なくされた異常事態の下で形成されたものであった。したがって、それは反乱軍に敗北して崩壊したかも知れないし、逆に勝利したとしても緊張の弛緩《しかん》とともに解体していったかもしれない。しかし、こうした体制が長らく継続していたならば、平氏政権が貴族政権に対してより大きな刻印を残したことは疑いないのである。

それらは、すべて可能性の彼方《かなた》に消滅した。治承五年閏二月、清盛の生命の炎は、突然燃え尽きてしまったのである。

4 清盛の死――猛き者の最期

清盛の発病と死去

清盛が発病した日付について、興福寺僧の手になると考えられる『養和元年記』の閏二月四日条には、二月二十二日に頭風（頭痛）を発症し、二十四日には温気、すなわち発熱が始まったとある。また、『吾妻鏡』では二月二十五日発病説をとっている。これに対し、『玉葉』が初めて清盛の病にふれているのは、二月二十七日条である。この記述によると、清盛の長年の盟友藤原邦綱が「二禁」（腫れ物）を患ったという報に続いて「禅門、頭風を病む」とあり、やはり頭痛の発病が伝えられていた。

翌二十八日条でも、兼実の主たる関心は邦綱の病状で、灸治を受けたものの病人は次第に衰弱し、飲食を受け付けない状態であることが伝えられた。それに付随するように「禅門の頭風、ことのほかに増ありとうんぬん」と記されている。まだ半信半疑だったのだろう。心配になった兼実は、二十九日に家司藤原基輔を清盛と邦綱のもとに見舞いに派遣している。

清盛の病状は急速に悪化してゆく。翌閏二月二日には家司中原有安から「禅門の所労(病気)、十の九はその憑《たの》みなし」という報告を受けた。同日、美濃の前線の支援に向かうはずだった宗盛が、清盛の病気を理由に出立を取り止めている。

三日にも清盛と邦綱の病状の悪化が伝えられたが、ついに四日には清盛死去の噂が流れた。到底信じられない兼実は「実否知りがたし。尋ね聞くべし」と慎重に記述している。しかし、五日に「禅門薨逝《こうせい》、一定なり」との記事があり、清盛の死去は紛うことない事実として確認されたのである。兼実は、早速に家司基輔を弔問の使者として、当時八条河原で同居していた徳子・時子・宗盛のもとに派遣している。

このように、清盛は発病からわずか一週間余りで逝去しており、まさに急死であったことがわかる。この間、兼実は何らの感想も記していない。その暇もない、余りに突然の、呆気ない最期だったのである。波瀾《はらん》にとんだ六十四年の生涯であった。当時の平均寿命から考えれば、年齢に不足はない。しかし、覇業半ばの頓死《とんし》だけに無念の思いが濃厚に纏わる。

なお、同時に病んだ邦綱は清盛より少し遅れて同月二十三日に生涯を閉じた。長年の盟友らしく、最後もほぼ同時であった。

兼実は『玉葉』の閏二月五日条に、清盛の生涯や一門の官職などを列記し、古今に絶する栄光を獲得したこと、そして治承三年政変以後の悪行と、園城寺・興福寺に対する攻撃を厳しく非難する評伝を記した。その末尾では、清盛が本来敵軍に討ち取られる運命にありながら、病気で命を終わったことを「人意の測るところにあらず」としながらも、その死を「神罰・冥罰《みょうばつ》の条、新たに以て知るべし」と述べている。この見解は貴族たちに共通するものであろう。

死去の場所について、『吾妻鏡』閏二月四日条は、清盛が「九条河原口の盛国家」で死去したとする。この盛国は平氏一門出身の家人で、清盛の家司として活躍した武将である。一方では邦綱の父藤原盛邦とする解釈もあるが、それまで史料に彼の名前は出ておらず、やや疑問と言えよう。九条河原口こそは鴨川に面した九条大路の東端、すなわち清盛が夢見た新首都の中心であった。首都改造の最前線に立ちながら、彼は最期の時を迎えたことになる。

彼が激しい発熱に苦しみながら臨終を迎えたことは、「あっち死に」したとする『平家物語』の記述からもよく知られている。高熱のために水風呂が沸騰し、頭に乗せた雪が湯気となったという極端な記述は、『平家物語』の原型とされる『養和元年記』にも見えている。ただし、先述のように、この日記は清盛に焼打ちされた興福寺僧の手になるもので、仏罰による死去を強調するために清盛の煩悶《はんもん》を誇張したのであろう。

清盛が熱病で死去したことは、他の記録類にも記されている。たとえば、歌人として名高い藤原定家の日記『明月記《めいげつき》』は、清盛が熱のために悶絶《もんぜつ》したという噂を伝えているし、日記類を編纂した『百練抄』にも、「身の熱、火の如し。世以て東大・興福を焼くの現報となす」とある。清盛が激しい熱病で苦しみながら死去したのは事実であり、貴族たちの間にそれを仏罰とする空気が強かったことが窺われる。

今日、清盛の死因を特定することは困難であるが、親しい邦綱と同時に病んだことから感染症の疑いが強い。急激な発熱と、短期間での死去といったことから、古くからマラリアとする説があるほか、あるいは時期的に見てインフルエンザからの肺炎の可能性などもあるだろう。仏罰との因果関係などあるはずもないが、周辺を全て敵に回しながら、長期にわたって余りに繁忙で重圧を受けた生活を送ったことが、彼の健康を害したことは疑いない。

猛き者の遺言

清盛は唐突に死に見舞われた。まさに内乱鎮圧や首都建設、死後の政治体制の建設など、いずれも業半ばで、その最後を見届けることなく死去を迎えることになった。このため、彼は逝去の間際に無念の思いを伝える多くの言葉を残している。

彼にとって最も気掛かりなのは、死去後の政務であった。高倉亡き後、一応院政を復活した後白河が、果たしてどのような動きを見せるのか。後白河は、清盛のもとでは完全に政治活動を封じられてはいたが、宗盛の代ともなれば息を吹き返す可能性が高かった。宗盛の優柔不断な性格、未熟な摂政、そして幼年の安徳天皇では、ややもすれば反平氏的ともなりかねない後白河の行動を抑圧することは困難と考えられたのである。

『玉葉』の閏二月五日条によると、臨終を迎える四日の朝、清盛は藤原実能の子である円実法印を使者として後白河院に送り、自分の死後は万事を宗盛に仰せ付け、両者で仰せ合わせて行うべきことを奏したという。ところが、これに対する院の返答が曖昧であったことに怒った清盛は、怨《うら》みの色を示しながら「天下の事、ひとへに前幕下（宗盛）の最なり。異論あるべからず」と行隆に命じたという。

「最」とは、専断を意味する。すなわち、自分の没後は嫡男宗盛が独裁を行うことを宣したのである。彼の後白河に対する怨念、不信の深さを物語る逸話と言えよう。非正統でありながら王権を担い、王者としての風格も能力もない人物。さらに清盛の支援を得て院政を行いながら、自身の院政強化に奔走したり、瑣末《さまつ》な院近臣たちに対する寵愛の挙げ句に、清盛に対する執拗な抑圧を加えた後白河院。

自身も皇胤の自負をもち、天皇の外戚として紛うことなく王権を支える清盛にしてみれば、後白河こそは何としても政界から放逐すべき人物だったのである。清盛は、最後まで後白河の政治的活動を抑圧し、自身の亡き後に宗盛に平氏政権を継承させようと戦っていたことになる。こうした刺々しい雰囲気を反映したのか、四日の夜には武士が後白河の院御所を取り囲む事件が起こり、院と宗盛との対立が取り沙汰されるなど、不穏な空気が漂っていた。

また八日の清盛の葬礼の際に、後白河のいた最勝光院御所で今様を乱舞する声が聞こえた。清盛を憎悪した後白河や院近習たちの仕業であろう。

むろん清盛の念頭にあったのは、後白河だけではない。平治の乱で辛くも助命されながら、伊豆で反乱を惹起し、たちまちのうちに東国を席巻し、平氏政権の根幹を揺るがした頼朝こそ、絶対に許せない仇敵だった。信頼とともに平治の乱を惹起しながら助命された藤原成親が、鹿ヶ谷で平氏打倒の密議を主導し、再度清盛に敵対した際、清盛が見せた憤怒は凄《すさ》まじかった。これを思えば、頼朝に対する怨念は想像を絶するものがある。『平家物語』に「頼朝が首をはねてわが墓のまへにかくべし」と述べたとあるのも当然と言えよう。

『玉葉』に伝わる清盛の遺言は、それよりも激しいものであった。すなわち、「我が子孫、一人生き残る者といへども、骸《むくろ》を頼朝の前に曝《さら》すべし」（八月一日条）というのである。たとえ敗北しても、最後まで戦いつづけよという、半ば呪《のろ》いの言葉と言えよう。これに従って宗盛以下は、源氏との和平提案を最後まで拒否することになる。おそらく戦わずして逃げ帰った富士川合戦追討使の体たらくが、この言葉の背景にあったのだろう。

また、あるいは「子孫、ひとへに東国帰往の計を営むべし」（『吾妻鏡』閏二月四日条）、とあるように、清盛はけっして畿内を中心とした領域の確保のみを考えていたわけではない。総官の設置は、あくまで東国追討のための軍事基盤作りという意味しかなかったのである。しかし、清盛の死去後、追討の最前線はついに墨俣から東に進むことはなかった。

清盛は最後まで後白河の封じ込めと、源氏追討、東国奪回に対する強い執念を持ち続けていたのである。まさに清盛は戦いの最中に病に倒れ、激しい闘志をたぎらせながら無念の最期を遂げたといえよう。

安息の地、山田

『平家物語』によると、荼毘《だび》に付された清盛の遺骨は、円実法印（『玉葉』では法眼）が首にかけて経島《きょうのしま》に持参したとされる。このため、神戸市兵庫区に現存する清盛塚がその墓所と考えられたこともあった。この塚は、弘安九年（一二八六）二月の年紀を刻んだ見事な石造の十三重塔で、清盛の墓所とするに相応しい遺物と言える。しかし、大正十二年（一九二三）の発掘調査の結果では、ここから遺骨は確認されなかった。また、清盛塚は弘安九年の年紀が示す通り、鎌倉後期に建立されたもので、伝承を除いて清盛との関係を裏付ける証拠もないのである。

一方、『延慶本平家物語』には福原とあるのみで、経島とする記述はない。こうしたことから、清盛の墓所を示す史料として、より注目されているのが、遺骨を「播磨国山田法花堂」に納めたとする『吾妻鏡』（閏二月四日条）の記事である。

この「山田」の地名比定については諸説があったが、先にも取り上げた『高倉院厳島御幸記』にも見える明石郡山田荘とみて間違いないだろう。治承三年（一一七九）、厳島に向かった高倉院一行は、福原を出立したあと、同地の山荘で昼食をとっている。また、『延慶本平家物語』の福原に関する記述にも「山田御所」の名称が見える。すなわち、山

清盛塚

田は福原の西郊にあった交通の要衝であり、平氏の拠点ともなっていたと考えられる。

この地は、現在の神戸市垂水区西舞子町付近に当たる。ここは、高台から明石海峡大橋の威容と、淡路島を指呼の間に望むことができる、抜群の景勝の地である。清盛の当時も、淡路島との間の狭い明石海峡を通って福原に入港する船舶を一望にできる場所であった。こうした点を考えれば、海の彼方に思いを馳《は》せた清盛にとって、福原と瀬戸内海や遠く宋をつなぐ海峡を見下ろす山田は、永遠の安息の地として相応しい場所だったと言えるのではないだろうか。

清盛にとって京は生まれ故郷ではあったが、後白河院や貴族・寺社勢力と対峙する政争の場でしかなかった。とくに晩年は、激しい政争と内乱鎮圧に明け暮れた思いしか残らない地であった。清盛が魂の安らぎを求める墓所は、やはり福原にしかあり得なかったのである。

その墓所も、今はもはや跡形もない。平氏都落ちに際して、一門が遺

舞子町上空から見た山田御所跡周辺の風景
明石海峡大橋を中央に、向かいが淡路島。手前、神戸側の橋右手辺りが山田御所跡とされる垂水区西舞子付近。

骨を持ち去ったとする解釈が妥当であろう。もしも彼の魂魄《こんぱく》が留まっていたとすれば、自ら生命を吹き込んだ、国際都市神戸の発展を如何《いか》なる思いで眺めているのであろうか。

終章

平氏の滅亡

清盛の死とともに、嫡男宗盛は名実共に平氏政権の総帥となった。ところが、その彼が最初に行ったことは、何と後白河に対する謝罪であった。彼は父の死去から二日後、「故入道の所行など、愚意に叶はざることなどありといへども、諫争《かんそう》することあたはず。ただ彼の命を守り罷《まか》り過ぐる所なり。今においては、万事ひとへに院宣の趣を以て、存じ行ふべく候」と述べたのである（『玉葉』閏二月六日条）。

宗盛は、父清盛の所行を否定するとともに、後白河に対する政権の返上を申し出たことになる。この結果、清盛に幽閉されて以来久方ぶりに、後白河は本格的な政界復帰を果たすことになる。また、八条に移っていた安徳天皇も、左京の中心にある閑院御所に帰り、八条・九条末を中心として整備されつつあった首都機能は解体するのである。こうして、平氏政権は消滅し、京の政界は、治承三年政変以前の政治体制に復帰するかに見えた。

しかし、宗盛には政権を全面的に返上する意志もなかった。六日の院御所議定で院宣による和平の使者派遣の方針が決定したにもかかわらず、弟の平重衡を下向させて武力によって追討させることを主張したのである。これに対し、院を始め貴族たちが大きな不満を懐《いだ》いたのは当然であった。以後も宗盛は軍事に関して院命に従わず、独自の行動に固執する。かくして貴族と武士は完全に別個の存在として区分されるに至った。

このように宗盛は、父清盛の強硬路線を継承して院の政務を完全に封ずることも、また院に全面的に政権を返上することもできなかった。ここには、元来建春門院派として後白河にも近かった宗盛の政治的立場と、清盛が開始した源氏討伐の遂行という使命とが、矛盾しながら交錯していたのである。清盛が目指した荘園領主権門の従属、貴族政権の超克ということ自体、宗盛には理解できなかったのではないだろうか。

平氏に深い怨念を抱く後白河が、優柔不断な態度の宗盛を信頼しないのも当然であった。それぱかりか、『平家物語』の逸話によると、頼朝の挙兵自体が僧文覚《もんがく》にもたらされた秘密の院宣によるものだったという。これが事実であった可能性は高いし、こうした逸話が流布する背景には、院にとっては源氏は反乱軍どころか、自身を救援する軍隊と見なされる面があったのである。

院に限らず、頼朝を「義兵」とした先述の『山槐記』をはじめ、縷々《るる》引用した兼実の『玉葉』などを見れば、貴族たちは諸国の源氏が後白河幽閉、福原遷都といった清盛の暴政に怒って挙兵したものと考えていた。

したがって、彼らに対する平氏の強引な追討は私戦に過ぎないのである。この結果、平氏一門の行動や立場はしだいに後白河以下の貴族政権から遊離してゆくことになる。源氏討滅を命じた清盛の遺言は、あたかも宗盛以下を呪縛したかのごとくであった。

さて、清盛が死去した直後の三月、平氏が美濃と尾張の国境である墨俣川で源行家以下の源氏を破って以来、頼朝が東国経営に専念したこともあって東海道の戦線は膠着することになった。全国的な飢饉のために、翌年にかけては源平双方とも軍事行動は見られない。

こうした情勢に大きな変化が生まれるのは、寿永二年（一一八三）のことである。

平氏は京の生命線北陸道の平定・確保を目指して、総官制度支配下はもとより、山陽、九州などの諸国から十万余と言われる大軍を徴発、木曾義仲以下の反乱軍の討伐を目指した。ところが、平氏の全力を傾注した追討軍は、五月に越中礪波《となみ》山、ついで加賀篠原における合戦で壊滅的な敗北を喫し、再起不能の打撃を被った。逆に、これに勢いを得た義仲の大軍は、京に向けて怒濤《どとう》のごとく進撃することになったのである。

京を支えきれないと見た平氏一門は、七月二十五日、ついに鎮西を目指して都落ちするのである。平氏一門は大宰府と密接な関係をもち、府官原田氏なども家人化していたし、また治承四年（一一八〇）に発生した肥後国の菊池氏などの反乱も、家人平貞能の活躍で平定したばかりであった。大宰府は平氏にとって安住の地であり、退勢を建て直す絶好の拠点と考えられたのである。したがって、都落ちには、戦略的退去という側面もあった。

しかし、総帥宗盛は都落ちに際して決定的な失策を犯した。後白河院の同道に失敗したのである。都落ちを察知した後白河は、いち早く延暦寺に脱出した。清盛に対して激しい憎しみを抱き、宗盛以下の平氏を信頼せず、また源氏を賊軍とは考えていない後白河が、平氏の都落ちに同道することを忌避するのも当然であった。

宗盛には貴族政権の擁護者という自負があり、自身親院政派と考えていただけに、後白河の脱出は全く予想外のことだった。後白河を信じて疑わなかった点は、まさに清盛の庇《ひ》護《ご》の下で修羅場を知らずに成長した宗盛の育ちのよさ、人柄の甘さの現れといえるのかもしれない。しかし、その結果は平氏一門にとって文字通り致命傷となったのである。

平氏は、たしかに安徳天皇と三種の神器を擁してはいた。しかし、元来皇位の正当性に疑問を抱かれた安徳の権威によって、都落ちした平氏が自己の立場を正当化することは困難となった。かくして、前日までの官軍平氏は賊軍として追討の対象に転落したのである。後白河が脱出した結果、それまでの事態の責任は全て平氏に転嫁され、貴族政権は免罪されて、源平争乱において局外中立に位置づけられることになったのである。

義仲に代わって京を制圧した頼朝軍は、一ノ谷合戦で再起を目指す平氏を破った。再度の入京の望みを絶たれた一門は、その一年あまり後に滅亡の運命を辿るのである。元暦《げんりやく》二年(一一八五)三月、安徳天皇もろともに、平氏一門は壇の浦の海中に没する。治承三年政変からわずか五年余り。あまりに劇的な運命の暗転であった。

その原因は単純ではない。実戦とかけ離れた西国武士の弱さ、所領を媒介とした主従関係を樹立した幕府に比して、主従関係の範囲の狭隘さや、奉公に対する反対給付の曖昧さも平氏の弱点となったことも事実である。しかし、結局は清盛の下で独自の王権を擁立し、家人を重視する体制を構築しながら、彼の死後、後白河の復活を許した上に、その支持を失った宗盛が孤立を深め、ついに平氏に対する反対勢力に敗北した、と言うことに尽きると思う。

京から遠く離れた鎌倉に幕府を開いた頼朝は、後白河以下の貴族政権の安泰を図った。むしろ、その擁護者として自身の支配の正当性を得るとともに、幕府組織の永続化を目指すことになる。こうして、公武両政権の並立が決定付けられるのである。

むすび

清盛の生きた時代は、まさに動乱の連続であり、動乱を通して武士の政治的地位が上昇した時代であった。元来、院政期の武士は王権に従属する存在であったが、やがて自ら王権を動かし、さらにはそれを従属させ、保護するように変化してゆく。そうした変化を一人で体現したのが、まさに清盛であった。今、改めて彼の生涯を振り返ると、次のようになるだろう。

院近臣の家に生まれ鳥羽院に奉仕した清盛は、院の死後の王権の動揺の中で、わき役・中立ながら、結果的に保元・平治の乱に勝ち抜いて公卿の座を獲得、正統性に疑問のある後白河院と提携して皇胤の立場を公認され、王権の構成員の一人となった。やがて、院・院近臣による院政の発展を目指す後白河と政治構想をめぐって対立し、ついに彼を幽閉して安徳・高倉による独自の王権を樹立、遷都を決行するに至ったのである。

知行国の独占と、非家人に対する圧迫に反発した地方武士が、頼朝以下の源氏を擁立して反乱を惹起するや、内乱に対処するために還都を断行して荘園領主権門を組織するとともに、反抗する園城寺・興福寺を焼討ちし、首都改造にも乗り出した。その最中に、清盛は没するのである。

内乱期の武士には、王権を擁立・擁護する者と、中央の混乱を利して自力救済の中で地域権力を樹立する者という二つの方向性があった。前者の代表が平清盛であり、後者の勝利者が源頼朝であることは言うまでもないだろう。それは何も、清盛が古代的・貴族的だったことを意味するわけではない。

たしかに、清盛が樹立した平氏政権のもとで内乱が勃発した。しかし、その原因は、平氏政権が古代的な知行国や荘園・公領に依存したために、在地領主の反感をかったことにあるわけではなかった。安徳・高倉の擁立による王権の分裂、厳島神社の重視などによる権門寺院との対立、そして地方における大量の知行国の奪取と、それに伴う平氏家人と非家人の対立、すなわち権門としての平氏に内包される勢力と、それ以外の勢力との対立が内乱の背景に存在していたのである。王権も武力も内包した複合権門平氏政権の台頭が、内乱勃発の直接的な原因であった。

権門という中世的組織の台頭こそが、内乱の原因だったのである。清盛は複合権門の全力を傾注し、さらに荘園領主権門を従属・組織化することで、この内乱と全面的に戦った。その先には公武一体化した、全く形態を異にする中世国家さえも想像されるのである。

その平氏が敗北・滅亡した大きな原因は、すでに述べた。それは古代的、古さゆえの敗北ではない。複合権門としての強大さゆえの激しい反発、そして清盛・高倉院の死去と、後継者宗盛の失策、西国武士の弱体など、かなり偶発的要素も強かったと言えよう。

結果は無残な滅亡となったが、王権そのものに挑み、畿内の権門分裂を克服しようとした面において、平氏政権は鎌倉幕府に比して遥《はるか》に先進的だったとも言える。鎌倉幕府が王権を左右できるようになるためには、承久の乱を待たねばならなかった。荘園領主支配下の武士を動員できたのも、蒙古《もうこ》襲来以後のことである。

清盛は、戦乱の中ではあったが、貴族政権に正面から挑みかかり、その超克を目指した。そして、それを目前にしながら世を去ったのである。

王朝権限の吸収、王権の包摂、大々的な外交の展開など、清盛の構想が現実のものとなったのは、彼の死去から二世紀を経た足利義満の時代だったと言えるのではないだろうか。公家政権と鎌倉幕府という政権の分裂を経験しない日本の中世があったとしたら。

歴史的条件・段階の異なる時代を単純に比較するのは無意味かもしれない。しかし、あるいはあり得たかも知れない中世像の構想は、実際の中世を相対化し、その特色や日本史における意味を浮き彫りにするのではないだろうか。

＊　　＊

私の問題関心は、昔から中世成立期の貴族と武士の双方にあった。両者の比較研究を通して、まだ全盛期にあった領主制論では峻別される、貴族と武士の意外な共通性に気づいたのである。そこから逆に、それではなぜ貴族政権と武士政権が分立するのかという問題に関心を持たざるをえなかった。その意味で、両者の要素を包括した平氏政権こそは、いつか全面的に解明すべき、「宿題」となっていた。

十分とは言えないが、本書によって一応の解答を示すことが出来たと思う。もちろん、公武政権の分立を論ずるには、地方武士の展開や鎌倉幕府側からの分析なども必要であり、問題はまだ山積している。私にとって、まさに新世紀の課題となる。

本書をなすに当たっては、角川書店の田中隆裕氏に色々とお世話になった。氏は、私の芸能好きに応えて貴重な写真を探して下さった。氏とは、なかなか意見が合わず苦慮することも多々あったが、表紙カヴァーの写真について最後の最後で意見が一致したのは愉快な思い出となった。その他、校正のお手伝いをしてくださった横沢大典・田中久美両氏、そして震災の痛手を背負いながら、常に私を支えてくれた家族に感謝の気持ちを表したい。

平成十二年十二月　　　　元木泰雄

文庫版あとがき

『平清盛の闘い』が世に出て、ちょうど十年になる。来年二〇一二年には、久々にNHKの大河ドラマで平清盛が主人公として取り上げられることになった。本書でもふれた一九七二年の『新・平家物語』以来、ちょうど四十年ぶりになる。これを機会に平清盛に対する関心が高まり、本書も角川ソフィア文庫の一冊に加えて頂くことになった。さらに多くの人々の目にふれることを大変嬉しく思う。

本書が刊行されたのは二〇〇一年二月、まだ阪神・淡路大震災による被災の影響が色濃く影を落としていた時期で、記述のあちこちにそれを想起させるような、神戸に対する思い入れの強い文章がみられる。故郷である神戸・阪神間に対する復興の思いが本書に込められていた。偶然とはいえ、東日本大震災という未曾有の惨禍がもたらされた年に、文庫版が刊行されることに深い因縁を感じている。かつての震災の被災者が立ち直り、本書の文庫版を世に送ることが、今回の震災に苦しめられている方々に対し、わずかでも励ましとなることを祈っている。

さて、本書の刊行以後、清盛や『平家物語』に関する研究は進展著しいものがある。大枠においては基本的に変更すべき点はないと自負しているが、個々の史料解釈や、挿話についてては修正を必要とする部分が少なくない。また、今になってみれば、一般向けの書物にしては、学術用語や堅苦しい表現が目につく。

本来であれば、こうした点を踏まえて全面的に改稿すべきかもしれないが、そうなると本書の体裁が損なわれてしまう。そこで、修正は単純な誤記にのみとどめ、その後の研究の進展で修正が必要となった箇所については、異なる解釈の可能性が指摘されている旨を書き加えるにとどめた。なお、修正に際しては髙橋昌明氏『平清盛　福原の夢』（講談社）に学んだところが多い。学恩に心から感謝申し上げる次第である。

多くの研究成果が蓄積され、また私自身も平氏に関する新たな見解も公表してきた。これらを前提に、新たな視点からの清盛論、平氏論の必要性が高まっている。そこで、現在、清盛に立ちはだかった人々――いずれも後白河に連なる人物であるが――との葛藤を中心に、平清盛と後白河の関係を取り上げる書物を準備している。

本書刊行の背景には、二〇世紀末期の日本における政界の混乱を前提に、平安末期の政治的混迷の克服に挑んだ平清盛の闘いを考えようとした面がある。二一世紀に入って、我が国の政治混迷は一層深まってしまったように思われる。そうした時期に、平清盛の行動を考えることが混迷の克服を考える縁となることを期待している。

二〇一一年一〇月　文庫版刊行に際して

元木泰雄

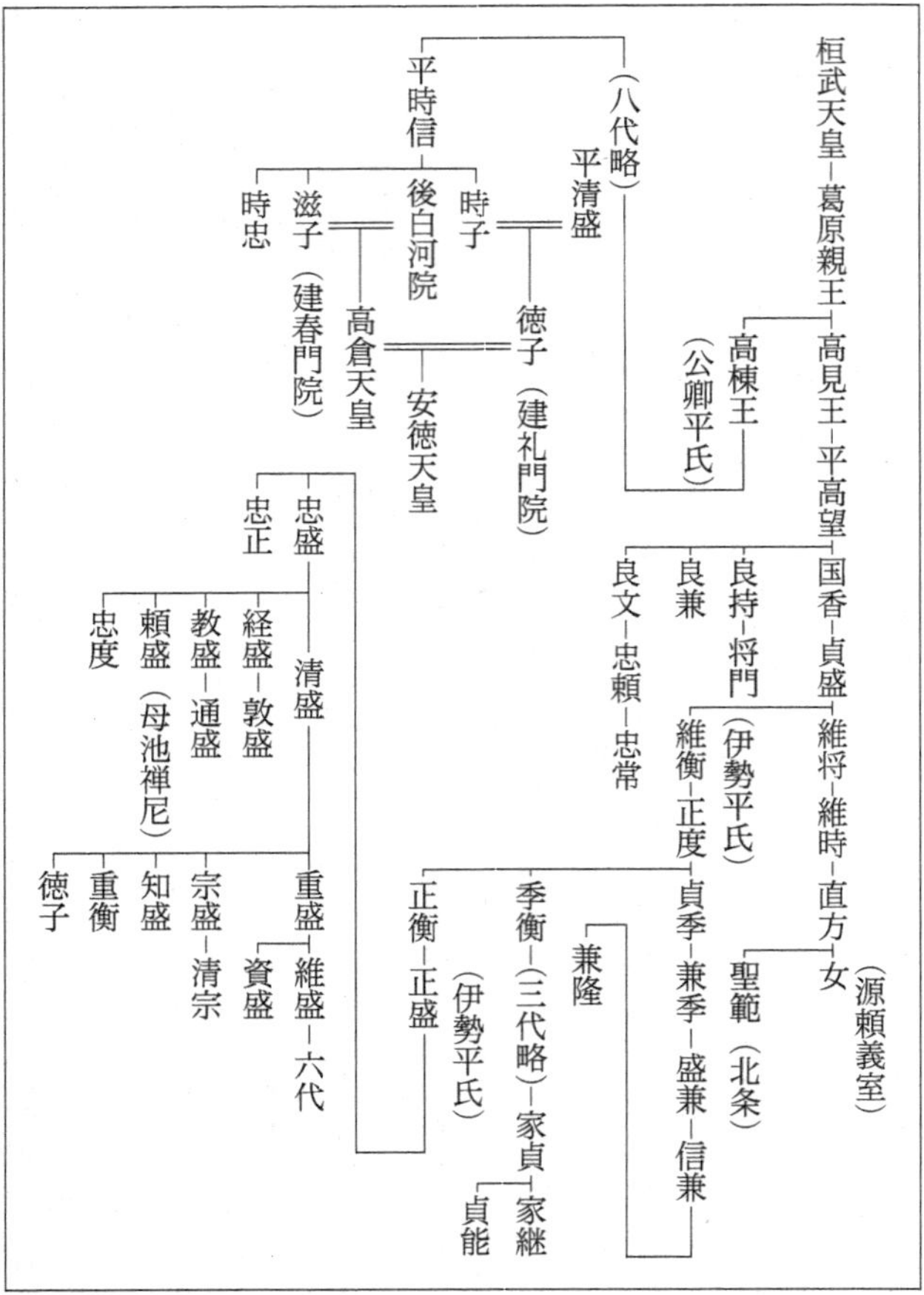
桓武天皇
葛原親王
高見王
平高望
高棟王
（公卿平氏）
国香
貞盛
良持
将門
（伊勢平氏）
良兼
良文
忠頼
忠常
維将
維時
直方
女
（源頼義室）
聖範
（北条）
維衡
正度
貞季
兼季
盛兼
信兼
兼隆
季衡
（三代略）
家貞
家継
貞能
正衡
正盛
（伊勢平氏）
（八代略）
平清盛
平時信
時子
後白河院
滋子
時忠
徳子
（建礼門院）
高倉天皇
（建春門院）
安徳天皇
忠盛
忠正
清盛
経盛
敦盛
教盛
通盛
頼盛
（母池禅尼）
忠度
重盛
維盛
六代
資盛
宗盛
清宗
知盛
重衡
徳子

〔桓武平氏系図〕

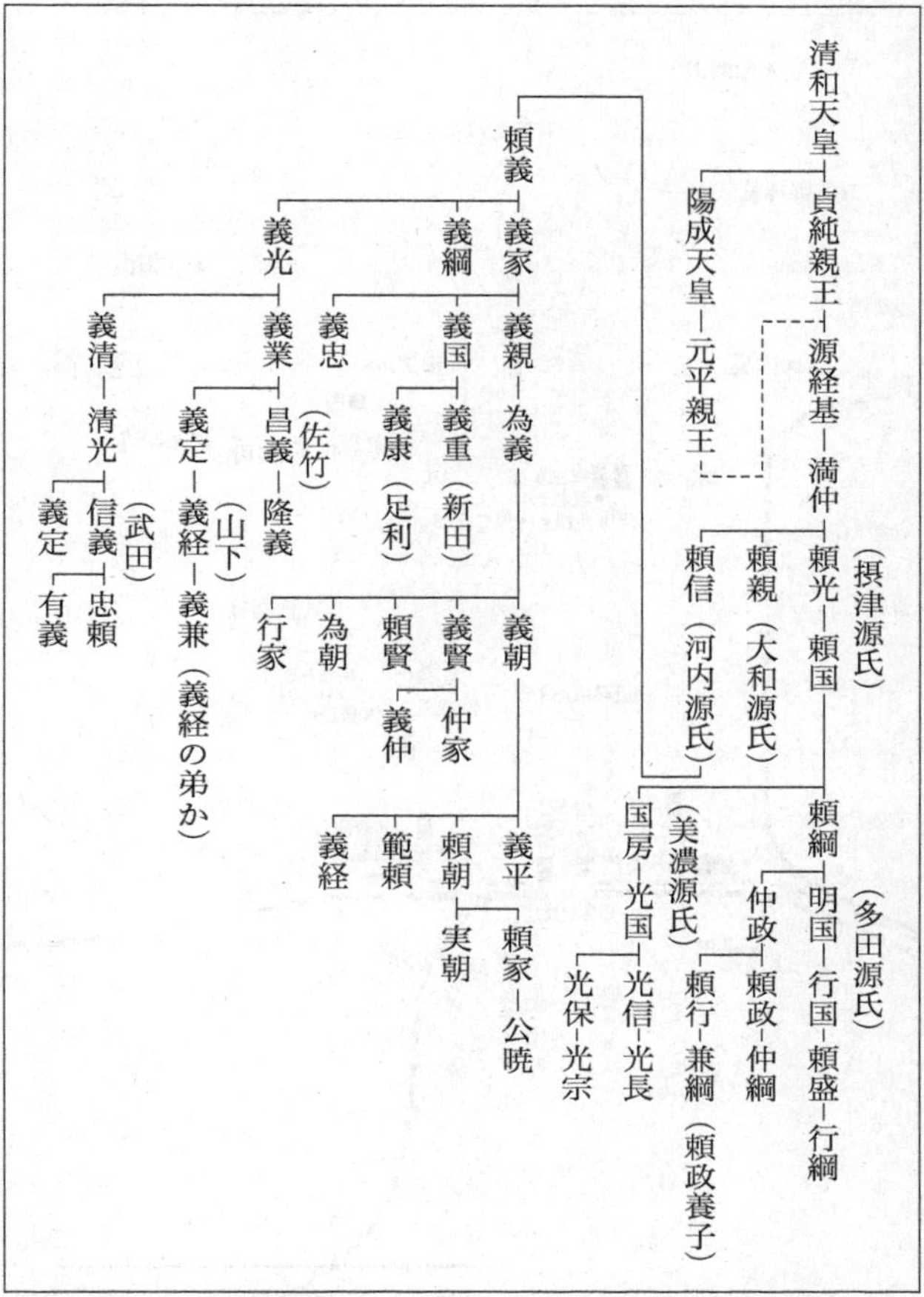

清和天皇
貞純親王
源経基
満仲
頼光
頼国
（摂津源氏）
陽成天皇
元平親王
頼親
（大和源氏）
頼信
（河内源氏）
頼綱
明国
行国
頼盛
行綱
（多田源氏）
仲政
頼政
仲綱
頼行
兼綱
（頼政養子）
（美濃源氏）
国房
光国
光信
光長
光保
光宗
頼義
義家
義親
為義
義朝
義平
頼朝
頼家
公暁
実朝
範頼
義経
義賢
仲家
頼賢
義仲
為朝
行家
義綱
義国
義重
（新田）
義康
（足利）
義忠
（佐竹）
義光
義業
昌義
隆義
義定
義経
義兼
（義経の弟か）
（山下）
義清
清光
信義
忠頼
（武田）
義定
有義

〔清和（陽成）源氏系図〕

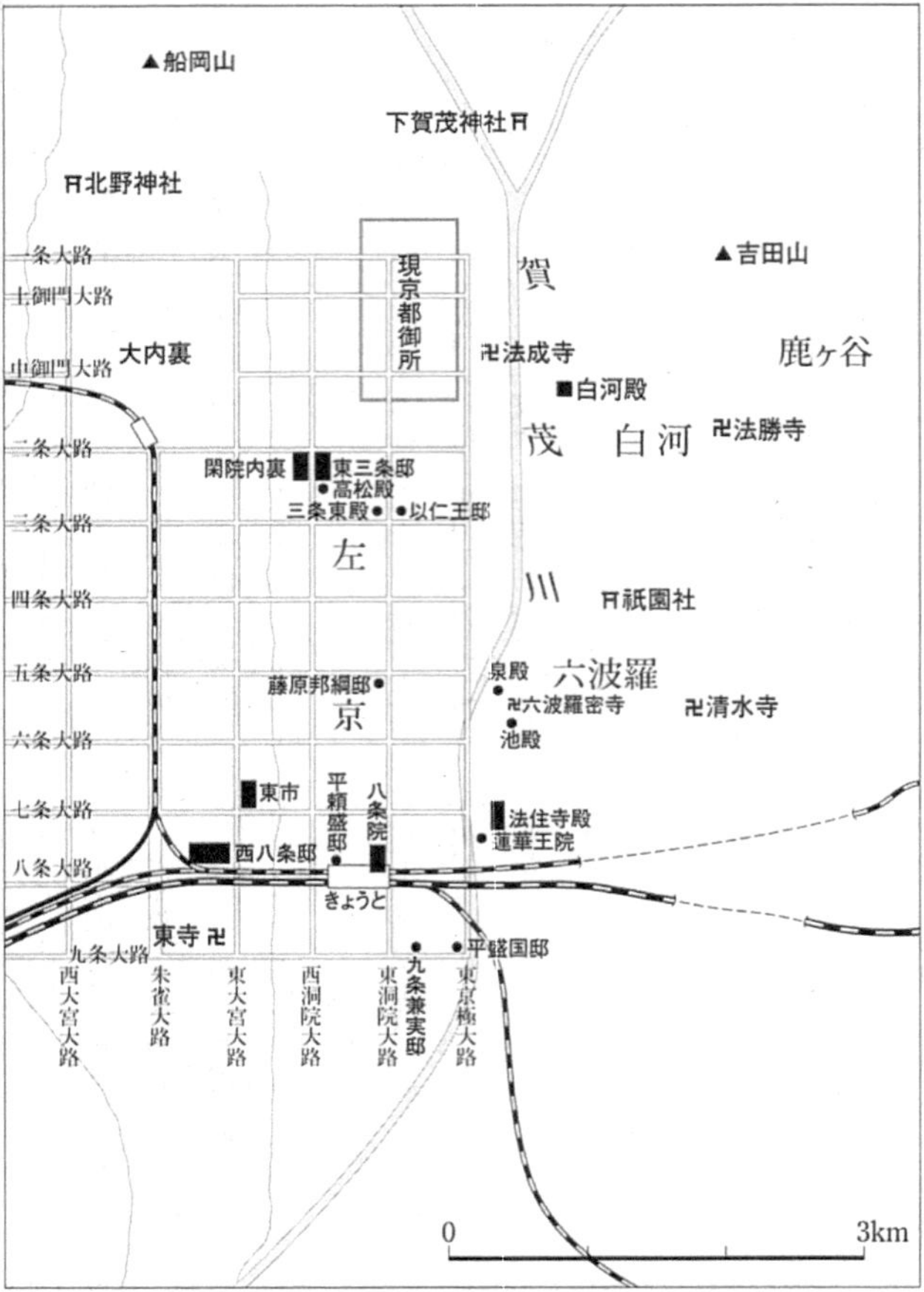
船岡山
下賀茂神社
北野神社
吉田山
一条大路
土御門大路
中御門大路
大内裏
現京都御所
賀
法成寺
鹿ヶ谷
白河殿
茂
白河
法勝寺
二条大路
閑院内裏
東三条邸
高松殿
三条東殿
以仁王邸
三条大路
左
川
祇園社
四条大路
五条大路
泉殿
六波羅
藤原邦綱邸
六波羅密寺
清水寺
京
池殿
六条大路
東市
平頼盛邸
八条院
法住寺殿
七条大路
蓮華王院
西八条邸
八条大路
きょうと
東寺
九条大路
平盛国邸
西大宮大路
朱雀大路
東大宮大路
西洞院大路
東洞院大路
九条兼実邸
東京極大路
0
3km

平安京左京周辺図

主要参考文献

足利健亮「福原及び和田京についての予察」（平成二・三年度科学研究費補助金研究成果報告書『近世以前日本都市の形態・構造とその変容に関する歴史地理学的研究』）一九九二年
熱田公・元木泰雄『多田満仲公伝』多田神社・一九九七年
石井進「一二―一三世紀の日本――古代から中世へ」（『岩波講座日本通史　第7巻中世1』）岩波書店・一九九三年
石母田正『石母田正著作集第七巻、第九巻』岩波書店・一九八九年
井上満郎『平安時代軍事制度の研究』吉川弘文館・一九八〇年
今井林太郎監修『兵庫県の地名I　日本歴史地名体系二九』平凡社・一九九九年
上横手雅敬『源平の盛衰』講談社・一九六九年
――『日本中世政治史研究』塙書房・一九七〇年
――『平家物語の虚構と真実』塙書房・一九八六年
――「院政期の源氏」（御家人制研究会編『御家人制の研究』）吉川弘文館・一九八一年
――「平氏政権の諸段階」（安田元久氏編『中世日本の諸相』）吉川弘文館・一九九〇年
――「小松殿の公達について」（安藤精一先生退官記念会編『和歌山地方史の研究』）一九八七年
朧谷寿『平安貴族と邸第』吉川弘文館・二〇〇〇年
川合康『源平合戦の虚像を剝ぐ』講談社・一九九六年

河内祥輔『頼朝の時代――一一八〇年代内乱史』平凡社・一九九〇年
川端新『荘園制成立史の研究』思文閣出版・二〇〇〇年
黒田俊雄『黒田俊雄著作集第一巻　権門体制論』法蔵館書店・一九九五年
古代学協会編『後白河院』吉川弘文館・一九九三年
五味文彦『院政期社会の研究』山川出版・一九八四年
――『平家物語、史と説話』平凡社・一九八六年
――『人物叢書　平清盛』吉川弘文館・一九九九年
――「平氏軍制の諸段階」（『史学雑誌』八八―八）一九七九年
米谷豊之祐『院政期軍事・警察史拾遺』近代文芸社・一九九三年
近藤好和『弓矢と刀剣　中世合戦の実像』吉川弘文館・一九九八年
――『中世的武具の成立と武士』吉川弘文館・二〇〇〇年
笹山晴生『日本古代衛府制度の研究』東京大学出版会・一九八五年
杉橋隆夫「平氏政権の成立時期とその評価」（大山喬平教授退官記念会編『日本国家の史的特質　古代・中世』）思文閣出版・一九九七年
杉本圭三郎『平家物語全訳注』（一）～（十二）講談社・一九八七年
平雅行『日本中世の社会と仏教』塙書房・一九九二年
髙橋昌明『清盛以前――伊勢平氏の興隆と展開』平凡社・一九八四年
田中文英『平氏政権の研究』思文閣出版・一九九五年
棚橋光男『大系日本の歴史4　王朝の社会』小学館・一九八八年
――『後白河法皇』講談社・一九九六年

竹内理三『日本の歴史6　武士の登場』中央公論社・一九六五年
──『竹内理三著作集　第五巻、第六巻』角川書店・一九九九年
角田文衛監修・古代学協会編『平安京提要』角川書店・一九九三年
角田文衛『王朝の明暗』東京堂出版・一九七七年
──『待賢門院の生涯──淑庭秘抄』朝日新聞社・一九八五年
西村隆「平氏家人表──平氏家人研究への基礎作業──」(『日本史論叢第10輯』) 一九八五年
野口実『坂東武士団の成立と発展』弘世書林・一九八二年
──『中世東国武士団の研究』高科書店・一九九四年
──『武家棟梁源氏はなぜ滅んだのか』新人物往来社・一九九九年
羽下徳彦『中世日本の政治と史料』吉川弘文館・一九九五年
橋本義彦『人物叢書　藤原頼長』吉川弘文館・一九六四年
──『平安貴族社会の研究』吉川弘文館・一九七六年
──『平安貴族』平凡社・一九八六年
──『人物叢書　源通親』吉川弘文館・一九九二年
林屋辰三郎編『京都の歴史2　中世の明暗』学芸書林・一九七一年
兵庫県史編集専門委員会編『兵庫県史　第二巻』兵庫県・一九七五年
──『兵庫県史　史料編　古代三』兵庫県・一九八五年
美川圭『院政の研究』臨川書店・一九九六年
宮崎康充編『国司補任』続群書類従完成会・一九九一年
元木泰雄『武士の成立』吉川弘文館・一九九四年

――『院政期政治史研究』思文閣出版・一九九六年
――『人物叢書　藤原忠実』吉川弘文館・二〇〇〇年
――「『今昔物語集』における武士」（安田章編『鈴鹿本今昔物語集―影印と考証』）京都大学学術出版会・一九九七年
――「五位中将考」（大山喬平教授退官記念会編『日本国家の史的特質　古代・中世』）思文閣出版・一九九七年
安田元久『平家の群像』塙書房・一九六六年
――『日本の歴史七　院政と平氏』小学館・一九七四年
――『人物叢書　後白河上皇』吉川弘文館・一九八六年
吉田孝他「九―一〇世紀の日本」（『岩波講座日本通史　第5巻古代4』）岩波書店・一九九二年

本書は二〇〇一年二月に角川書店から刊行された
『平清盛の闘い――幻の中世国家』（角川叢書）を
加筆の上、文庫化したものです。

平清盛《たいらのきよもり》の闘《たたか》い
幻《まぼろし》の中世国家《ちゅうせいこっか》
元木泰雄《もときやすお》

平成23年 11月25日　初版発行
令和6年 12月15日　10版発行

発行者●山下直久

発行●株式会社KADOKAWA
〒102-8177　東京都千代田区富士見2-13-3
電話　0570-002-301(ナビダイヤル)

角川文庫 17141

印刷所●株式会社KADOKAWA
製本所●株式会社KADOKAWA

表紙画●和田三造

●お問い合わせ
https://www.kadokawa.co.jp/（「お問い合わせ」へお進みください）
※内容によっては、お答えできない場合があります。
※サポートは日本国内のみとさせていただきます。
※Japanese text only

ISBN978-4-04-409202-3　C0121

角川文庫発刊に際して

角川源義

第二次世界大戦の敗北は、軍事力の敗北であった以上に、私たちの若い文化力の敗退であった。私たちの文化が戦争に対して如何に無力であり、単なるあだ花に過ぎなかったかを、私たちは身を以て体験し痛感した。西洋近代文化の摂取にとって、明治以後八十年の歳月は決して短かすぎたとは言えない。にもかかわらず、近代文化の伝統を確立し、自由な批判と柔軟な良識に富む文化層として自らを形成することに私たちは失敗して来た。そしてこれは、各層への文化の普及滲透を任務とする出版人の責任でもあった。

一九四五年以来、私たちは再び振出しに戻り、第一歩から踏み出すことを余儀なくされた。これは大きな不幸ではあるが、反面、これまでの混沌・未熟・歪曲の中にあった我が国の文化に秩序と確たる基礎を齎らすためには絶好の機会でもある。角川書店は、このような祖国の文化的危機にあたり、微力をも顧みず再建の礎石たるべき抱負と決意とをもって出発したが、ここに創立以来の念願を果すべく角川文庫を発刊する。これまで刊行されたあらゆる全集叢書文庫類の長所と短所とを検討し、古今東西の不朽の典籍を、良心的編集のもとに、廉価に、そして書架にふさわしい美本として、多くのひとびとに提供しようとする。しかし私たちは徒らに百科全書的な知識のジレッタントを作ることを目的とせず、あくまで祖国の文化に秩序と再建への道を示し、この文庫を角川書店の栄ある事業として、今後永久に継続発展せしめ、学芸と教養との殿堂として大成せんことを期したい。多くの読書子の愛情ある忠言と支持とによって、この希望と抱負とを完遂せしめられんことを願う。

一九四九年五月三日